像捕蝉一样做研究

——王丽燕小学数学名师工作室科研实践探索

主　编◎邓求平
副主编◎谢加文

中南大學出版社
www.csupress.com.cn
·长 沙·

内容简介

本书汇编了王丽燕小学数学名师工作室成立一年来，工作室成员围绕“在团队研修中培育小学数学教师专业素养”这一课题，精心研究取得的一系列重要成果。全书共分为四篇：第一篇“好书共读”，记录了名师工作室如何发起、开展阅读活动的过程；第二篇“课例研究”，以匠心独具的课例与教学研究报告，彰显了工作室“千年磨一剑”的精品意识、开拓创新的研究精神；第三篇“课题研究”，以课题研究的成果，揭示了课题研究与工作日常的紧密关联、团队开展科学系统研究的一般规律；第四篇“专业研修”，记录了名师工作室从个人研修、团队研修到基地校研修的研修轨迹，记录了名师们如何从优秀走向卓越的研修旅程。

本书既是团队为一线教师提供专业服务的工作记录，也是培育、提升工作室全体名师专业素养的成功经验，更是团队对新时期教师专业能力发展理念和实践方式的有益探索。本书是小学数学教师科研与教学的参考书，也可作为小学数学教师培训的案例参考书。

序

教师承载着传播知识、传播思想、传播真理，塑造灵魂、塑造生命、塑造新人的时代责任。每个教师要能够真正履职尽责，享受到教书育人的职业快乐，必须不断提升自己的专业素养。如果一个教师自己所教的课程不能吸引学生，所教的内容学生不能学会，所教的学生成绩不理想，那么他就难以受到尊重，难以得到家长、学生的认可，难以有职业的成就感。而教师专业素养的提升，不仅自身要主动努力，保持自我激励不松劲，而且，研训机构为教师专业发展搭建平台、提供舞台，也很重要。

涟源市教研师资培训中心教研员、正高级教师、特级教师王丽燕老师主持的"王丽燕小学数学名师工作室"，长期致力于为教师专业发展提供支持，探索"在团队研修中培育小学数学教师专业素养"，利用名师资源，带领区域内的同行一起读书、磨课、做课题、相互交流，找到了行之有效的促进教师专业发展的途径，实实在在带动、辐射、引领了区域内小学数学教师的共同发展。现在他们将进步过程中体会、实践总结出来的经验汇编成这本《像捕蝉一样做研究》，这是基于现实问题解决获得的成果，是一份有创造性的接地气的成果，对小学数学老师具有很好的应用参考价值。

他们组织数学教师坚持共同读书，读经典数学著作，读数学教育名著，诸如弗赖登塔尔的《作为教育任务的数学》，波利亚的《怎样解题》，张奠宙先生30篇精品力作等，而不止于读教参和习题解答，这使得他们的数学教育理论修养得到提高。在读书过程中，他们做读书笔记，相互激励，经常交流，强调写读书心得、随笔，在阅读、交流、写作中，促进了自己对课堂教学的深度思考，对实践过程的理性认识，于是越来越自信，越来越有话可谈。正如此书中所说："我们不断读书，唯有读书，方能使自己的'那桶水'永远清澈灵动，不会因为给予学生'一滴滴水'而逐渐枯涸。"

他们经常磨课，因为他们认识到："无论是教育理论的实践性解读，还是教学实践的理论性反思，都需要依托课堂教学。课堂永远是我们的主阵地，作为名师，上得好课是根本。"他们对课堂教学的这种认识，促使他们一起研究教材，探讨教法，在磨课中探讨如何理解教材、读懂学生、设计教法，从一个课时的磨，到一个单元的磨；从一种课型的磨，到不同课型的磨，如此争辩、尝试、反思，教学的能力提升了，课堂更受学生欢迎了。

他们积极申报课题，研究课题。他们充分认识到：课题研究能为教师专业发展提供强劲动力，“教而不研则浅，研而不教则空”。只有把教学与研究、理论与实际结合起来，才能从分析教育现象入手，从教育本质的角度去思考教学行为，改良教学效果。所以他们自主研究一个个小课题，大家动手，人人参与，从不同层面思考问题，小课题研究富有成效。在大量微小课题研究基础上，团队合作申报了湖南省教育科学规划“十二五”课题“以小课题研究促进小学数学教师专业成长”，湖南省教育科学规划“十三五”课题“小学数学教师核心素养与能力建设研究”，“小学数学故事创编研究”，通过省级课题研究，提升了教师的理论水平，提高了科研素养与反思能力。

他们经常组织同行交流，把外地的名师请进涟源，每年组织多次大型培训研讨活动，也把自己的团队带出涟源，参加学术会议，参加外地名师工作室活动，他们从比较被动的以听为主，逐渐到争先恐后地表达，从学习别人的经验，到经常为别人提供经验，不仅仅开阔了视野，互相启迪智慧，也扩大了团队成员的影响。现在，涟源市王丽燕小学数学名师工作室已经成为一个颇有知名度的集体。

可以说，从这本书中我们看到了“娄底市王丽燕小学数学名师工作室”走过的足迹，能感受他们成长过程中心酸与喜悦的情绪，能学习到一个以农村教师为主的小学数学教师集体合作进取、不怕困难的精神，能看到他们“在团队研修中培育小学数学教师专业素养”的实效。所以，我要为他们的工作点赞，为他们的进步点赞，为这本书的出版点赞。

湖南省教育科学研究院

赵雄辉

2018 年 10 月 8 日

自序

“像捕蝉一样做研究”的说法，和《庄子》一书中记载的故事《佝偻承蜩》有关。故事的大概是这样的：

孔子到楚国去，在树林中见到一个驼背老人在捕蝉。老人用竹竿粘取蝉，就像在地上捡起一块小石头一样容易。

孔子很惊讶，问老人是如何做到的。

老人说：“最开始我在竹竿头上叠放两个泥丸，练习移动竹竿而不让泥丸掉下来，经过五六个月，练成后我去粘蝉，很少有失手的；后来用三个泥丸练习，练成后去粘蝉，失手的概率只有十分之一；最后用五个泥丸练习，练成后，粘蝉就从不失手了。我粘蝉的时候，身定如树桩，臂稳如枯枝，天地之大，万物之多，我又只盯着蝉的翅膀，其他一概不理会，怎么会粘不到呢？”

孔子对弟子们说：“运用心志不分散，就是高度凝聚精神，恐怕说的就是这位驼背的老人吧！”

这个故事很平常，却很好地诠释了一个道理：只要持之以恒、专心致志地做一件事情，就能够达到出神入化、轻松自如的境地。捕蝉老人的作为，常让我不由自主地想到娄底市王丽燕小学数学名师工作室的老师们。这个工作室落户于我们涟源市教研师资培训中心，我被王老师邀请加入了他们工作室的微信群。我目睹了他们的日常研修，这群人和捕蝉老人一样，每天重复做着教书育人的工作，看上去虽都是些小事，但事实上都是实现自身价值、关乎下一代未来发展的大事。然而，在当下，我们仍能看到：有人言及教育便喊苦喊累，习惯性地把教育过程中的不如意归因于客观，痛陈各种不是和无奈，把教书育人这一充满无限可能和无穷乐趣之事，活脱脱地变成了枯燥乏味、苦不堪言的差事。

如何让自己的教育生涯精彩绽放、充满激情？王老师带领她的团队用行动给了我们最好的答案：凝聚精神，专心日常，用“滴水穿石”的韧劲做好教育的每一件事，成就自己不一般的教育素养。

于是，老师们要不断读书，唯有读书，方能使自己的“那桶水”永远清澈灵动，不会因为给予学生“一滴滴水”而逐渐枯涸。于是，老师们要坚持备课，在纸上演练精彩。它就如一次奇妙的“旅行”，老师心在其中，设想着自己与学生在思维上的种种碰撞，如何让学生感觉时而“山穷水尽”，忽又“柳暗花明”的跌宕起伏。于是，老师们用心上课，把写在纸上的剧本演绎成真实互动的交流，引发无限的可能和无穷的乐趣。学会用教学智慧处理超出预设的生成，和学生体验激烈思辨所带来的冲浪快感。然后把这些经历视若珍馐，写下教学反思，丰富自身教学经验。于是，老师们认真批阅作业，像秋日里的庄稼汉，满怀欢欣地看着累累硕果。当然，哪株小苗儿长势欠佳，老师也会像庄稼汉忧心收成一样，研究原因与对策。当每一株小苗儿都茁壮成长的时候，那拔节的声音，是世界上最动听的音乐！老师们自然就乐在其中了。

庄子说：“不精不诚，不能动人。”我常常用这句话与工作室的老师共勉。事实也是如此，老师们一直坚持不懈地阅读、慎思、写作，一节接一节地研课磨课，一个接一个地研究课题，一本接一本地出版专著……如此种种，力求精进、乐此不疲。

王丽燕名师工作室从成立之日起，每天都在研修，或集中研修，或在线研修，或自主研修。在研修中，老师们提出教学中的疑点、难点、热点问题，然后围绕这些问题进行切磋交流，最重要的是老师们常常会把这些经验运用到教学实践中，真正实现“教育理论的实践性解读与教学实践的理论性反思”相结合。

一年过去了，我欣喜地发现，王老师的工作室建设与教师专业素养的培育有了一种水乳交融、相得益彰的好气象。一方面，名师工作室通过制度化、常态化的管理，高效地进行了大量有关团队研修的实践探索，找到了一条提升教师专业素养的路径：师德修炼—知识涵养—技能修炼—素养提升。可以这么说，时至今日，工作室的老师们已经把专业素养的自我修炼当成了自己生活的一部分。另一方面，教师专业素养的提升为工作室的建设提供了强大动力，一系列的研究成果丰富了工作室建设的内涵。在此研究过程中，老师们不断充实工作室的课题——“小学数学教师核心素养和能力建设”的研究成果，在实践中悟出了“知识、能力、情怀”三位一体的小学数学教师核心素养的结构，并用行动研究法验证了课题的“理论假设”——“开设科学适用的研修课程是培育教师专业素养的有效方法”和“制订科学的‘研修任务单’与‘研修评价机制’是推动教师研修的有效手段”。现在，老师们将这些具体的做法收集、整理、成书，这是一种了不起的基于现实问题解决、基于教师专业成长的研修方式。

我相信，只要老师们能坚持“像捕蝉一样做研究”，锲而不舍，笃定而行，大家终归会成为那位“捕蝉的老人”，教学生涯中所有的精彩，都会与我们意想的那样自然而美好。

涟源市教研师资培训中心
邓求平
2018 年 10 月 22 日

目录

CONTENTS

第一篇　好书共读

“书到用时方恨少”，一个老师上课时，是带着他全部的经验来讲授的。那些经验就是我们说的“一桶水”，它决定了老师能传授给学生的知识容量和成长高度。而经验的获得，大多起源于阅读，在思与行中扎根于心。少阅读的老师在教学中，往往只能依葫芦画瓢，照本宣科，要他们谈教学方法、技巧与课堂智慧，简直是一种奢望。如果“阅读”成为一个老师发自内心的精神需要，那它应该是最好的备课，最崇高的职业素养，最美丽的人生习惯，更是教育中最靓丽的一道风景。因此，我们要一直坚持不停地阅读，特别是数学教育经典，如《作为教育任务的数学》《小学数学思想与方法》《怎样解题》等，为此，我们精选了张奠宙先生的30篇文章，作为我们工作室的一个重要研修活动来阅读经典文献，思考课堂教学。也许，我们不能记住读过的每篇文章、每本书，但我们坚信这些书是没有白读的，因为每一本书的内容都已经化作我们的精神营养，融入我们的灵魂中了。

第一部分　聚焦课堂，发起共读

阅读经典，思考课堂教学
——阅读活动设计例析

一、研修需求分析

在教学实践中，老师们常常讨论一些无关数学教学本质的问题，如一年级学生学习“左右”时，老师们常常会把注意力放在“以谁为标准来判断左右”这个问题上，花大量的时间去纠结一些无关数学理性思考的问题。那么，什么问题、哪些问题关乎数学问题的关键与本质呢？我们又应该如何去把握这些数学问题的实质呢？我国著名的数学教育专家张奠宙先生对于这些问题有很深的研究。近年来，他在《小学教学·数学》等专业杂志上发表了大量的关于小学数学教材编排、教学处理等方面的文章，这些文章视点高，视野宽，深刻而又接地气，值得我们每一位小学数学老师认真阅读。因此，我们精选了张先生的30篇文章，发起了我们工作室的一个重要研修活动——阅读经典文献，思考课堂教学。

二、研修目标

通过阅读经典文献，养成从高要求审视小学数学内容的习惯，培养深刻理解小学数学内容的能力，提高在教学设计与实施中把握数学实质的能力。

三、研修内容

1. 认真阅读30篇教育经典文献(见附件)；

2. 把教学理论的实践性解读和教学实践的理论性反思结合起来，用案例诠释对经典的理解。

四、研修要求

1. 通读30篇论文；

2. 选择其中的2篇进行精读，分别写出读后感；

3. 就某一篇论文中提到的教学内容作一个教学设计，教学设计中体现论文中的一个或几个观点；

4. 分阶段完成任务。

五、研修程序

1 月：完成阅读和读后感；
3 月：完成教学设计和活动总结。

六、研修评价

读后感紧扣文章要旨，观点鲜明，感悟深刻，记为优秀；只有正确的观点，没有自己的理解与感悟，记为合格；观点不正确，记为不合格；教学设计以文章的观点为出发点，紧抓数学问题实质，可操作性强，记为优秀；设计从文章观点出发，但对数学问题实质解读与突破不太充分，记为合格；观点或要旨不正确，记为不合格。

七、成果预期

老师们了解什么是高要求审视小学数学教学内容，理解小学数学内容的能力得到提升；在教学设计与实施中把握数学实质的能力得到提高；收集到大量的围绕文章观点的优秀教学案例。

附：张奠宙先生 30 篇文章目录

1.“分数”教材里一个没有解决的问题(谈分数与包含除的关系)。
2. 按“四基”的要求编写数学教材(以“抽屉原理”为例)。
3. 把数学思想方法适当地说出来(从“文字代表数”的意义说到方程的本质)。
4. 多多注意数学本质的提示(剖析“用温度计引入负数“的优缺点)。
5. 返璞归真　正本清源(“比”不能等同于除法)。
6. 访谈录：究竟什么是方程？(析“含有字母的等式叫方程”之误)。
7. 分数相等性质的数学内涵(兼及角的定义)。
8. 更多地注意数学本质与细节处理(以圆的定义为例)。
9. 架起沟通语文和数学两科教学的桥梁。
10. 教材编写要注意防止片面的思维定式(评小学数学教材中忽视“包含除”的倾向)。
11. 教材处理宜朴素自然、平易近人(关于小学数学教材里“角的认识”)。
12. 精品教材需要精密的细节处理。
13. 扩大文化视野，弘扬人文精神（关于小学数学教材里数学文化因素的设计)。
14. 例析“综合与实践”的课程内容。

15. 落实“四基”，要把数学思想方法适当地说出来（谈“小数的意义”教材的处理）。

16. 请多多关注小学数学教材的科学性。

17. 三角形内角和定理的证明无法绕开平行公理。

18. 深入浅出，平易近人（怎样测量长度、面积和体积）。

19. 适合儿童年龄特征和避免数学差错（关于“打规律”及其他）。

20. 数学概念之间需要融会贯通（评“图形与几何”中一些概念的表述）。

21. 数学要源于生活，但要高于生活。

22. 数学思想是自然而平和的。

23. 天安门是轴对称图形吗？

24. 小学阶段如何处理“极限”？

25. 小学数学课程必须坚持“混而不错”的原则（以“平行与垂直”的教材编排为例）。

26. 小学数学如何实现从直观到抽象的飞跃（谈教材里关于“图形的运动”的处理）。

27. 削枝强干，消除平庸（谈小学《数学》教科书中“测量”一节的编排）。

28. 小学数学教材要厘清逻辑顺序。

29. 正本清源，通过“数数”活动理解运算律（关于加法和乘法交换律的讨论）。

30. 正本清源　力求准确（关于数学教材中“分类”单元的评论）。

小学数学教师
阅读书目及部分杂志推荐

一、必读书目

1. 皮连生.《学与教的心理学》. 华东师范大学出版社，1997 年版

2. 郑毓信.《小学数学教育的理论与实践——小学数学教学 180 例》. 华东师范大学出版社，2017 年版

3. 郑毓信.《新数学教育哲学》. 华东师范大学出版社，2015 年版

4. 郑毓信.《国际视角下的小学数学教育》. 人民教育出版社，2004 年版

5. 李光树.《小学数学教学论》. 人民教育出版社，2003 年版

6. 张奠宙.《现代数学思想讲话》. 江苏教育出版社，1991 年版

7.《数学课程标准》(2011 年版)

8. 苏霍姆林斯基.《给教师的建议》

二、参考书目

1. 波利亚.《怎样解题》. 上海科技教育出版社，2002 年版

2. 张奠宙.《数学史选讲》. 上海科学技术出版社，1997 年版

3. 张奠宙.《中国数学双基教学》. 上海教育出版社，2006 年版

4. 弗赖登塔尔.《作为教育任务的数学》. 上海教育出版社，1995 年版

5. 沃建忠.《小学数学教学心理学》. 北京教育出版社，2001 年版

三、部分数学杂志

1.《课程・教材・教法》(CSSCI 来源期刊)，地址：北京中关村南大街 17 号院人民教育出版社，电话：010 – 58758977(58758975)，E – mail：maed@ pep. com. cn。

2.《数学教育学报》(核心期刊)，地址：天津师范大学中院《数学教育学报》编辑部，电话：022 –23541034，邮编：300387，E – mail：sxjyxbbjb@ 163. com。

3.《小学数学教师》，地址：上海永福路 123 号，邮编：200031。

4.《小学青年教师》，地址：河南郑州市顺河路 11 号，电话：0371 –6324611，邮编：450004。

5.《小学数学教学》，地址：南京市定淮门大街 11 号商会大厦 B2104 室，电

话：025－86217371，邮编：210036。

6.《小学数学》，北京市海淀区中关村南大街17号院1号楼，电话：010－58758866，邮编：100081。

7.《中国教师》(半月刊)，地址：北京师范大学英东教育楼601室中国教师杂志社，电话：010－58801729，邮编：100875。

8.《小学教学设计》，山西太原市解放路东头道巷17，邮编：030009。

9.《小学教学研究》，地址：江西省南昌市抚河北路291号《小学教学研究》杂志社，电话：0791－6705770，邮编：330008，E－mail：xxjxyj_zhb@163.com。

第二部分 阅读名篇，共享成果

没想到是这样的数学
——读《架起沟通语文和数学两科教学的桥梁》有感

元宵佳节猜灯谜，数学也能做谜底。“两牛打架(对顶角)”“再见吧，妈妈(分母)”“五四三二一(倒数)”“风筝跑了(线段)”等，这样的灯谜，让数学不再显得单调、枯燥了，我觉得有点意思，没想到是这样的数学。我想起张奠宙教授的《架起沟通语文和数学两科教学的桥梁》一文中，有关“交叉渗透”“意境借鉴”等观点。原来，还不只是这样的数学。

毕达哥拉斯观察美丽的方形地砖，于是有了著名的勾股定理；“数学王子”高斯10岁计算级数求和，19岁用尺规作出正17边形；欧拉解决七桥问题，于是有了拓扑学。刘徽首创“割圆术”，阿基米德提出“圆柱容球”的思想，根号2的发现和π的计算等，这些数学故事广为人知。数学史和数学故事又给这些“严肃、刻板的人”增添了几分活泼感，没想到是这样的数学。

大漠孤烟直，长河落日圆

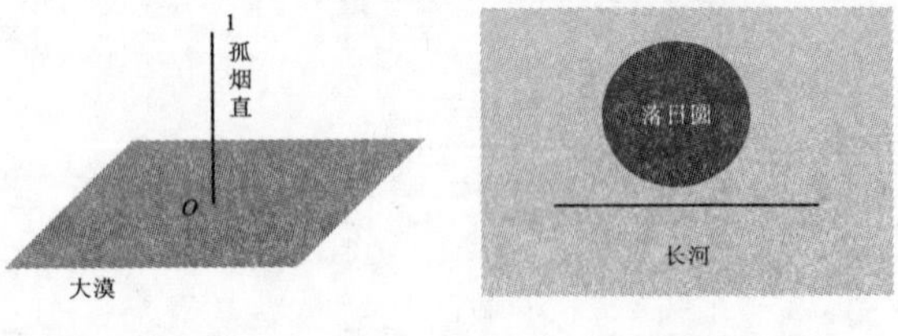

“天连水尾水连天”“院满春光春满院”。回文是文学里一种有趣、别致的修辞。数学里的“回文数”和“回文算式”也有这一特征，比如：121，868，1234321，$12\times42=24\times21$，$12\times4032=2304\times21$，等等。诗词中的“借景生情”和数学中的“以形助数”也有相似之处。王维《塞上曲》“大漠孤烟直”在数学里正是一条垂直于平面的直线，“长河落日圆”就是一个圆切于一条直线。文学与数学里内容的对称、交融也颇有韵味，没想到是这样的数学。

张教授文中有两例人文意境与数学的意蕴相互沟通的例子。贾岛的“只在此山中，云深不知处”简直是为数学的抽屉原理等存在性命题而作。苏轼的《琴诗》为“反证法”提供了人文意境：“若言琴上有琴声，放在匣中何不鸣？若言声在指头上，何不于君指上听？”读罢，觉得哲学味甚浓。其实，能为数学提供这种人文味、哲学味的例子还有很多。“问君能有几多愁，恰似一江春水向东流”中有没有数学里“无穷”的意蕴？《庄子》有语：“一尺之棰，日取其半，万世不竭”不正是关于极限的认识吗？“问渠哪得清如许，为有源头活水来”，从初等数学到微积分的创立，从欧氏几何到非欧几何的出现，不正说明数学变化、运动、发展的特点吗？费马大定理如果能像勾股定理一样用初等数学知识得以美妙地证明，就不足以震惊世界了。我想用“一花一世界，一叶一菩提”这句佛语形容它在数学领域的价值应该毫不过分。真没想到还是这样的数学。

再如，巴赫的音乐美中具有数学的“逻辑性”；建筑、美术、摄影都有“黄金分割”的身影。数学与各类知识有着千丝万缕的联系，有情趣味、历史味、文学味和哲学味等，彼此渗透，互为沟通。这是座架起人文精神和理性文明之间的桥梁，没想到是这样的数学。

娄底市第六小学
刘强

架起人文精神与理性文明之间的桥梁
——读《架起沟通语文和数学两科教学的桥梁》有感

今天小学数学名师工作室公众号推送了黄晓红老师编写的数学故事《狄青打胜仗》，邓主任一如既往地加以关注与点评："科学是严肃的，教学是严谨的。在严肃与严谨中引入故事，在妙趣横生中演绎数理，这就是寓教于乐吧！"真是妙语连珠！我马上联想到我在工作室推送的经典阅读文献里华中师大张奠宙先生的一篇文献《架起沟通语文和数学两科教学的桥梁》，于是，我又一次重温经典。在文章的结尾处，我惊讶地发现了这么一段文字："……以上两例表明，数学教材里引用古诗，数学课堂上朗诵古诗，并非天方夜谭，而是有助于学生理解的生动呈现，是充满人文意味的数学文化教学。语文课程和数学课程的沟通，还是一块未充分开垦的土地，如能在人文精神和理性文明之间架起桥梁，将会构成一幅美丽动人的教学图画。我们期待着。"读到这里，我会心一笑，智者所见略同！

我们工作室近阶段集中研究的小学数学故事不正是架在人文精神与理性文明之间的桥梁吗？

故事《曹冲称象》在中国几乎是妇孺皆知的故事，取自史书《三国志》："冲曰：'置象大船之上，而刻其水痕所至，称物以载之，则校可知矣。'太祖大悦，即施行焉。"30 个字不到，小曹冲遇事冷静、善于观察、敢于表达的智慧之美跃然纸上，太祖大悦这一"悦"字更是生动地描述了"曹冲"智慧过人，深得曹操宠爱的场景，这种人文精神之美让人称羡！

年仅 6 岁的曹冲，利用漂浮在水面上的物体的重力等于水对物体的浮力这一物理原理，解决了一个连许多有学问的成年人都一筹莫展的大难题，这不能不说是一个奇迹。可是，在那个年代（公元 200 年），虽然阿基米德原理已经被发现了 500 年，但这一原理直到 1627 年才传入中国，小曹冲不可能知道这个原理，更不用说浮沉条件了。实际上，聪明的曹冲所用的方法是典型的数学方法——"等量替换法"。用许多石头代替大象，在船舷上刻划记号，让大象与石头产生等量的效果，再分批称出石头的重量，使"大"转化为"小"，分而治之，这一难题就得到圆满的解决。等量替换法是一种常用到的科学思维方法，理性之美表达得淋漓尽致。

这里再讲一个爱迪生的小故事。美国大发明家爱迪生有一位数学基础相当好的助手叫阿普顿。有一次，爱迪生把一只电灯泡的玻璃壳交给阿普顿，要他计算一下灯泡的容积。阿普顿看着梨形的灯泡壳，思索了好久之后，画出了灯泡壳的剖视图、立体图，画出了一条条复杂的曲线，测量了一个个数据，列出了一道道算式。经过几个小时的紧张计算，还未得出结果。爱迪生看后很不满意。只见爱迪生在灯泡壳里装满水，再把水倒进量杯，不到一分钟，就把灯泡的容积“算”出来了。这里，爱迪生用倒入量杯里的水的体积代替了灯泡壳的容积，用的也是等量替换法！

写到这里，我甚至开始懊恼起来：提交课题立项申请书的时候，刘硕鹏老师提出这样一个问题，课题的“创新之处”感觉还不够厚实，我当时怎么就没想到呢？数学故事是架起人文精神与理性文明之间的桥梁，这就是创新呀！张奠宙先生不是说“这还是一块未充分开垦的土地”吗？

写到这里，我甚至开始兴奋起来，《湖南教育》与伏口中心小学有一个“春天第一站”的约会，不是缺少主题吗？这个就是一个很好的主题啊。

所以感谢邓主任的点睛之笔。

涟源市教研师资培训中心
王丽燕

高度决定眼界
——读《教材处理宜朴素自然、平易近人》有感

作为一名普普通通的小学数学教师，一直都默默地耕耘在教学第一线，自认为对小学数学教材已经非常熟悉，对自己所传授的数学知识也非常自信。然而，读了张奠宙教授的《教材处理宜朴素自然、平易近人——关于小学数学教材里“角的认识”》一文后，我才发现自己就如那只坐在井底看天的青蛙。幸运的是，我能加入娄底市王丽燕小学数学名师工作室，能接触到那么多优秀的同行，在王老师的带领下，我将跳出自己的那口小井，去领略井外那多姿多彩的世界。

下面我就来谈谈我读完张教授这篇文章后的几点思考：

一、钻研教材不能限于“以本为本，以纲为纲”

我们常说教学要“以本为本，以纲为纲”，但通过这篇文章的阅读，我深刻体会到，我们在钻研教材的时候决不能局限于“以本为本，以纲为纲”。我曾经在省里的“送课下乡”活动中作为地方代表执教过二年级《角的初步认识》一课，备课的时候，我在钻研二年级教材中相关内容的基础上，也能想到去了解一下四年级教材中关于“角的认识”的内容，并在教学设计中安排了相关的拓展与衔接环节，当时还真有点沾沾自喜，以为自己钻研教材很有深度。看完张教授的这篇文章，才发现自己当初研究教材是如此肤浅，既没有去思考角的概念的来源，也没有去关注人教版教材以外的相关内容，更没有把三年级的“位置与方向”这一内容与角的知识联系起来。看来，要想上好一堂课，要想有既科学合理又有深度的教学设计，从钻研教材开始，就得要让自己站在一个更高更广的角度去思考。

二、批判精神不可少

或许是性格使然，或许是教师这一职业的影响，我们向来习惯于服从权威，对教材的权威性那更是从不质疑，奉若神明。然而，张教授带领我们思考的这几个问题，不仅让我们对教材有了批判性思考，也解决了我在教学过程中一直存在的几个困惑：

比如“用射线定义角”，在教学实践中，我感觉对于小学阶段的孩子来说，他们对射线的理解仅限于死记硬背，很难有比较深刻的认识。从文章中我找到了答案，孩子们难以深刻理解射线的原因是“射线是存在于想象之中，画不出来的”，作为老师，我也是第一次了解到其实角也可以用线段定义的。当然，在今后的教

学中我会尽量按照教材编排去教，但我思考的角度肯定会更开阔，更深入，也更敢于理性地批判权威，作为老师的这些特质都会给学生“润物细无声”的影响，成为他们宝贵的财富。

再比如：关于“角的相等”，在讲授二年级“角的初步认识”的时候，关于“角的大小与边的长短无关”这一知识点是孩子们最难以理解的，从张教授的文章中我终于找到了原因——二年级时直观地描述角，有两个缺陷：一是同一个角有多种表示，却没有定义角的相等；二是没有涉及“角由线段绕一个端点旋转生成”，难以过渡到周角以及角的度量。然而，角的直观定义，只说角是从一个顶点出发的两个线段构成的图形，却对于线段的长度并无要求，也就是说，角的图形表示不唯一。于是就有了一个问题：“哪些不同表示的角其实是彼此相等的呢？”在张教授的文章中我找到了解决办法，文章中的配图真是妙不可言，让我茅塞顿开。

还有一点，文章中建议教材编写者注意钟表上分针和时针所形成的角度问题，在二年级“角的认识”阶段，不要引进钟表模型，因为第一阶段的角都是静态的，而时针和分针所形成的角则是动态的，适宜于在四年级学习“旋转与角的生成”时引用。尤其是时针、分针各自运动产生的角，也是超过 180 度的，值得关注。看完这里，我真的感到无地自容，我在教学二年级“角的初步认识”一课时，竟然还用钟表模型来演示过“角的大小与两条边叉开的大小有关”这一知识点，从来没有去反思过“静态”与“动态”的问题，更没有去反思过自己的设计是否适合相关学段的孩子。文章中还提出“关于周角及大于 180 度的角，尽管不列入考试内容，但我们在教学中真的能回避吗？”这些问题都有待于我自己再到教学实践中去思考，去实践，去总结。

一个人所站的高度直接决定了他的眼界与思考的广度，作为一名教师，决不能做井底之蛙。路漫漫其修远兮，我得让自己跳出小圈子，勤学，勤思，勤实践，方能顺应时代潮流，实现一名教师的人生价值。

新化县铁牛小学
罗孟秋

微创教材　灵活处理
——读《把数学思想方法适当地说出来》有感

张奠宙先生是我国著名的数学教育专家，他对小学数学教材的研究，帮我们一线数学教师打开了许多心结。寒假我又重读了他的《把数学思想方法适当地说出来——从“文字代表数”的意义说到方程的本质》一文，我很认同他的观点。因为我上个学期就教学了这些内容，在教学中总觉得哪里不顺畅，但又说不出来，读了张先生的文章，才解了心中的谜团。

为什么把“用字母表示数”安排在“简易方程”的开始部分？张先生认为教材在这部分内容的编排上应凸显“用字母表示数”与“简易方程”的关联，淡化“用字母表示数”与“简易方程”无关的部分。他明确指出“用字母表示数”承载了两类思想方法：第一类是常识意义下使用符号、文字来代表事物，这在日常生活中已经大量使用，比如用字母表示某人、某一部分事物、某一规律等，这样使用的意义在于使表示更加简单、方便、好用。第二类是用字母代表一个特定的未知数，在未知数与已知数之间建立一种等式关系，应用一种特殊的思维方式，经过各种运算、变换，最终找到答案，这样就体现了一种重要的数学思想方法——方程思想方法。张先生还对此形象地做了比方：就好比警察在追查罪犯时，一开始不知罪犯姓甚名谁，就用字母来代表他，然后凭借罪犯遗留在现场的痕迹和其他信息，通过与已知的事实和信息进行比对，最后找出罪犯。张先生认为在教材编排上“用字母表示数”的第一类意义只要有所提及就行，不需大加篇幅来强调，而应强调“用字母代表一个特定的未知数”这一主旨，功夫应花在“字母参与运算”上。

对比新、旧教材，可以看出张先生指出的一些不合理的部分已经删减掉了，但我在用这部分教材时，仍然感到困惑。尽管我在教学时努力做到：重点体现用代数式来表示数量关系，同时在这个过程中体现代数式的规范书写，但例 3 用字母表示运算律和用字母表示公式却显得与其他 4 个例题格格不入，而且由于当时还没有读到张先生的文章，我只是觉得这个例子并没有起到承上启下的作用，虽然我们意识到讲授这个例题时是着重去体现“用字母表示数”的第一类意义：用字母表示某人、某一部分事物、某一规律等，使表示更加简单、方便、好用。不过我们在集体备课讨论时认为教学这些例题(除了例 3 的第一部分)时，重点还是要去体现用含有数和字母的式子去表示数量关系，同时注意规范书写。虽然我们那时还没有读到张先生的文章，也不知道教材为什么要这样编排，只是基于后面列方程解决问题的需要，我们把教学重点放在了用含有数和字母的式子去表示数量关系，如今看来我们虽然没有强调“用字母表示数”的第二类意义：用字母代表一个特定的未知数，但我们却在努力做到使未知数与已知数之间建立关系，让代表未知数的字母与数一起参与各种运算、变换。因此我觉得我们在教学实践中这样安排也体现了用字母表示数的本质，而且也能很好地过渡到后面“方程的意义”这部分内容。张先生的这篇文章，为我们当初的困惑和实践找到了理论上的支撑，让我们在理论上更进了一步。

虽然我们不能像张先生那样去向权威挑战，但我们可以活用教材。我想建议大家调整顺序来进行这部分的教学：

例题1：用字母表示运算定律(体现用字母表示数的第一类意义)。

例题2：用字母表示长方形和正方形的面积及周长公式，使用时可以给字母一个确定的值，再计算(还是体现用字母表示数的第一类意义)。

例题3：就是现在的例题1和例题2(用字母表示一个特定的数量参与列式，这里还是体现用字母表示数的第一类意义，但已经向第二个意义靠近)。

例题4：就是现在的例题5(用字母表示一个特定的数量参与列式，并且参加运算，不仅体现用字母表示数的第一类意义，而且也体现了第二个意义)。

例题5：(改编原来的例题4)

一大杯果汁有1200克，喝了X克，还剩800克。

请你用一个式子来表示总量、喝掉的量与剩下的量之间的关系。

请你推算一下喝掉了多少克？

(用字母表示特定的未知数，并让未知数与已知数之间建立一种简单的等式关系，应用一种特殊的思维方式，经过各种运算、变换，最终找到答案，体现方程思想方法。)

我想这样安排的话，既没有把原教材做大的变动，也很好地体现了“用字母表示数”的两类意义，层层递进之后，与“方程”慢慢靠拢，“方程思想”也就自然而然地体现出来了，“用字母表示数”与“简易方程”就这样实现了自然关联。

“阅读经典，思考课堂教学”是一项非常有意义的读书活动，感谢王丽燕老师的策划，让大家在读书中进步，让大家在读书中解惑。

娄底市第六小学
袁运飞

涓滴成流　积水成渊
——读苏霍姆林斯基《给教师的建议》有感

今天终于读完了苏霍姆林斯基的《给教师的建议》。在读这本书之前，我是有点嫌弃这本书的，那么厚，现在是互联网时代，每天那么多的信息扑面而来，你一本书就是一百条建议是不是有点多了？再说苏联都解体那么多年了，而中国正在推行新课程改革之际，这本书似乎也不符合现代教育的潮流。于是，我试图保持点自我，试图找到他的漏洞和他试图隐藏的缺陷，不让他洗刷我的脑袋。但读完以后，我竟觉得这是一本值得我们一读再读的好书，书中的推荐和劝告看似浅显，实际上是苏霍姆林斯基完整的教育思想体系，涉及教师经常遇到的棘手问题。书中用了很多的事例和体会，把枯燥的教育学、心理学的基本观点阐述得生动、明白，读后令人倍感亲切、深受启发。

但紧随而来的是我的焦虑，书中有许多的教育思想理论，如"谈谈学生的智力生活""想克服负担过重现象，就得使学生有自由支配的时刻""要教会儿童利用自由支配的时刻""把基础知识持续在学生的记忆里""谈谈对'后进生'的工作""知识——既是目的，也是手段""评分应当是有分量的""学科教学中的学生用心活动的资料""教给学生观察""怎样使小学生愿意学习""务必教会少年阅读""让学生生活在思考的世界里""教学中的随意识记和不随意识记""教师，要爱护儿童对你的信任""怎样对待学习有困难的儿童""教育和自我教育""我怎样写教育日记""提倡教师在日常工作中做一些科学研究""我怎样研究和教育学习最差的学生""怎样教育学生热爱劳动""课堂教学与课外阅读""提高教学质量的几个问题"等类似这样的话题让我感觉我现在的教学是漏洞百出，一百条建议我都需要。但真的要全部做到的话，就像用破筛子舀水，到处都是眼，每个眼都需要一根手指来堵住，用它来舀水，我的努力多半会白费，因为筛子它总在漏。真让人焦虑！我既然没办法把所有的筛眼堵上，因为我只有十个手指，我唯一的选择是尽量把破筛子上最大的那几个漏洞堵上，如果我足够努力的话，筛子总能剩下一些水，多少能舀上一点水吧。不急着全部做到，只要做到以下几个就好。

一、阅读与思考

生活不止眼前的吃喝拉撒，还有好好读书。《教师的时刻从哪里来》中苏霍姆林斯基告诉了我们——教师的时刻从读书中来。"只有每一天不间断地读书，跟书籍结下终生的友谊，就像潺潺小溪，每日不断注入思想的大河一般。"我明白了，为什么那么多优秀教师，课堂上总是那么得心应手、游刃有余，不管课堂有什么生成，他们都能巧妙引导，让课堂焕发精彩。就像书中那位历史老师说的：对每一节课，我都是用终生的时间来备课的。一些优秀教师的教育技巧，正是由于他们持之以恒地读书，不断地补充他们的知识大海，用一辈子来备课而获得的。

那哪些书是我一定要读的？我不禁想起了前两天参加的读书会，赵雄辉教授说："作为数学老师，与数学教育有关的很多书是值得我们去读的。像《几何原本》《九章算术》是要好好读的书。当然，不是所有在场的人都看得懂这些书的，不过这也不要紧，有时没事就翻几页，实在看不懂我们就把它们供起来，用虔诚的心去敬奉它们；有些书是要钻研的，比如教材和教学的工具书，你就要用心琢磨，否则，你上课教错了你还不知道；有些书是用来玩的，纯粹是玩的，那为什么还要读呢？消遣呀，休闲呀。所以，书有各种各样的书，当然就有各种各样的读法。"虽说各种各样的书有各种各样的读法，但无论怎么读，总离不开思考，思考书上说的有道理吗？是全部有道理还是部分有道理？书中最重要的观点是什么？为了解作者的观点，于是去看更多的书，这应该是我们正确读书的态度。当然，作为老师，重要的是教会学生去阅读与思考，诱导孩子爱上阅读，边读边思考，体会到阅读的兴趣，使阅读成为学生的第一爱好，每天进入自动化的阅读状态。

二、博爱与尊严

每个班都有几个让老师头痛的"熊孩子"，他们一旦出了点小问题，我们总习惯先对他们进行批评、罚站、写检查……然后再对其讲道理，进行所谓的原则性的指导，并自我安慰，我尽到了我的责任，至于效果，只能是修行在个人。其实处罚和枯燥的说理并不能触及那些熊孩子的灵魂，反而拉大了老师与他们之间的距离。苏霍姆林斯基说："一个好的教师意味着什么？首先意味着热爱孩子，感到跟孩子交往是一种乐趣，坚信每个孩子都能成为一个好人，善于跟他们交朋友，关心孩子的快乐和悲伤，了解孩子的心灵，时刻都不忘记自己以前也是个孩子。"他告诉我们每个老师：那些有个性的孩子正是透过犯各种各样的错误来学习正确的；我们永远都不要绝望，只要我们充满期盼，他们就会充满期望。照亮学校的永远不是升学率或者其他名和利的东西，而是圣洁瑰丽的师道精神，是对孩子的不染一丝尘埃的博大的爱，和对每个孩子作为无辜生命的深深的悲悯。怀着爱与悲悯，我们不能放下，绝不能放下。从这些话中我深深地感受到用爱心去开启学生心灵的窗户、走进学生的心灵世界、成为他们的良师益友的重要性。其实"熊孩子"同优秀生一样，他们都是祖国的花朵。对于那些尚未开放的花朵，我们就应该倾注更多的耐心，倾注更多的温暖给充满个性的他们，百花齐放才能迎来满园的春色！

一些老师还有这样的疑惑，在教育“熊孩子”的过程中，尽管有时我们为他们的成长付出了很多，可他们并不领情，甚至常常事与愿违，在叛逆。为什么会出现这样的结果呢？有一个重要的原因就是我们在教育孩子的时候，方法简单粗暴，没有把他当作一个平等的人来对待，每个孩子都有自尊心，老师要保护好孩子脆弱的心灵。只有教师关心学生的人的尊严感时，才能使学生通过学习而受到教育。教育的核心就在于让儿童始终体验自己的尊严感，让学生经常看到自己的进步，让他们感到每一天都不白费力气，每一天自己都有新的收获。

涟源市蓝溪学校

邱娟

正本清源，理解教材
——读《正本清源，通过数数活动理解运算律》有感

王老师和刘老师在工作室群里掀起了共读一篇文章的热潮，并引导大家展开了热烈而卓有成效的研讨，以下是个人的一些小想法。

一、关于乘法交换律的教学

回顾自己的教学生涯，大抵是这么处理的：首先出示一组算式：$6\times7○7\times6$、$52\times25○25\times52$，再抛出张新春老师（长沙市教育科学研究院小学数学教研员）所说的小学数学老师的经典提问：认真观察这组算式，你有什么发现？引导学生得出猜想：在乘法中，交换两个乘数的位置，乘积不变。然后引导质疑：这个猜想是不是在所有的乘法算式中都适用呢？引发讨论：如何验证？组织学生独立思考之后交流：①举例证明；②找反例证否，然后得出结论。

这种发现与提出问题→验证猜想证明结论→运用结论解决问题的教学流程，引领孩子们经历了问题解决的完整过程，孩子们在学习过程中收获的不仅仅是知识与结论本身，更收获了研究问题的基本方法与经验，培养了孩子们的问题意识。但是这个教学模式于本节课而言也有不可忽略的缺陷：孩子们仅仅从外在形式上认识了乘法交换律，并没有触及这个运算定律的本质，以至于到高年级需要运用运算定律解决较复杂的运算时，孩子们无从下手。

二、如何改进？

结合张教授的文章，我认为功夫应该花在“乘法的意义”上。可以将本节课的导入稍为修改：体育课上，孩子们排队做操，站成5排，每排8人，一共有多少人？再抽象出点子图，引导学生竖着数，每列5人，共8列，写成5×8，再引导学生横着数：每行8人，共5行，列算式成8×5. 不管是横着数还是竖着数，结果都表示这个班的人数。所以$8\times5=5\times8$。这样有助于孩子们从本质上认识到乘法交换律。当然我更希望我们低年级老师在教学乘法时更为重视意义的教学，因为那是种子的力量。

三、关于乘法意义的教学

回顾自己的小学生涯，初学乘法时，在应用乘法解决问题时，诸如：孩子们排队做操，站成5排，每排8人，一共有多少人？谁作为被乘数（第一个因数）成

了我的梦魇，我多少次因为颠倒了位置被时为数学老师的父亲一顿狠K，无数次和我强调：相同因数作为被乘数，因数的个数作为乘数。但是下次我依然重蹈覆辙，最终父亲无奈地规定：你看问题里要求什么，那个数量就作为被乘数。

新课程改革后，淡化了被乘数与乘数的区别，统称为因数，因此孩子们排队做操，站成5排，每排8人，一共有多少人？不论是5×8或者8×5都是正确的，这个改革，极大地降低了孩子们学习乘法的难度，但是也在一定程度上弱化了乘法的意义：相同计数单位的累加，以至于孩子们学习乘法交换律与分配率时造成困扰(以分配律为甚)。有老师一定会辩解，我也教了呀。事实上，于低年级孩子而言，他们的心理与年龄特征决定了模仿与多次的重复强化刺激是孩子们学习数学的重要方式。从这种意义上说，我支持俞正强校长说的：律是法的熟能生巧。

矫枉不能过正。因此2011版新课标认识到了这个问题，将因数改为乘数(以与因数与倍数里的因数相区别)，更为重视乘法意义的教学，以指导我们的教学实践。

涟源市实验学校
谢炤阳

小学数学教学设计的“生活化”与“数学味”
——读《数学要源于生活，但要高于生活》有感

张奠宙先生利用《位置》教学内容，全面地剖析了“数学来源于生活，但要高于生活”的观点。《位置》的教学内容中，用数对描述物体在平面中的位置与中学平面直角坐标系中用坐标表示点的位置是直接吻合的，同时也是数形结合的最好体现。随着课程改革的不断深入，“数学生活化”已经成为数学改革中的一大特色。教材中很多内容的编排都会紧密联系生活实际，让学生深刻地体会到数学与现实生活的联系，从而明确学习数学的必要性。但是问题也不少，我们经常在强调或者践行“数学源于生活”的教学理念，但往往就没有深入思考“数学为什么要高于生活”？怎样理解或者践行“数学高于生活”？张奠宙先生的这篇文章深入浅出地剖析了这个问题。

首先说说我对“数学源于生活”（生活化）的理解。

比如一年级才入学的孩子打开数学书，就能感受到数学与生活的联系，课本第一页的情境图中，是他们熟悉的校园环境：1 面红旗、2 个垃圾桶、3 棵树、4 朵向日葵……，这些自然数都是从孩子们身边熟悉的事物中抽象出来的；张先生在文章中提到的“座位”问题也是孩子们身边的数学问题；六年级下册《百分数》教学内容中的《折扣》《纳税》《利率》等都是从生活中的数学问题开始导入的。这样的例子在人教版教材中比比皆是，如：这些图文并茂的练习的设计，就是给学生提供一个简单而又熟悉的生活情境，直接把学生带到生活中，让学生在解决问题的过程中，既能体验获得成功的乐趣，让学生深刻地感受到数学来源于生活，又服务于生活，生活中处处有数学，学生在学习过程中能体验到数学学习的价值。

这些糖果一共有多少千克？

然后说说“数学要高于生活”（数学化）的理解。

人们用数学的眼光观察生活，用数学的方法分析研究生活中的各种现象，并加以整理组织，以发现其规律，并用数学的知识与方法去思考解决生活中的问题，这个过程就是数学化。

前面提到的位置就是如此，在实际生活中孩子们就知道以“第几排第几个”这样的常识来确定位置，但是几何意义的位置确定就还要考虑“坐标轴”的建立、平面上点与数对的一一对应关系等，这些都是高于生活的。因此，在课堂上，教师可以引导学生思考，为什么排成一排的小朋友只要用一个数就能确定位置，而教室里的座位要用两个数才能确定位置呢？进而思考为什么数轴上一个数对应着一个点，平面中要用一个数对才能确定一个点？对于这个问题的思考应该就是张先生所说的高于生活的一种几何表示。而张先生在文章中指出的“两个不同”更是如此，“老师的讲台”的位置是“0 排”，这时讲台这个点被赋予了几何意义；“先列后行”与生活中的“第几排第几个”也是不同的，这也是研究数学问题的需要。

当然，生活化与数学化不是对立的，而是一个问题的两个方面。它们的关系如何在数学课堂中实现和谐统一，要求我们在数学教学中，密切联系学生生活实际，构建生活化的学习内容，从生活中提炼有价值的数学问题，并紧抓数学问题的本质进行教学。只有如此，才能让“冰冷的美丽”演变为“火热的思考”。

读张先生的文章，总能产生醍醐灌顶的感觉，生动且深刻。的确，我们在教学时必须全面深入地分析教材，读懂教材，依据数学知识的线索，充分挖掘数学与生活的联系、数学知识之间的内在联系，以及对数学本质的认识。正如《小学数学课程标准》中所强调指出的：“从学生已有的生活经验出发，让学生亲身经历将实际问题抽象成数学模型并进行解释与应用的过程，进而使学生获得对数学理解的同时，思维能力、情感态度与价值观等多方面得到进步和发展。”

娄底市第九小学
赵岚

第三部分　关注成长，促进共读

居高方能望远

——赵雄辉老师在2018年教师专业成长读书会上的讲话

老师们好!

春节期间，又是开学前，老师们能够自愿参加今天的读书会，非常难得，我很感动，感动于我们湖南小学数学界还有这么一群有为的年轻人愿意来读书。我刚从湘潭赶回来，到长沙还没来得及吃中饭，就接到了丁丽老师一点半开会的电话，我就直接来会场了。现在这个社会，想找几个志同道合的人来读书，已经不是一件容易的事情了，而在座的还有这么多人愿意来读书，对我来说，这比吃一顿饭要重要得多。

作为一个老师，读书确实是太重要了！我做了近三十年的教研员，我一直对自己有“五个一”的约定，就是提醒自己要“总有一本书在读，总有一本书在写，总有一个课题在研，总有一篇文章待发，总有一个讲座在准备”。

总有一本书在读，就是要天天读书。一本书可能一天两天就看完了，也可能要一两个月才能读完，但总要有一本书在读，读完一本接着读第二本；总有一本书在写，就是要写作。这些年，我基本上做到了两到三年写一本书，有的人三年写一本，有的人五年写一本，十年写一本，甚至一辈子才写一本，但是你总要有一本书在写。总有一个课题在研，就是要保持有一个正式的课题在研究，最好是有省级或者国家的规划课题在研。我个人从八五、九五一直到十三五，总保持有规划课题在研的状态，研究不能间断，一个课题做完就做下一个。总有一篇文章待发，就是不断写文章，保持这样一种状态，总有一篇文章写完寄到杂志社待发，然后我接着写下一篇，当然文章不一定都能发表。总有一个讲座在准备，就是作为老师要为交流作准备，最近我做的讲座主要是“教师职业幸福”“高考改革”“课堂教学改革”方面的，一个阶段我会保持有多个讲座在不断更新，有一个新的讲座在准备，我现在着手准备的就是数学深度学习。通过这些事情，给自己一点压力，让自己保持一种进取的状态。

老师们，“五个一”说起来不是太难，难就难在坚持。一位老师成长到五六十岁能否有所成就，最重要的就是看能否坚持了。所以，当我快老了的时候，就想创造这样一个平台，让一群年轻人坚持来读书，大家互相激励，潇湘数学教育工作室就是这样一个平台。

说到潇湘数学教育工作室，简单说明一下。这个民间组织从成立到今年已经整整20年了。我是这个工作室的创始人。1998年，我自己起的名，自己心中挂的牌，没有实际挂牌，一直坚持到今天。1998年我为什么要做这个工作室呢？我是1990年到湖南省教科所做数学教研员的，1998年我调到计算机室去当主任，我就不是数学教研员了，我想我有没有可能继续和数学教师一起来研究问题呢？于是我就自己成立了潇湘数学教育工作室，只要有几个志同道合的人愿意和我读书，愿意讨论数学教育问题，这就够了。最开始的时候，或三五个人，或十来个人，有时候在山里面，有时候在草地上就开始活动了，这样子不断地做，做了很多年。2000年，我以潇湘数学教育工作室的名义邀请大家以沙龙的形式讨论数学教育问题，然后我整理成文章，在《湖南教育》上发表。其间请过很多名家，像刘坚老师、严士健先生、张孝达先生、张奠宙先生、戴再平先生都被我邀请过。每个月就一个问题，跟他们交流交流，然后整理成一篇文章发表在《湖南教育》上，后来我还以潇湘数学教育工作室的名义出过一套数学竞赛书。工作室的坚持要特别感谢申建春老师，申老师调到《湖南教育》杂志社后，他利用这个平台在小学数学领域做了许多文章。他组织论坛、沙龙，然后在《湖南教育》杂志上以潇湘数学教育工作室的名义发表，确实发表了一系列的好文章。20年过去了，今天我仍能看到这么多人愿意来加入工作室的活动，这真的是非常令人庆幸的一件事情，也是值得我欣慰的一件事情！

书的确是需要读的，在这个快节奏的社会，我常常会因为读书不够而无地自容。我也常常感叹现在要读的书实在是太多了。我前面说的保持一本书在读其实还不够，恨不得每天读一本书，就是苦于时间不够。有的学生经常跟我说，现在的书太多了，好多是新的。我就会说，如果你读到的书老感觉里边的东西是新的，那就说明你没读什么书，要读到书里都看不到几句新话，说明你读的书就比较多了，你每一本书拿来都读不动，觉得这个名词是新的，那个概念也是新的，那就说明你水平还不够。如果每本书拿下来，很快就能够读懂读完，每天都能读一本书，这水平就很高了。相反，如果几个月还读不完一本书，这水平就还比较低，因为你学过的很少，底子还很薄，努力的空间还很大。所以我说，在这样一个时代，我们这些年轻人，聚集在一起来读书，真的非常好。在我们这个团队里有一些年轻的好榜样，值得我们去学习。张新春老师就是一个，在很多小学数学教育问题的思考上，他比我要深入得多，但他还能坚持参加我们每次的读书会，和大家一起分享他的读书体会。孔子说“三人行必有我师焉”，依我看，“三人行必有俩老师”，因为在我看来每个人都是我的老师。所以大家一起来互相学习，这真是一个很好的事情。因此，在读书分享之前，我表达这么一个心情，就是感谢大家来参加潇湘数学教育工作室这样的一个读书活动，我也很愿意和大家一起来读书！

（读书会后的交流）

刚才听了大家的读书分享，按照主持人的要求，还说几句。

一、研究圆可以研究些什么

关于圆其实还有很多东西可以讲。圆在《墨经》里面的定义是“一中，同长”，这是中国古代的定义，也是最简单的圆定义。圆之所以很漂亮，那是因为它其中有个很神奇的不变量，就是π；三角形非常有趣，因为内角和总是180度；直角三角形很特别，因为它的三边长总满足勾股定理。正因为圆中有很神奇的不变量π，所以研究圆没有不研究π的。我手里的这本《π的奥秘》是个日本人写的，但是我觉得这本书写得并不到位。张新春老师介绍的有关圆的几个特点值得深思。关于圆的问题其实很多，其中既有文化的问题又有技术的问题，这些都值得我们去深度学习。

二、读书会究竟应该怎么个读法

今天我们“共话圆”，上面四位老师的发言点都是很好的。但我希望读书会更轻松一点，大家要读出点趣味，读点历史，圆本身可以读出趣味，有许多历史故事。要读点新知识，今天读书会上分享的是圆的知识，如果大家学过、微积分、拓扑学，听今天这些就会觉得比较简单。还要学点技巧，学点工具。大家进行交流是需要一些新的工具、新的技巧的，比如张新春今天的展示就很有趣，使用现代技术工具，很生动。最重要的是要读点思想与方法，数学与其他学科是不同的，很多结论都需要证明。数学不讲究眼见为实，而要不断地往前追溯，给出一个原始的定义，一步一步推导，要训练数学思维。

三、读书与教学到底有什么关联

我觉得这个读书会和小学数学要尽量联系起来，尽管我们读书不只是用在小学数学课堂上。为什么要联系呢？因为只有站得高，才不会教错。有的老师数学教错了，身在其中不知其错。书读得多才不会教错，眼界宽才教得活。书读多了，顺手拈来就有故事，就有趣闻。所以我们每一次的读书，都要想办法让自己站得高一点，让自己看得宽一些。每参加一次读书会，参加一次讨论会，你可能都会有一些读不懂的地方，如果这一次大家讲的你都懂，那你还来干什么？当然，每一次的读书会你一定要读懂一点东西，如果这次什么都没读懂，那你又来干什么呢？所以大家要反思一下，我今天到底读懂了一点什么？还有什么没读懂，这样的读书会才有价值。因此，我提一个建议，以后读书不要读得这么正式，大家可以随便读，随便插话，可以在读书会上争辩，甚至吵起来也不要紧，这样大家才有可能把思维打开，变“灌输式”为“讨论式”，甚至是“争论式”，变“独立学习”为“合作学习”。在场的每个人都是老师，每个人也都是学生。

哪些书是我们一定要读的？与数学教育有关的很多书是值得我们去读的。像《几何原本》《九章算术》也是要读的书。当然，不是所有在场的人都看得懂这些书的，不过这也不要紧，有时没事就翻几页，实在看不懂我们就把它们供起来，用虔诚的心去敬奉它们；有些书是要钻研的，比如我们要拿来吃饭的数学和教学的工具书，你就要用心琢磨，否则，你上课教错了你还不知道；有些书是用来玩的，纯粹是玩的，那为什么还要读呢？消遣呀，休闲呀。所以，书有各种各样的书，当然就有各种各样的读法。

因此，读书会还要继续下去，我们还要一起来读书，以后可以读自然数，可以读平行公理，读循环小数，读三角形，一个一个问题去读。书读多了，站得就高了，望得就远了。希望大家读更多的书，这样可以站得更高一点，视野更宽一点。

谢谢大家！

整理

娄底市小学数学名师工作室

善读可以医愚
——2018“数学爱好者阅读会”学习后有感

今天有幸参加了“史话圆”阅读分享会，学习完以后，我的最大感受是善读可以医愚。

今天的读书会是围绕“圆”的教学这个主题展开的，几位发言的老师围绕这个主题分享自己的读书体会。我发现自己有些地方根本听不懂，例如老师们说到的拓扑、$f(x)$、超越数……我都听得云里雾里，茫然不知其所云。我心里觉得很惭愧，他们当中除了为数不多的几位专门从事小学数学教育研究的老师，其他大多和我一样来自小学数学教学一线，他们的数学功底让我汗颜！因为他们读的经典著作多，才能如此满腹经纶，发言时才这么有底气，这么有灵气。在数学专业知识上，我的起点低，要想提升自己的水平，唯有阅读！“书犹药也，可以医愚”说的应该就是这个道理。

读书会一开始，金波老师的一句“读前人的书，就是欠了前人的账”，让我明白了，读书如果没有自己的创造，那就是不会读书，只会读死书。古代理学家朱熹有言：“读书无疑者，须教有疑；有疑者，却要无疑，到这里方是长进。”读书要学会思考，要学会质疑，并且质疑后要去解疑，这样读书才能有更大的收获，这才是会读书的人。就像杨庆老师，他看到圆周率 π 时，就在思考，π 为什么是一个定值，为什么是一个无理数。我每次教到“圆的认识”这一课，从没有思考过 π 为什么存在，为什么是无理数。这就是被动的学习。就像我们教学生，要让学生学会质疑，学会思考，而不是老师讲的是这样就这样。如果没有独立的思考，没有对知识的质疑，知识就不会进步，科学就无法发展。

我作为一个小学数学教师，如果不去阅读，不去学习，不去提高自己的学识水平，如何能让我的学生在自己的引导下对知识有更透彻的了解，更深入地钻研？如果教学生每次都是浅尝辄止，点到为止，学生又怎么会有更多不同的发现呢？看来，必须要读书，从今天开始阅读，即使自己只有一桶水，也把那桶水装满一些吧！

今天的读书会，让我受益匪浅。我从丁老师那里学到了用数形结合的思想来学习数学，还学到了可以从多个角度研究同一个问题；张老师对“圆是一个什么样的图形的思考”更让我大开眼界，原来在我眼中普通平凡的圆居然如此的不平凡，具有这么多的特点。真是听君一席话，胜读十年书。

王老师说：我们既要高屋建瓴，还要落地生根。只有把所学用于自己的教学中，这些知识才能在自己的心里生根，才能在学生的心里发芽。

是啊，只有老师自己聪慧了，才可能把学生教得更聪明。

娄底六小
廖红玉

第二篇 课例研究

无论是教育理论的实践性解读，还是教学实践的理论性反思，都需要依托课堂教学。课堂永远是我们的主阵地，作为名师，上得好课是根本。那什么是好课呢？热情似火的情境导入不一定能导出好课，因为它可能忽略关键的思考点而将学生引向别处；精美酷炫的动画，不一定能炫出好课，因为它有可能以美妙的视听效果弱化了思维碰撞之美；旁征博引的火爆课堂，不一定能引出好课，因为它有可能堆积了大量的信息却掩盖了数学本来的样子。那么一节好的数学课究竟是什么样子的呢？我们认为，一节好的数学课应该以“学生在课堂上能否自主表达有价值的数学观点”为判断标准。好的数学课，应该通过有效的教学活动，让学生有所思，有所言，在不断的思想碰撞中有所悟，以致学生在课堂上的学习真实发生。基于这种理念，工作室撰写了一系列的教学研究报告，在此做一些分享，以期推动更多的老师去做基于课堂的研究。

第一部分　教学案例

《用数对确定位置》教学设计

【教学内容】人教版五年级上册第二单元 P19 ~ P20。

【教学目标】

1. 能在具体的问题情境中，探索确定位置的方法，能用数对确定平面上点的位置；

2. 在具体的活动中渗透数形结合思想、函数思想；

3. 经历从数射线到平面上点的位置的确定过程，培养学生的空间观念；

4. 经历数学学习的“再创造”过程，感受数学学习的乐趣。

【课前慎思】

本节课是义务教育人教版教材五年级上册第二单元第一课时。这节课属于“图形与几何”领域的知识。学生在一年级上册学习了用上、下、左、右、前、后确定位置，三年级下册学习了用东、西、南、北等词语描述物体方向，在此基础上，本单元进一步在具体的情境中根据列与行这两个因素来确定物体的位置，并学习用数对表示具体情境中物体的位置，继而为沟通位置与方向的联系（六年级上册根据方向和距离两个参数确定物体的位置）以及第三学段“图形与坐标”的学习打下良好的基础。

用数对确定位置这一内容的实质是什么呢？在直角坐标系中，对于平面上的任意一点，都有唯一的一个有序数对与它对应；反过来，对于任意一个有序数对，都有平面上唯一的一点与它对应。因此，本节课的重难点是让学生在学习活动中理解平面上的点和有序数对的一一对应关系，理解平面上的点需要用两个数组成的数对来确定位置。

除了教用数对确定位置的数学知识，我们还可以教点什么呢？数学思想与方法！比如，数形结合思想，“数形结合总要把数、数的运算与几何对象及其度量，相互位置关系等联系起来。数对确定位置，就把数与最基本的几何点联系起来”；再比如一一对应思想、函数思想等的渗透。除此之外，让学生经历数学家发明数对的过程，了解用数对确定平面上位置的必要性，并在此过程中，激发学生“火热的数学思考”。

【教学准备】教师用课件、学生操作纸、学生尺。

【教学过程】

活动一：找自己的位置

教师给每个学生发一张写有“X 行 X 列”的座位卡，学生持卡对号入座。其中设计两张空号卡，通过补充信息后学生找到座位。

【设计意图：通过活动让学生初步认识用行与列确定位置，感受位置与数对的一一对应关系。】

活动二：找点的位置

1. 游戏一。

(1)认识数射线。

(2)游戏。推选出一位游戏选手上台，台下的孩子指挥台上的孩子找到点的位置(用一个数即可)。

【设计意图：通过游戏让学生认识数射线，并让学生感悟数射线上点和数的一一对应关系。】

2. 游戏二。

(1)规则：推选出一位游戏选手上台，台下孩子想办法指挥台上孩子找准点的位置(点在数射线上方)。

【设计意图：通过游戏让学生感悟到平面上的点可用两个数确定位置，实现从一维空间到二维空间的联想。】

(2)认识数对。

①思考讨论：尺子放在哪里最合适？

②创造网格，并认识原点、横轴、纵轴，介绍数学家笛卡儿。

③创造数对，并统一数对的读法与写法，强调先横后纵，或者先列后行。

④讨论：(4, 0)(0, 4)的不同位置；横轴和纵轴上的点能否用一个数确定位置？

【设计意图：让学生经历知识的形成过程，感悟数形结合的思想。】

3. 游戏三。

(1)根据点找数对。

(2)根据数对找点。

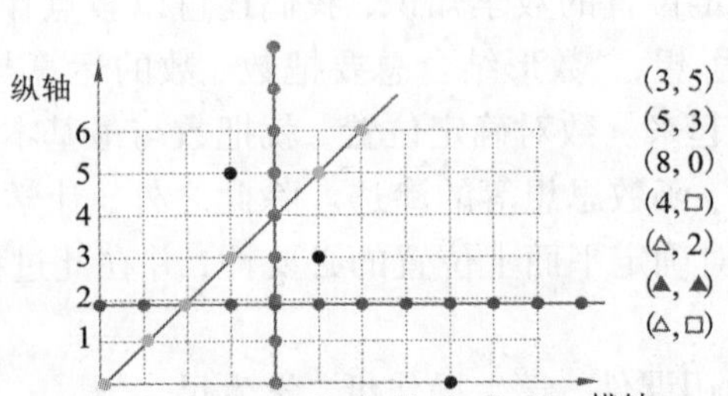

活动三：找游乐场的位置

1. 有一个叫小巧的小朋友，她的位置是(6，4)，她先向北走一格再向西走五格，请问她到哪了？(用数对描述位置)听说游乐场里又新增了熊大剧场和3D影院，你能确定它们的位置吗？溜冰场上空的热气球又怎么确定位置呢？

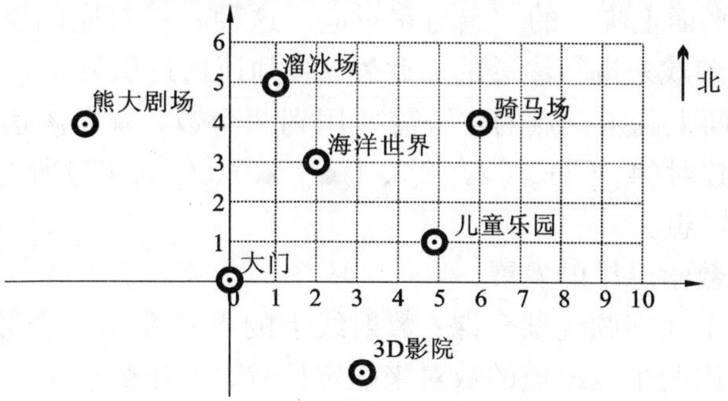

2. 小结。

师：孩子们，要确定熊大剧场、3D影院、热气球的位置，光靠我们目前掌握的知识还远远不够呢，确定位置的知识还有很多，等待着我们去探索！

【设计意图：通过练习，巩固数对的认识，并建立平面上点与数对的一一对应关系，并意识到确定位置中还有许多等待探究的领域，激发学生学习欲望，实现从一维空间到二维空间甚至到三维空间的联想。】

【板书设计】

用数对来确定位置

数射线	一个点	一个数	一一对应
平面	一个点	两个数(数对)	一一对应
	先横后纵	先列后行	

【教学后记】

反思这节课的教学过程，有下面几个方面值得总结：

1. 重视知识的形成过程。

从数射线上(一维空间)确定点的位置到平面上(二维空间)确定点的位置，甚至到空中的热气球的(三维空间)位置的确定，我都能清楚地看见学生在问题引领下那种自然生长的过程，从数对的创建、平面直角坐标系的创造到网格的形成，都极大限度地彰显了孩子们的再创造能力。所有这些设计，都是基于在孩子们已有的知识经验的基础上出发。尽管听课的是四年级学生（五年级学生已经学过了这个内容），但整堂课学下来，孩子们对于知识的接受还是显得轻松愉快的。

2. 重视数学思想与方法的渗透。

有序数对表示物体（点）在平面中的位置，其实质是：在直角坐标系中，对于平面上的任意一点，都有唯一的一个有序数对与它对应；反过来，对于任意一个有序数对，都有平面上唯一的一点与它对应。这种一一对应的思想，教师是通过巧妙地设计数学游戏来进行渗透的。此外，教师还通过引领学生创造平面直角坐标系，知道在平面上确定一点的位置需要用到两个数，着力渗透了坐标思想；在练习中，通过找数对（4，□），（△，2），（▲，▲），（△，□）所对应的点，连点成线，渗透了函数思想。

3. 重视儿童数学思维的发展

本节课用一个大问题统领全课：数射线上的点只要用一个数就能确定位置，平面上的点却要用两个数组成的数对来确定位置，为什么？

学生在教师的引导下，课堂重现了平面直角坐标系（第一象限）的产生过程，我想，这也是本课值得探究的部分，在这个曲折但又生动有趣的过程中，学生享受到了“再创造”的快乐！正如苏霍姆林斯基所说：人的内心里有一种根深蒂固的需要——总想感到自己是发现者、研究者、探寻者。在儿童的精神世界中，这种需求特别强烈。但如果不向这种需求提供养料，即不积极接触事实和现象，缺乏认识的乐趣，这种需求就会逐渐消失，求知兴趣也与之一道熄灭。

在本节课的教学中，学生在老师的引导下，从头至尾地想问题，一以贯之地发问、解决，再提出新问题，孩子们的认识就是在不断否定自我的过程中越来越逼近数学的本质。

涟源市双江小学
唐红霞

串点成线，温故知新
——《圆的整理和复习》教学设计

【教学内容】人教版教材六年级上册 P71 ~ P73

【教学目标】

1. 回顾与整理有关圆的知识，及时查漏补缺；
2. 构建有关圆的知识网络，使相关的知识建立起联系；
3. 进一步拓展关于圆的知识，丰富学生对于圆的认识；
4. 培养学生的问题意识与空间想象能力。

【课前慎思】

1. 教什么？我认为复习课至少要达成三大目标，即查漏补缺、构建网络、拓展延伸；

2. 怎么教？复习课最忌“炒剩饭”，把要复习的内容编成学生感兴趣的学习材料很重要。我决定采用“太极图”，因为“太极图”有很丰富的数学元素，能帮助学生丰富对圆的周长与面积的认识。

【教学过程】

活动一：导入

课件出示名人名言：孔子头像——温故而知新，可以为师矣

提问：知道孔老先生这句话的意思吗？（学生发言）

师：温习旧的知识，能够从中有新的体会或发现。这样，就可以做老师了。今天我们将在孔老先生的学习方法的引领下，对我们学过的“圆”进行整理和复习，希望大家有新的体会，新的发现！

【设计意图：通过孔子“温故知新”的名言导入，旨在传递复习的意义与复习方法。】

活动二：温故

1. 提问：用自己学过的知识描述这是一个怎样的圆？

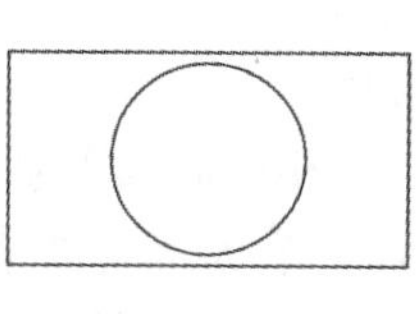

任务：请小朋友们拿出学具卡的圆，看一看、测一测、算一算，用自己学过的

知识描述这是一个怎样的圆？先独立思考，然后在小组内交流。

2. 师生交流。

师：什么是一个圆的半径呢？

生：我发现这是一个半径是 3 cm 的圆。

师：那你们知道什么是一个圆的半径吗？

生：圆心到圆上任意一点的线段叫圆的半径。

师：测量时你们用什么方法找到圆心呢？

生：将一个圆对折打开，再换方向对折打开，折痕的交点是圆心。

师：纸上的圆我们可以对折，但有些圆我们无法对折，比如黑板上的圆，那我们又可以通过什么方法找到它的圆心呢？

讨论：通过找两条圆中最长的线段即直径的交点的方法我们可以找到圆心。

师：其实找圆心的方法有很多，比如给一个圆做一个这样的（外切或内接）正方形，两条对角线的交点就是圆心。（课件出示）数学就是这么奇妙！

师：谁还有别的发现愿意和大家一起交流？

生：我通过计算知道了这个圆的周长是 18.84 cm。

师：分享一下你的算法。

生：$C=\pi d$ 或 $C=2\pi r$

师：关于 π 你有哪些知识愿意和大家一起分享？

生：π 是圆周长和直径的比值，π 的近似值是 3.14，有很多数学家研究 π，我们国家最早研究它的人叫祖冲之。

师：同学们知道的真多，谢老师也有一些关于 π 的知识和大家共享。

（课件出示）

《周髀算经》	周三径一
1800 年以前刘徽	圆周率 =3.1416
1600 年以前祖冲之	圆周率在 3.1415926 和 3.1415927 之间
400 多年以前	英国琼斯首先用 π 表示圆周率并计算到小数点后一百位

……

师：关于上面这个圆，谁还有别的发现愿意和大家一起交流？

生：我发现它的面积是 28.26 平方厘米。

师：你是怎样得到这个结果的？

学生汇报，教师顺势引导学生回顾圆面积的推导过程，动画演示。

【设计意图：这个环节设计了一个大问题“这是一个怎样的圆”，问题开放，学生在交流中整理与复习，教师及时查漏补缺，并在此过程中“联结”有关圆的各个知识点。】

活动三：知新

1. 提问。(动画出示太极图)这是一个充满玄机的图案，左边这个是“标准太极”图，右边这个有点不一样，姑且叫“谢老师太极”吧。请同学们用数学的眼光观察这两个太极图，比较这两个太极中的涂色部分，你能提出怎样的数学问题呢?

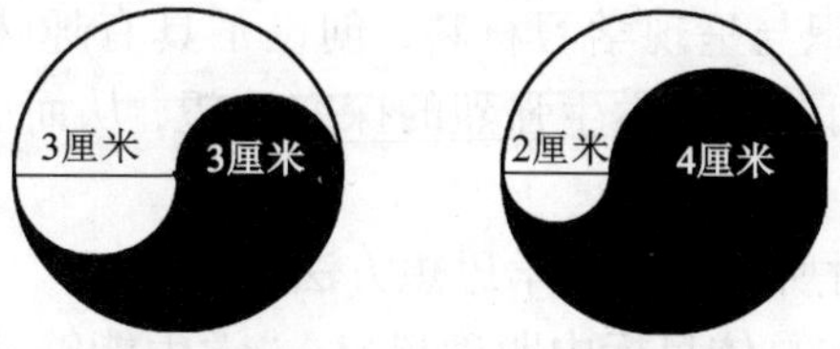

标准太极　　谢老师太极

2. 师生交流。

生：这两个太极图的涂色部分周长一样吗?

师：好问题！大家认真思考，研究研究这个问题。

学生通过计算，发现涂色部分周长一样。教师在此基础上，动画演示“谢老师太极”图中间的动点，引导学生观察思考，无论怎样移动中间的点，涂色部分周长都一样。

生：那这两个太极图的涂色部分面积一样吗?

师：是啊，有了刚才的经验，你们自己能解决这个问题吗?

学生独立思考后进行交流，教师引导学生用割补和旋转的方法比较两个涂色部分的面积。

师：通过刚才的研究，同学们发现“谢老师太极”和“标准太极”周长一样，面积谢老师太极要大一些，如果现在老师给你一个机会，你能创造一个和标准太极周长一样，面积更大的新太极吗？描述一下有多大?(课件展示太极的极限图——圆)

活动四：小结

师：回顾一下刚才的研究历程，联系孔老先生的古训，说说你这节课有什么新体会或者新发现?

【设计意图：这个环节设计了一个大问题“观察这两个太极图，你能提出怎样的数学问题”，学生提出关于涂色部分的周长与面积的比较问题，教师引导学生观察、思考、计算，在“变”与“不变”的思辨中，拓展了学生对圆的认识。】

【教学后记】

基于研究我完成了上面的教学设计，基本上达成了预期的教学目标，现就这节课做如下反思：

一、用“活”教材

1. 教师创造性地使用教材。

我对教材进行了重组与改进，在“温故”的环节，我通过挖掘教材内容的活动性与开放性，为学生创设了一个自主探究、合作交流的开放的广阔的空间。让学生通过“描述这是一个怎样的圆”去自主构建知识体系，形成知识网络。在“知新”环节，通过精心组织与呈现学习材料，创设了具有趣味性与挑战性的问题情境——玩“太极”，从而激发了学生强烈的探究欲望，从而引导学生有序思维，积极探索。

2. 充分挖掘了教材所蕴含的数学思想方法。

《数学课程标准》在总体目标中明确提出：“学生能够获得适应未来社会生活和进一步发展所必需的重要数学知识以及基本的数学思想方法和必要的应用技能。”这段话充分说明了数学思想的重要性。

数学基础知识与数学思想方法是数学教学的两条主线。它们一明一暗，贯穿数学教学活动的始终，因此我们应该从整体与本质上把握教材，以数学知识为载体，使学生得到数学思想方法的熏陶。在这堂课里，我通过圆面积的推导，让学生感受转化思想的魅力；用 D_1 和 D_2 分别表示两个半圆的直径，推导出两条 S 曲线的长度是相等的，让学生得到符号化与合情推理思想的熏陶；在学生创造太极的环节，得到“谢老师太极”演变的极限是圆的结论，让学生感受到极限思想的数学之美……

二、教“活”知识

1. 重视学法指导与自主梳理。

在导入环节，我借用孔子的名言“温故而知新”以及在“玩太极”环节指导学生用合情推理与演绎推理得出结论，以此渗透学法指导。纵观整堂课，教师更加关注学生的独立思考，自主探究与合作交流，教师的角色从传统意义上的“教”向师生互教互学转变，彼此形成一个真正的学习共同体，教师精心组织的教学材料，实现了由传统的问答式教学向学生独立思考基础上的合作学习转变，教学过程从封闭走向了开放生成。

2. 重视学生问题意识的培养。

在这节课里，我以“折一折、量一量、算一算，用学过的知识描述一下这是一个怎样的圆?”和“比较这两个太极中的涂色部分，你能提出什么数学问题”这两个问题贯穿全堂，这和新课标的理念是比较契合的，在 2011 版新课标里，明确提出了“四能”的观点即发现问题的能力和提出问题的能力，分析问题的能力和解决问题的能力。这是从培养学生的创新意识和创新能力考虑的。解决老师提出的问题、别人提出的问题固然重要，但是能够发现新的问题、提出新的问题却更加重要，因为这是对创新性人才的基本要求。

3. 经历解决问题的全过程，帮助学生积累活动经验。

在本节课里，学生从“有关标准太极”和“谢老师太极”中周长的讨论中发现：这两个半圆的周长和是相等的，这时就有学生提出了这样的猜想：是不是只要这样的两个半圆直径的和一定，不管这个点如何移动，半圆的周长和都是相等的。。然后我们用字母来表示两条直径，即 D_1、D_2 不确定，但 $D_1+D_2=6\ cm$，$D_1\pi/2+D_2\pi/2=(D_1+D_2)\pi/2=6\pi/2=3\pi$。通过演绎推理来验证结论：这两条S曲线的长度是相等的。

在“提出猜想—验证猜想—证明结论”的问题探索过程中，学生能亲身经历用合情推理发现结论、用演绎推理证明结论的完整推理过程，在过程中感悟数学基本思想，积累数学活动经验，这对于学生数学素养的提升极为有利。

涟源市实验学校
谢炤阳

巧设问题，诱发思考
——《数学广角——集合》教学实录

【教学内容】人教版教材三年级上册 P104 ~ P105

【教学目标】

1. 学生在具体问题情境与具体活动中初步认识集合（交集）；

2. 初步学会用集合圈解决简单的交集问题；

3. 在活动中渗透集合思想，引发学生对此类数学问题的研究兴趣。

【课前慎思】

“集合”是近代数学中的一个重要概念，“集合思想”作为现代数学思想已向小学数学教材进行渗透。集合思想包括子集思想、交集思想、并集思想、差集思想、空集思想、一一对应思想等。在解决某些数学问题时，如果恰当运用集合圈这个常用工具图，能直观地展示几个集合之间的关系，简明扼要地展示解决问题的思路。但是，集合思想对于小学生来说，要感悟也是比较抽象难懂的。那么，如何设计好的数学活动与数学问题，让学生在活动中领悟到集合思想，并运用集合思想与方法解决实际问题呢？

【课前准备】

学生在卡纸上写下自己的名字。

【教学过程】

活动一：棋子的秘密

师：今天的数学课从游戏开始，先请同学们看这两个圆圈（板书：圆圈），出示实物绿圆圈、红圆圈（绿圆圈里放 4 颗棋子，红圆圈里放 3 颗棋子）

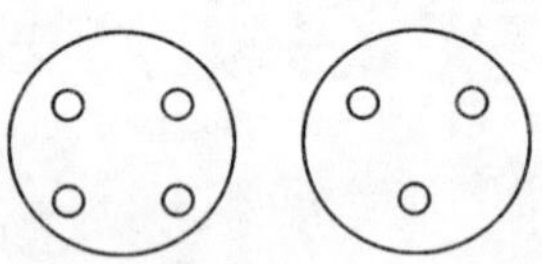

师：现在两个圆圈里一共是几颗棋子？

生：4 + 3 = 7，7 颗。（板书 4 + 3 = 7）

师：对，这游戏对于你们来说可能有点小儿科了，现在游戏马上升级，听好了，还是这两个圈，还是这 7 颗棋子，变一变，让绿圆圈里有 5 颗棋子，红圆圈还是 3 颗棋子。（板书 5、3），你会吗？

生 1 上台从红圆圈里拿 1 颗棋子放入绿圆圈。

生 2：红圆圈只有 2 颗了。

师：老师采访一下你，为什么要从红圆圈里请 1 颗棋子到绿圆圈里？

生 1：因为绿圆圈里要有 5 颗棋子。

师：哦？

生 3：不可以！这样子红圆圈里就不符合要求了！

生 4：放中间。(师把棋子放在两个圈的中间)

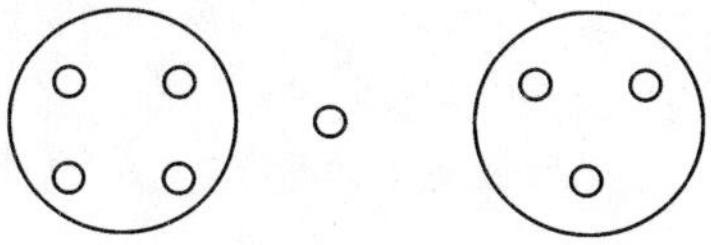

生 5：不对不对。

师：哪里不对了？

生 5：这样放的话，红圆圈只有 4 颗，绿圆圈只有 2 颗，它们都少了 1 颗棋子。

师：那这颗棋到底何去何从呢？不要着急，有时静下心来想一想，你就会有两全其美的好办法。

(热闹的课堂很快安静下来，同学们陷入了沉思)

一生上台移动红圆圈，两个圆圈交叉在一起，然后从红圆圈里拿出一颗棋子摆在中间交叉的部分。

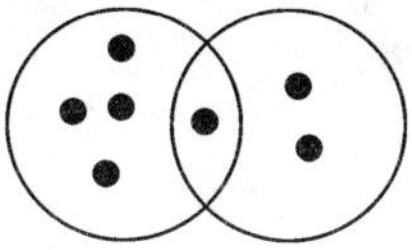

学生欢呼起来：这样可以了！

师：什么叫可以了？

生：你看！绿圆圈里有 5 颗棋，红圆圈里有 3 颗棋！

师：噢，今天老师长见识了，原来 5 加 3 还可以等于 7。(板书：$5+3=7$)

学生交流讨论，发现中间的“1”重复计算了一遍。

师：你说的重复是什么意思？

生：中间的棋子，我们数“5”时它数了，数“3”时它也数了，多数了一次就是重复了 1 次，所以要减“1”(板书：$5+3-1=7$)

师：那这个减“1”是不是把中间的棋子减掉？

生：不是，减去的是重复计算的那个1。

师：看来，这游戏一升级就有点意思了。

【设计意图：这个环节设计了一个游戏，提出了一个大问题：还是7颗棋，怎样摆就能摆成绿圆圈内5个，红圆圈内3个？旨在引发学生的认知冲突，初步了解什么是重复。】

活动二：名字卡里的秘密

师：课前我给大家发了不同颜色的名字卡，请拿到红卡的同学举手，一共几人？

生1：一共5人。

师：拿到绿卡的呢？

生2：6人。

师：哦，有11人拿到了名字卡。现在请这11人拿名字卡上来展示展示，看看谁的字写得更漂亮？

生3：老师，没有11人，只有9人。

师：哦？

生4：有2人拿了2种颜色的卡。

师：是吗？请你们把自己的名字卡贴在黑板上，怎么摆能让人一眼就看出哪2人是拿了2张卡的呢？

学生活动，把有两种颜色名字卡的重叠放在一起。

师：通过大家的努力，“11”终于变成“9”了，你们有什么办法能让大家一眼就知道哪些人是拿红卡的？

（一生上台来拿红圆圈去套名字卡，发现小了，于是改成用红笔画圈）

师：能不能一眼看有出几人？

生：能，5人。

师：那拿绿卡的怎么办？

一生上台用绿笔画圈。

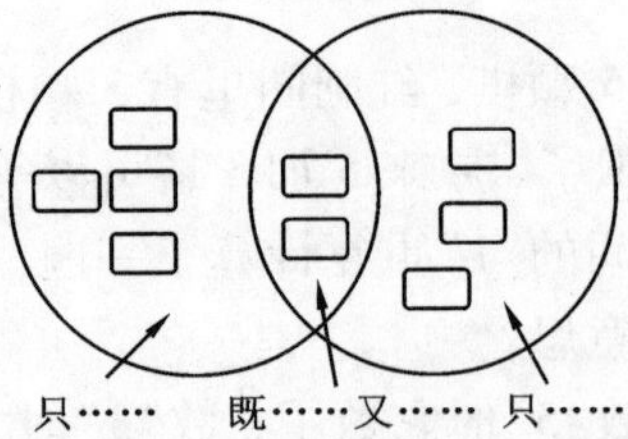

师：画得真好，但这两个圆圈为什么会相交？

生1：因为有人重复了。

生2：因为有人拿了两种卡。

生3：因为中间的同学既拿了红卡又拿了绿卡。

师：这个既……又……用得真好，（板书既……又……），那左边……这4人、右边这3人又用哪个词来表达比较准确呢？

生4：左边那4人只拿了绿色卡，右边的3人只拿了红色卡。（板书：只……）

师：你们看，小圆圈又来发挥它的作用了，真好，这两个圈这么一画，我们就一目了然。现在我们能看图算出一共有多少人吗？

生独立完成后，指名不同算法的同学上台板演。（6+5-2=9，5+6-2=9，4+2+3=9）

师：我们一起看看这些同学是怎么想的，先来看这道6+5-2，大家有什么问题要问他？

生1："5"在哪，表示什么？"6"在哪，表示什么？为什么减2？

生2指着画好的图说："5"表示有5人拿红卡，"6"表示有6人拿绿卡，减2是因为重复了2人。

师：我也提一个问题，前面的算式都"减2"，为什么4+2+3这道算式里却是"+2"？

生3：前面的算式都减2是因为这个"2"表示重复了2人，而4+2+3这道算式里的"4"表示只拿了绿卡的，"3"表示只拿了红卡的，"2"表示既拿了红卡又拿了绿卡的，他们没有重复。

师：看来这两个圈的作用很大噢，数学上最先发明这个工具的人叫韦恩（介绍数学史知识），所以我们把这样的圈就叫韦恩图，又叫集合圈。有了这个工具，我们就能很清楚地看出每一部分是什么意思了。

师：刚才我们就是利用韦恩图解决重复部分是1人、重复部分是2人的问题，那我们大胆地猜想一下，重复3人时会怎样？

生：减3。

师：图是什么样呢，我们一起来看看。（多媒体演示）4人重复呢？

生：减4。

师：5人重复？

生：减5。

师：在这幅图里最多重复几人？

生：5人。（多媒体演示图的变化）

【设计意图：这个活动中重复的数由之前的"1"变成了"2、3、4、5"，这不仅仅是数量上的变化，而是让更多的孩子意识到这一类问题都可以用这个工具来帮助理解与解决，并顺势介绍集合圈。】

活动三：韦恩图的秘密

师：在第一个游戏中，我们用了绿圆圈、红圆圈，它们一个里放着4颗棋子一个放着3颗棋子，那时它们的关系是你就是你，我就是我。游戏过后，它们相识相交，两个圆圈重叠在一起，于是你中有点我，我中有点你。谁知故事的最后大圈把小圈给吃掉了。（师边讲述边多媒体演示）

师：大家可别小看了这几个圈，它能帮助我们解决问题呢。（课件演示）上体育课时，小朋友们排好队后，从前面数小明排第5个，从后面数小明也是排第5个，这一队一共多少人？你们能用集合圈画一画，再算一算吗？

生：5+5-1=9，一共是9人。

师：为什么要"减1"？

生：小明重复数了，所以要"减去重复的那一次"。

师：你在生活中还见过这样的重复问题吗？说说看。（同桌之间互相说，再指名汇报。）

生1：做课间操时，小朋友们排好队后，从前面数小芳排第4个，从后面数小芳排第7个，这一队一共多少人？

师：真好，谁还有不一样的？

生2：参加唱歌小组的有15人，参加科技小组的有18人，既参加唱歌小组又参加科技小组的有5人，参加课外小组的一共有多少人？

生3：拿红花的有6人，拿黄花的有9人，既拿红花又拿黄花的有3人，拿花的一共有多少人？

……

师：说得完吗？

生：说不完啊，太多了！

师：是啊，关于集合的数学知识还有很多很多，等待孩子们一起去探索！

【教学后记】

集合思想是一种重要的数学思想，为了将这一思想巧妙自然地渗透给学生，收到良好的教学效果，本课我设计了一环扣一环的游戏活动。

1.游戏一，"摆棋子"。我从棋子游戏开始，游戏最后留下一个问题："还是这7颗棋子，变一变，让绿圆圈里有5颗棋子，红圆圈还是3颗棋子"，这个问题打破了学生之前的思维定式，是一个很有挑战性的问题。也正是因为有挑战，学生才有了探究的兴趣，才有了思考的动力。学生通过观察、思考、动手操作，最终发现只要两个圆圈交叉到一起就解决问题了，而这一问题的解决使学生对交集有了初步的感悟和认识。

2. 游戏二，“贴名字”。在贴名字的活动中会产生名字的个数与人数不一致的认知冲突，学生能很快地找出重复数，一部分学生还能立刻用计算解决问题，但我们的要求不能止步于仅掌握计算方法，更重要的是引导学生利用集合图理解这一类问题的解决方法，并让学生自觉运用这个工具解决问题。因此，我设计了“你们有什么办法让大家一眼就知道哪些人是拿红卡的”的问题，因有了情境活动和棋子游戏的经验，学生能立刻想到画圈，韦恩图便水到渠成了。而韦恩图的出现让学生有了更多的解答方法，进一步丰富了他们对这个工具的认识。

最后是思维拓展训练，我呈现了集合图的几种形式，再结合集合圈说说生活中重叠的例子，让学生明白了“原来小圈还可以被大圈吃掉”，“原来生活中有这么多的重叠问题”。这个设计看似随意，实则用心，它进一步拓展了学生对集合的认识和理解。正是有了这一环扣一环的情境活动，学生对重叠问题的了解一步又一步地走向深入。

涟源市蓝溪学校
邱娟

创设问题情境，驱动数学思考
——《小数大小的比较》教学实录

【教学内容】人教版教材四年级下册 P40

【教学目标】

1. 会比较小数的大小；

2. 建立“小数大小比较”和“整数大小比较”的联系；

3. 通过抽数卡比较小数的大小，使学生体验“位值”的数学思想。

【课前慎思】

1. 小数大小的比较应该是以整数大小的比较为基础的，如何基于经验并把新的经验纳入数的大小比较这个知识系统？

2. 如何把这个知识教得生动有趣？有没有可能设计数学游戏，让学生在游戏中全学习数学？

【教学过程】

活动一：猜身高，比大小

师：孩子们，你们班的数学老师是王老师吧？你们猜猜看，黄老师和王老师的身高作比较，谁高？

生1：黄老师比王老师高。

师：你能猜猜黄老师有多高吗？

生2：1米65。

师：很接近，不过你猜的比黄老师要高。

生3：1米55。

师：这次猜的比黄老师要矮一点。

生4：1米60。

师：对了！用米作单位怎么表示呢？

生5：1.60米。（板书“1.60米”）

师：那你们知道自己的身高吗？

生6：我的身高是1.45米。（板书：“1.45米”）

师：咱们两人比一比，（跟学生站到一块）谁高呀？

生7：老师高。

师：通过刚才的比较，我们知道1.60米大于1.45米，这是两个小数的大小比较。这节课我们一起研究小数大小的比较。（板书课题）

【设计意图：身高的比较是学生的生活经验，这个活动的设计旨在激活学生已有的生活经验，为后面的学习做好铺垫。】

活动二：看数轴，比大小

师：说到数的大小比较，我们又不得不提到一个老朋友——看，它来了，它是谁？（课件显示）

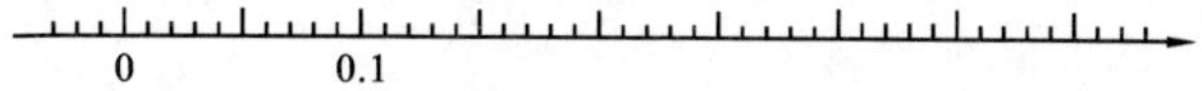

生1：数轴。

师：说说这个单位格代表的是几？

生2：1！

生3：0.1！

师：一个单位格很容易让我们想到数字1，但在这里，它表示的是0.1，后面一大格表示0.2、0.3、0.4……

师：那这里的每一小格又代表多少呢？（0.01）

师：你能在数轴上找到这两个数的位置吗？（指名上台找位置）

0.05 ◯ 0.13

师：你能在数轴上找到这两个数吗？你又能比较这两个数的大小吗？

0.21 ◯ 0.26

师：现在没有了数轴，你还能比较这两个数的大小吗？

0.3 ◯ 0.30

这两个数的计数单位相同吗？

师：刚才我们比较了这六个数的大小，谁能从小到大把它们读一读？

小结：数轴上右边的数总比左边的大。

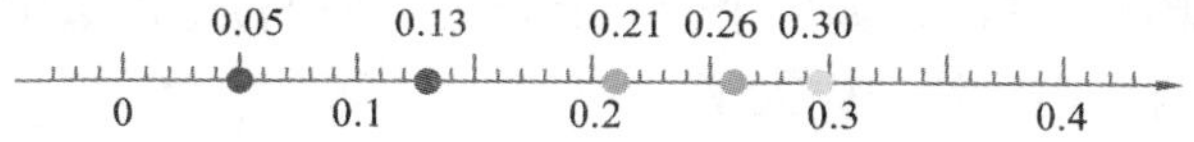

【设计意图：通过此活动，渗透数轴上点与数的一一对应关系，并发现数轴上右边的数总比左边的数大的规律。】

活动三：玩数牌，比大小

课件出示游戏规则：上面的4张牌和下面的4张牌分别代表两个数。每张纸牌后面都有一个数字，在不翻牌的情况下，你能猜出上下两个数，哪个数大，哪个数小吗？

□□□□

□□□

生1：能！上面的数大。

师：为什么？

生2：上面的数是四位数，下面的数是三位数。四位数大于三位数。

师：（课件再加一张牌）现在呢？你还能比较出它们的大小吗？

□□□□

□□□□

生3：无法比较。

师：老师请出我们的好朋友——小数点，现在你能比较出它们的大小了吗？

课件：□□.□□

□.□□□

生4：上面的数大！

生5：上面的整数部分是两位数，而下面的整数部分只有一位数，所以……

师：我们在比较小数大小或进行小数加减法计算的时候，最好先将小数点的位置对齐，这样能使我们的计算更简单。

□□.□□

□.□□□

师：从刚才的游戏环节我们得知：比较小数大小的第一个方法，先比整数部分，再比小数部分。

师：游戏继续，现在你觉得哪个小数会比较大？先来猜猜，哪个小数大呢？

□.□□□

□.□□

生6：上面的数大！因为上面的小数部分有三位，下面的小数部分只有两位。

生7：我以为下面的小数大……

生8：还可能是一样的！如果个位、十分位、百分位上的数字都一样，千分位上的数字是零，两个小数就一样大了。

师：翻翻看，好吧！（点击个位上的数，数字相同）现在能比较它们的大小吗？

生：不能，继续往下比。

师：课件显示再次相同，谁大？

生：不能确定，继续。

师：好！此时，百分位的数不同了，现在能比较出大小了吗？

生：下面的数大！

师：还有一张牌还没翻呢，你们怎么知道哪一个数大了呢？

生：现在百分位已经比出来了，不用再比了，是9也不行了。

师：说得好！（课件闪动）上面的小数部分是三位，下面的小数部分是两位，结果却是两位小数比三位小数大，这说明了什么呢？

生：下面的小数百分位上的数大于上面百分位上的数。

师：太好了！同学们，你们发现了比较小数的大小不能只看小数部分位数的多少，而是从小数部分的高位开始，逐位比较。

【设计意图：通过此游戏，学生轻松学会小数大小的比较方法，并灵活选择方法进行大小比较。】

活动四：抽数卡，比大小

师：这是一个具有高难度挑战的游戏，需要每个队各派一名精英上台，代表本队参赛，你们就是这个孩子的智囊团，这个孩子的成败也就是你们这个队的成败，请快速浏览游戏规则：

（老师在黑板上贴出数位顺序表）

每个队都有0~9共10张数字卡片；两人轮流抽签，抽出的数字卡可摆在数位顺序表上的任意位置，但确定位置后将不再修改，谁摆出的数大谁就赢。

师：谁先抽数卡呢？

生用“石头、剪刀、布”的游戏决定先后。

师：智囊团要发挥你们的作用，积极为自己的代表队出谋献策。

学生游戏，教师组织全体学生出点子，交流讨论：抽出的数牌贴在什么位置能让自己组获胜的可能性更大，下一张希望抽到数字几，摆在哪一位上？

活动五：用小数，观世界

任务1：给自由体操项目的颁发冠军、亚军、季军奖牌。

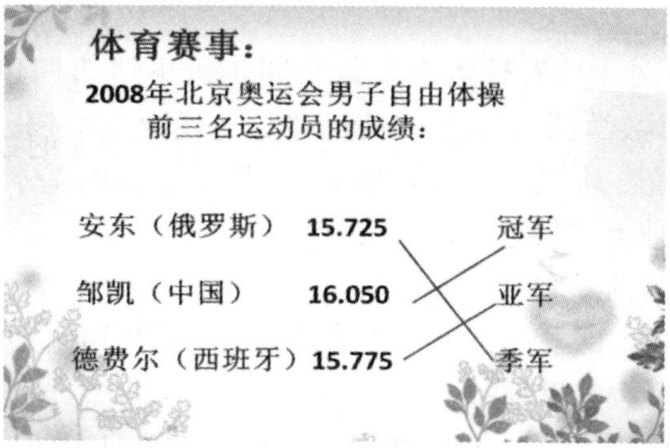

任务2：给110米跨栏比赛颁发冠军、亚军、季军奖牌。

2004 年雅典奥运会男子 110 米跨栏的比赛前三名成绩表

选手	特拉梅尔(美国)	刘翔(中国)	加西亚(古巴)
成绩/秒	13.18	12.91	13.20

任务 3：比较这两个城市的面积、气温、人口，思考人口的分布可能与哪些因素有关系？

城市	面积/km^2	平均气温/°C	人口/万人
漠河	18367	零下 5.5	8.6501
三亚	1919.58	24.5	58.56

师：漠河面积虽大，但人口较少。属于黑龙江省大兴安岭地区，在中国地图的最北端(地图显示)，漠河地处严寒、气温较低，平均气温零摄氏度以下达 8 个月，冬天最低气温曾达 -52.3°C。不适宜人口居住。

三亚面积小，但人口却很多。它位于海南岛的最南端，是中国最南部的热带滨海旅游城市，也是我国空气质量最好的城市，有“东方夏威夷”的美称。即使在冬天，地球的其他地方寒流来袭，在三亚人们仍可以穿着夏装、沙滩鞋在阳光充沛的海滩悠闲漫步。

根据新课标理念，对于本节课，我将以教什么、怎么教、为什么这样教为思路，分别从教材分析、学情分析、教法与学法、教学流程、板书设计、设计理念六个板块来阐述。

【教学后记】

《比较小数的大小》是人教版小学数学四年级下册第四单元第二节的内容。这部分教学内容在《数学课程标准》中属于“数与代数”这一板块的知识。是在学生初步理解小数意义、认识了小数的特征、掌握了小数的基本性质并学习了小数大小比较方法的基础上进行教学的。

本节课从前面的活动—猜老师的身高、师生比身高等入手，旨在激活学生已有的生活经验，并导入课题。接下来 4 个活动是：看数轴比大小、翻数牌比大小、抽数卡比大小、用小数观世界。

活动一：看数轴比大小。我借助数轴让学生把练习中的三组小数表示出来，并排列出 6 个小数的大小顺序，让学生通过观察，初步体验数轴的特点，使小数的大小比较更加直观，同时通过三组小数的分别比较和整体比较，使学生感知小数大小的相对性，并初步感知“数轴上右边的数总比左边的数大”。

活动二：翻数牌比大小，在这个游戏中，学生不仅复习了整数大小比较的方法，而且把这个经验成功地迁移到“小数的整数部分”比较中去，学生体会到“不翻牌”就能直接判断出小数大小，从而明白了“先看整数部分，整数部分的位数多，小数就大”的道理。在翻牌游戏中，学生猜测的过程就是对小数大小比较方法的巩固和深化过程。通过整数部分是一位数的小数和整数部分是两位小数的比较，使学生建立起“整数的大小比较”和“小数的大小比较”之间的联系。

活动三：抽数卡比大小。这个游戏是课堂的高潮部分，我设计的是开放的游戏情境。我并没有限定学生按一定的数位顺序摆放抽出的数字卡片，使学生每摆一次数卡都要进行一次推理和比较，再一次体会位值原理。我也通过组织智囊团的讨论交流、抓住学生生成的素材，不断让学生的认识逼近小数大小比较的本质，加深学生对知识的理解。

活动四：用小数观世界。在本游戏中，在一系列小数大小比较的应用中，突然出现小数越小、成绩越好的问题情境，有部分学生出于思维定式，惯性地作出了判断，我就是想用这种失败的体验提高学生思维的灵活性，同时，让他们也进一步体验到数学知识与生活的紧密联系。

涟源市双江学校
黄晓红

既见树木，又见森林
——《长方体和正方体》整理和复习

【教学内容】人教版五年级下册第三单元长方体和正方体知识的整理和复习
【教学目标】
1. 通过整理与复习“查漏补缺”；
2. 通过整理与复习构建知识网络；
3. 通过拓展与延伸培养空间观念；
4. 通过“学一种”学会“研一类”。
【课前慎思】

本节课是长方体和正方体单元的整理和复习课，属于“图形与几何”板块的内容。本单元是在学生已学过的平面图形的基础上学习的，本单元分为四个部分：长方体和正方体的特征、表面积、体积(容积)及体积(容积)单位。本课既是对长方体和正方体的知识进行的全面系统的整理和复习，也是为今后的圆柱体、圆锥体知识打下扎实的基础。

单元整理和复习的教学目标是对本单元知识做一个全面的回顾，查漏补缺，让学生对所学知识有一个整体认知。长方体和正方体的知识点多，如何“将这些零散的知识点串联起来，形成知识网，培养学生的空间观念，并综合运用所学知识提出问题、分析问题、解决问题”是这节课的重点。此外，通过这节课的教学，我还能渗透哪些数学思想与方法，培养哪些方面的能力呢？或许，空间想象能力、数学应用意识和创新意识是我努力的方向。

【教学过程】

活动一：串点成线，形成网络

1. 引导想象，导入新课。

课件呈现点动成线、线动成面、面动成体的动画。

2. 梳理长方体和正方体的知识。

①学生汇报课前整理好的有关长方体和正方体的知识，其他同学共同补充完善；

②把长方体和正方体的卡片贴到韦恩图中，并说说理由；

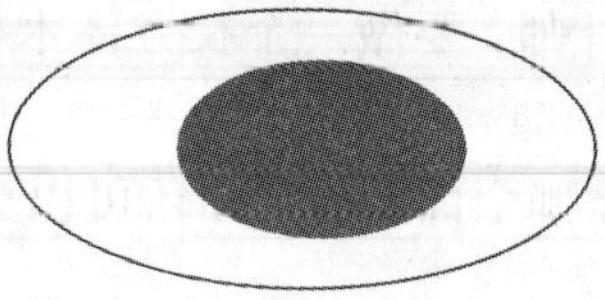

③教师小结，从“点线面体”四个方面用表格的形式整体呈现知识点。

	顶点	棱	面	体
长方体	8个	12条棱； 相对的棱长度相等（长、宽、高）； 棱长总和＝（长＋宽＋高）×4	6个面；都是长方形，相对的面完全相同；表面积＝（长×宽＋长×高＋宽×高）×2	体积＝长×宽×高
正方体	8个	12条棱；所有的棱都相等；棱长总和＝棱长×12	6个面；都是正方形；表面积＝边长×边长×6	体积＝边长×边长×边长
联系：正方体是特殊的长方体。				

【设计意图：通过顶点、棱、面、体这四个方面让学生自主地对长方体知识进行整理，尝试让学生理解特征与计算公式之间的联系，使学生原有的点状分布的知识连成片，形成知识网络。】

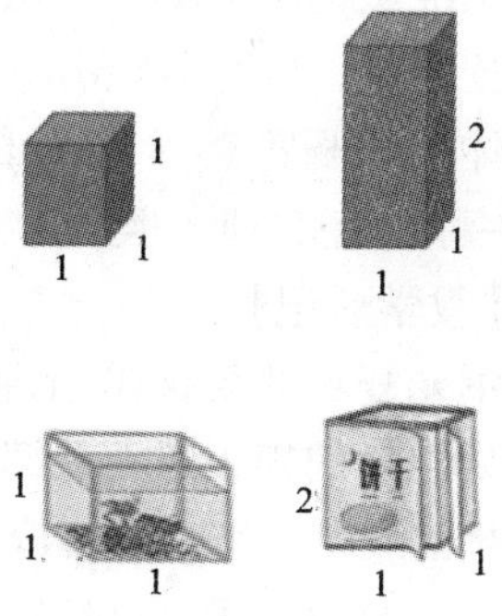

活动二：联系生活，充分想象

1. 给长方体和正方体加单位，想象是生活中的什么物体。学生回答时用手比画所想物体的大小，其他同学判断是否合理。

2. 给实物加单位，并提出数学问题。

师：现在要加什么单位呢？

【设计意图：通过“加单位想象物品和给实物加单位、提数学问题”这样两个开放的环节，增强了学习的趣味性和学生的参与度，同时通过多次的想象判断，培养学生的空间观念，也将学生的易错点暴露出来，在辨错、议错、纠错的过程中进一步查漏补缺。】

活动三：再次想象，拓展延伸

任务：如果你是一个设计师，要做一个长方体木柜，现在已经做好了 A、B 两个面，请思考：

问题 1：木柜最大的面是哪个面，这个面还可以更大吗？木柜的体积是多少？

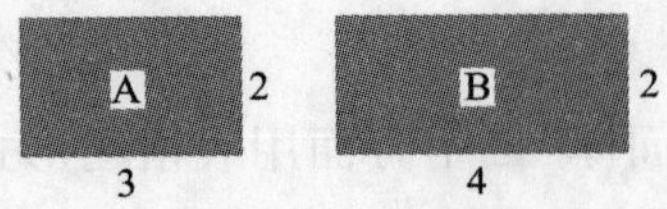

【设计意图：通过思考判断哪个是木柜中的最大面，个性化地培养学生的空间想象能力。“这个面还可以更大吗?”让学生不断进行想象推理，在培养空间观念的同时进一步理解：确定了相邻两个面就确定了长方体的“长、宽、高”，并确定了长方体的体积。】

问题 2：体积不变，你还能设计出不同长、宽、高的木柜吗？

【设计意图：通过学生找体积相同但长、宽、高不同的长方体过程，让学生明白，只要长方体长、宽、高的乘积不变，它的体积就不变；进一步理解长、宽、高的意义。】

问题 3：体积不变，你能设计出其他的立体图形吗？

【设计意图：此环节发散了学生思维，从长方体到各种立体图形再到直柱体，学生思维从发散到集中，在不断想象的过程中，思考如何保证体积不变。最后以三棱柱为例，学生推导出三棱柱的体积 = 底面积 × 高，引发学生猜想是不是所有直柱体的体积都等于底面积 × 高呢？增加了学生思维的深度和广度，培养学生“学一种”而能“研一类”的学习能力。】

【教学后记】

单元复习的目标是引导学生深化对知识的理解，弥补学习过程中的缺漏，对本单元学过的知识进行梳理和沟通，从而更好地理解、掌握知识。如何让复习符合学生的实际，充分发挥学生的自主性，让复习变得高效而不失学习兴趣？本节课从自主复习入手、以梳理知识提升空间想象能力为目的、鼓励学生想象贯穿全课，做了以下思考与尝试。

一、基于学生认知经验的回顾梳理，增强学生思维参与度

整理是复习课必不可少的环节。复习课应根据知识的重点、学习的难点和学生的薄弱点，引导学生按照一定规律把已学的知识进行分类、梳理、整合，弄清它们的来龙去脉，沟通其纵横联系，从整体上把握知识，使知识系统化。本课的回顾整理环节充分体现了学生的自主性和能动性，由课前观看“点动成线、线动成面、面动成体”动画，老师一边操作一边引导学生想象，演示完毕切入主题，接下来首先请学生上台汇报课前整理的复习单，根据学生的汇报，教师有序记录，然后通过全班交流、分析知识点间的联系等环节，将原本零碎的知识点连成了片，最后用“点、线、面、体”将知识串联成知识网，并用表格的形式通过课件整体呈现，增强了对知识的理解，减轻了记忆负担，引导学生学会如何科学整理知识。

二、基于学生解决问题的反思自省，让思维过程可视化

查漏补缺是复习课的一项重要功能。但查漏补缺的前提是要知道学生缺在哪里，漏在何处？只有针对性地查漏补缺才能形成高效的复习。

在本课中我设计了给鱼缸和饼干盒加单位并提数学问题的环节，学生在提出问题并解决问题的过程中，将这一单元最容易出现的错误暴露出来，如“算几个面判断失误”“容积和体积混淆”“单位忘记换算” 等常见问题。然后通过共同分析、回溯反思、同伴提醒等方式，对每个错误点都进行了分析订正，不但达到了查漏补缺的目的，而且通过这些错例提升了学生的反思、辨析能力。

三、基于学生能力发展的拓展提升，促进学生深度思考

拓展与应用是复习课中的一项重要功能，可以达到温故而知新的效果。当然拓展方向的选择可以是多样的，既可以在知识的深度上进行突破，也可以在知识的广度上进行联系，还可以在知识的实际运用方面进行强化，这些方向和维度可以根据不同的复习内容做出不同的选择。

在本课中，教师选择了在发展空间想象能力和知识理解深度两个方面进行了突破。通过给长、正方体加单位后想象是什么物品、长方体木柜已知两块木板的情况下想象最大的面的面积等环节，充分给予学生空间想象的机会，并进行想象策略的指导，从而进一步发展学生的空间观念。通过思考判断无门木柜中最大面的环节，个性化地培养学生的空间想象能力，学生参与度高。通过“最大面一定在吗？还可以更大吗？”两个问题的追问，让学生不断地进行想象推理，并理解确定了相邻两个面，就确定了长、宽、高。通过设计相同体积而长宽高不同的木柜环节，让学生进一步理解只要保证长宽高的乘积不变，体积就不变，在培养空间观念的同时进一步理解长、宽、高的意义。

最后通过思考“体积一定时还能设计其他形状的柜子吗?”这一环节，从无序到有序，从长方体到各种立体图形再到直柱体，从集中到发散到再集中，发展了思维。在培养学生空间观念的同时，引导学生猜想直柱体的体积是否都等于底面积乘高，怎样验证呢？从而增加了思维的深度和广度。

“从学生中来，到学生中去”，小学数学单元复习课中，要根据学情有针对性地设计教学，充分发挥学生复习的自主性，让学生感觉复习课很真实也很有收获，把各个零散的知识点串起来，既见树木，又见森林。

娄底第三小学
曾李

神奇的点阵图
——《数学广角——数与形》教学实录

【教学内容】人教版六年级上册《数学广角》——数与形

【教学目标】

1. 从不同角度观察点阵图，解决、解释数(或式)的问题，感受数与形之间的紧密联系；

2. 训练灵活的思维方式，发展归纳和概括、推理的能力；

3. 感受“数形结合”的神奇之美，渗透数形结合思想、函数思想、模型思想。

【课前慎思】

1.《数与形》是“数学广角”的内容，重在“数学思想与方法”的渗透。显然，“以形助数”、“以数解形”是“数形结合”思想的两个方面，在小学阶段，“以形助数”更容易被学生理解与运用，有没有可能找到一个例子，让学生体会“以数解形”的魅力呢？

2. 如何设计学生感兴趣的问题，让学生体会“数形结合百般好”，并把这种思想与方法作为自己数学学习的一种自觉行为，还能把数形结合的思想迁移到解决其他一些实际问题上来，从而形成良好的思维素质与技巧？

【教学过程】

活动一：神奇的错觉图

师：今天，老师第一次给大家上课，新朋友见面，得送个见面礼，看老师带来了什么？(PPT)(一幅画)

师：这是埃舍尔的错觉图，可别小瞧了这幅画，画中有玄机哦。仔细观察，怎么看柱子是圆的，怎么看柱子是方的？(圆柱 VS 方柱)

生：从下面看是3根圆柱，从上面看是2根方柱。

师：一会儿圆一会儿方，真是不可思议。更加令人不可思议的是在这幅图里，说说你第一眼看到的是什么人？

生：一个少女。(师用电脑勾出少女的轮廓线)

生：我看到的是个老婆婆。(师用电脑勾出老婆婆的轮廓线)

师：欣赏完大师的画作，感觉如何？

生：太神奇了！

师：是啊，这两幅图的神奇就在于从不同的角度观察，会看到不一样的风景。今天这节数学课，我们也要学着从不同的角度研究数学问题，你一定会发现数学也是如此神奇美妙。让我们带着美好的期待，开启今天的数学之旅！

方柱 VS 圆柱

少女 VS 老婆婆

【设计意图：通过课前交流，利用“错觉图”吸引学生的注意力，渗透“从不同角度观察同一事物”的方法。】

活动二：有趣的“以形助数”

师：我们是六年级的小学生了，这六年里我们学会了很多数学知识，谁来举例说说？

教师根据学生的回答归纳“数”与“形”两类知识。

导入：今天我们将把“数”与“形”结合起来研究数学问题，那是一件非常有意思的事情。

师：首先，让我们来看看这两个有关“数”的问题：

$$1+2+3+4+5+6+\cdots+59+60+59+\cdots+6+5+4+3+2+1=$$

$$\underbrace{1+3+5+7+9+\cdots+n}_{100\text{个奇数}}=$$

完成这 2 道计算题的时间，王老师的学生最好成绩是 10 秒，想不想挑战一下？

（10 秒过去，学生答不上来）

师：看来这两个问题还是有点难度！不过老师相信，如果给我们多一点时间，我们应该还是有办法来解决这两个问题的。今天我们就花比较多的时间好好研究研究。研究从哪里开始呢？不如这样，老师先给大家一个点子？（多媒体出示 1 个点）

学生笑了。

师：哈哈，没想到吧？老师给了这样一个点子。这个点子能帮助你解决刚才的问题吗？

生：不能。

师：好吧，那就多给几个点子？（出示多媒体出示 2 号点阵图，2 行 2 列 4 个点）

师：干脆慷慨一点，还给几个（出示 3 号点阵图，3 行 3 列，9 个点，4 号点阵图，4 行 4 列，16 个点）

师：老这么给就没意思了，从老师刚刚给的 4 幅图中，你有什么发现吗？

生：这些点子数刚好是正方形数。

师：对，正方形数！这个名字本身就把数与形结合在一起了。这些点子们排列成了正方形，数学家把这样的图叫做“点阵图”，行和列相等的点阵图是点阵图中最简单的样子。早在 2000 多年前，数学家们就用这种点阵图来解决数学问题了。猜猜，5 号点阵图是什么样子？

生：5 行 5 列，25 个点。

师：照这样的规律，第 10 个点阵是什么样子的呢？

生：10 行 10 列，100 个点。

师：有了这个发现，第 100 个呢？

生：100 的平方，10000。

师：第 n 个呢？

生：n 的平方。

师：看来大家已经找到点阵图的规律了，第几号点阵图，总点数就是几的平方。

师根据生回答完成板书。

点阵数	第 1 个	第 2 个	第 3 个	第 4 个	第 5 个	第 10 个	第 100 个	第 n 个
总点数	1	4	9	16	25	100	10000	n^2
式子	1×1	2×2	3×3	4×4	5×5	10×10	100×100	$n\times n$

师：刚才我们从整行整列的角度观察了点阵图，并且用平方数记录了它的规律。现在，我们还是用这幅点阵图，来研究这个问题：

$1+2+3+4+5+\cdots+59+60+59+\cdots+5+4+3+2+1=?$

从哪个角度来观察才会和这个算式有联系呢？（停顿）

要怎么看，你才能从点阵图中找到 $1+2+3+4+5+\cdots+5+4+3+2+1$（师放慢声音念）这样从小到大，再从大到小的模型？

生：斜着看。（请生上台比画怎么看，生比画后，师多媒体演示）

师：以 5 号点阵图为例，谁来说说这个孩子的意思？

生理解性发言。

师：对！还是刚才我们研究过的5号点阵图，总点数不变，仍然是5的平方数，现在变化的是观察的角度，斜着看的结果应该还是25。问题研究到这儿，1 + 2 + 3 + 4 + 5 + … + 59 + 60 + 59 + … + 5 + 4 + 3 + 2 + 1 等于多少能解决了吗？

生：就是60的平方，3600.

师：他说就是60的平方，3600。谁懂他的意思？

生理解性答问。

生：这道算式的最高点是60，就是一个60行60列正方形点阵图。

师：他看着这道算式就想到了一个形，还从算式的最高点知道这是个60行60列正方形点阵图，真好，知道数形结合了。更了不起的是他从5号点阵图里，也就是从简单问题里找到了这个复杂问题的解决方法。当数与形完美结合的时候，我们也感受到了数学思考的神奇！

师：有了刚才的研究经验，还是利用这个点阵图，我们试着再换个角度来研究第二个问题，就是求从1开始的100个连续奇数的和。试试看，怎么看就能找到这个问题的模型？

$$\underbrace{1+3+5+7+9+\cdots+n}_{100\text{个奇数}}=$$

学生独立思考后交流。

生：我是拐着弯看的。（师在展台上展示他的学习卡）第一层次1个，第二层3个，第三层5个，第四层7个，第五层9个，1 + 3 + 5 + 7 + 9。

师：真好！换个角度，果然又发现了这个问题的模型。我们现在研究的仍然是5号点阵图，这个问题的答案仍然是这幅图的总点数，也就是说，从1开始的5个奇数的和就是5的平方。

师：那么，从1开始的100个连续自然数的和呢？

生：100的平方！

师：多么漂亮的推理！我们要感谢这幅点阵图，是它给了我们新的思路。

师：不过，我还想知道这个 n 是谁？你们自已再研究研究？工具还是这个点阵图。

学生独立思考后再小组交流。

生：每一次加一层就是加一行一列。

师：一行2个，一列2个，两个2不是4吗？为什么这里只加了3个？

生：（手指拐弯处的点）看图就会发现，拐角上的这个点在行里数到它，在列里又数到它，重复了一次，减去1，就只有3个了！

师：噢，我明白了！数形结合就是这么奇妙！板书：

1	+	3	+	5	+	7	+	9
		↓		↓		↓		↓
		$2\times2-1$		$2\times3-1$		$2\times4-1$		$2\times5-1$

生：这样，第100个数就是$2\times100-1$。

师：太好了！

师：刚才这些有意思的发现都源于这个神奇的点阵图，点阵图只是图形王国里一个小小的家族。当数找到了与之相对应的形，我们就会有许多奇妙的发现。难怪大数学家华罗庚也曾这般感叹(PPT演示)：“数缺形时少直观，形少数时难入微；数形结合百般好，隔离分家万事休。”

师：你们从中读懂了什么？

生：数形结合很重要。

师：是啊，数形结合很重要，比如今天的这2道计算题，没有这神奇的点阵图帮着说明，我们觉得太复杂了，10秒钟完成怎么可能？但有了这个“形”，答案咱们就能脱口而出。如果我们只看这个形，没有算式帮着解释，我们觉得只是个排列整齐的点阵图而已，有了这些算式，才恍然大悟，原来只需换个角度观察，我们就能找到不一样的算法，数形结合真是太神奇了。

【设计意图：通过“以形助数”，学生在解决问题的过程中真切地体会到数形结合的妙处。】

活动三：有趣的“以数解形”

师：点阵图除了刚才我们研究过的正方形点阵图，还有三角形点阵图、长方形点阵图、梯形点阵图等，每一种点阵图都有着和正方形点阵图一样漂亮的数学规律。下面我们自己来研究一个三角形点阵图。

问题：想一想，按这样的规律，第10幅图有多少个点呢？

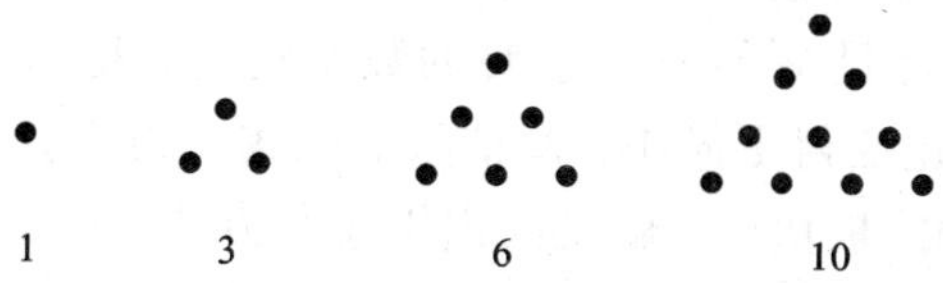

生：我观察前几幅图就找到了规律，第几幅图就是从1加到几的和就是点子

数，那第10幅图就是1+2+3+4+5+6+7+8+9+10，一共有55个点子！

师：厉害！几个简单的点子就帮助你找到了规律，解决了问题。孩子们，这些点子都排成了什么形状呢？

生：三角形！

师：对！数学上我们就把这样的数叫作三角形数。仔细观察第10个三角形点阵图，它与我们前面研究过的哪个方阵图有关系？

生：10行10列点阵图！

生：这个三角形点阵图的点子数应该是10行10列点阵图的一半！

师：哈哈！今天老师长见识了，原来100的一半是55！

学生陷入深思。

生：老师，应该不是一半，您看这个图：中间那个最大数10没有出现两次，第2个三角形数只是从1+2+3+4+5+6+7+8+9。

师：真漂亮！这两个算式其实就是两个相邻的三角形数，两个相邻的三角形数的和是一个正方形数！当我们把数和形结合起来研究的时候，就会有数学家一样的发现！

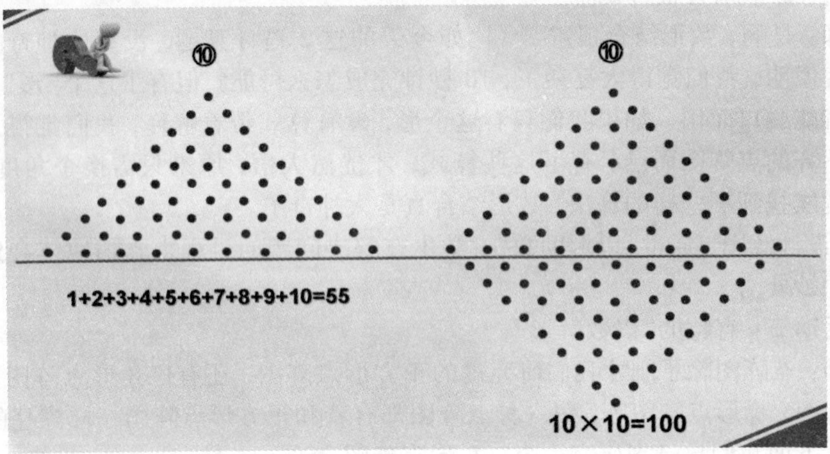

【教学后记】

《神奇的点阵图》是根据人教版六年级上册数学广角的《数与形》进行改编而成的一节课。数形结合是一种非常重要的数学思想，把数与形结合起来解决问题，可以使复杂的问题变得更简单，使抽象的问题变得更直观。“数形结合”这一内容呈现在“数学广角”板块中，就是突出思想和方法，集中发挥了它在培养学生的思维能力上的优势。

大数学家华罗庚先生曾说过：“数缺形时少直观，形少数时难入微；数形结合百般好，隔离分家万事休。”这是对数形结合最好的诠释。

反思这节课的教学，我认为下面几个方面做得比较成功：

1. 重视知识的形成过程。从课前交流、渗透学法、到问题导入，用数形结合探究新知，再到小组合作，自主解决问题，我都能清楚地看见学生从简单情况开始，在数形结合的帮助下，不停地回头看，最终解决问题的过程；这一过程彰显了学生自主获取知识远比被动地从教师那里获取现成的结论要深刻得多，学生参与课堂教学的全过程，体验到学习带来的快乐。

2. 重视数学思想与方法的渗透。

学生在老师的引领下对同一图形按照不同的角度观察理解，发现在“数”与“形”的奇妙关联的过程中，体会到“数缺形时少直观”并因形寻数，将直观的图形与抽象的代数语言结合起来，渗透了函数思想。在碰到解决复杂的问题时，学生在教师引导下勇敢地退，智慧地进。

3. 重视儿童数学思维的发展。

小学生由于年龄、知识的局限，往往需要借助直观的几何图形来帮助理解抽象的数学知识，以达到降低思维难度的目的，本节课中，“神奇的点阵图”一直是学生学习的工具，学生深刻地体会到“数缺形时少直观”“形少数时难入微”。

涟源市教研师资培训中心
刘硕鹏

第二部分 教学研究报告

因数一线牵

——《“因数”的整理与复习》教学研究报告

【教学内容】

初始课——《因数和倍数的整理与复习》

【教学目标】

1. 通过整理与复习，进一步理解因数与倍数有关的概念，会运用概念解决相关的问题；

2. 构建知识网络，积累因数与倍数的相关经验；

3. 通过介绍“哥德巴赫猜想”拓宽学生视野。

【课前慎思】

教完了五年级上册的“因数与倍数”单元，对这个内容进行了整理和复习，并深入思考“整理与复习课”究竟要教什么、怎么教、为什么要这样教?

1. 复习课的目标是否可以定位为“查漏补缺”“构建知识网络”“拓展延伸”“求同求异”?

2. 能否通过学生练习与反馈发现知识漏洞并当堂解决问题? 能否借用“知识树”或“思维导图”建立知识网络，把本单元的知识点串起来，纳入学生的经验系统? 能否把学生对因数与倍数问题的认识引向深入?

3. 是否可以设计比较好的数学活动，让整理和复习课变得不枯燥乏味，不机械重复操练，还能让尽可能多的学生参与到数学活动中来，让复习课充满生长的力量?

【课前准备】

1. 给每个学生编一个学号，并发卡片给相应的学生。把全班同学分组，一组学生的卡片全是奇数，另一组学生的卡片全是偶数；

2. 知识树、数字卡。

【教学过程】

一、问题导入，巩固概念

问题：看到“6、2、3”这三个数你想到了哪些数学知识?

引出“质数”“合数”“奇数”“偶数”“因数”“倍数”等数的概念，并随机检测学生对概念的理解。

教师强调："因数和倍数"是在自然数的范围内学习研究的，这里的自然数要把"0"除外。

二、整理复习——话说因数

课件出示：1、2、6、8、21、24

思考：这些数的因数有哪些？如果把这些数进行分类，你可以分为哪几类？你的分类依据是什么？这些依据与因数有关吗？

教师根据学生的汇报展示，根据这些自然数因数的个数或者是否含有因数2整理出质数和合数与1、奇数与偶数这两种分类方法(贴出质数、合数、奇数、偶数集合圈)，并整理出与因数有关的相应的"知识树"。

小结：把这些数放在一起来看，我们会发现一些奇妙的联系。比如，所有的自然数都有一个共同的因数，那就是"1"；一个自然数的因数的个数是有限的；等等。

活动：从这几个集合圈中任意抽出其中两个摆一摆，怎么摆最合理呢？

小结：从刚才的活动中，我们发现这个"2"很特别，它可以让奇数与质数，合数与偶数由"亲密"到"保持一定距离"，也能让偶数与质数由"疏远"到"建立一定联系"。

过渡：偶数和质数，看上去关系较远，但是在数学家的眼里，偶数和质数还有特别吸引人的地方，下面我们一起来听一个有趣的数学故事。

数学故事：

小朋友们，你们听说过"哥德巴赫猜想"吗？它是世界近代三大数学难题之一。其实呀，哥德巴赫猜想说的就是任意一个大于2的偶数等于两个质数之和，比如6 = 3 + 3，12 = 5 + 7，等等，也就是人们常说的"1 + 1"。目前全世界很多人都为之着迷，想要证明这句话是对的，哥德巴赫猜想也因此被称为"数学王冠上的明珠"，吸引着全世界很多数学家用毕生的精力去研究它。我国的数学家陈景润在这一领域的研究已经取得了举世瞩目的成就。哥德巴赫猜想到底是一个怎么样的猜想呢？为什么那么多人为之努力还没得出结论呢？我相信，热爱数学学习的孩子一定会去了解它，说不定你就是摘下"明珠"的那个人呢！

三、整理复习——话说因数

问题：关于倍数，你又知道了它的哪些知识？你能像老师整理"因数"知识那样，整理与“倍数”有关的数学知识吗？画一画有关“倍数”的知识网络图。

整理：一个自然数的倍数的个数是无限的，最小的倍数是它本身，没有最大的倍数。

讨论：有一些自然数的倍数存在一定的特征。如2、3、5的倍数特征分别是什么？为什么2和5的倍数，只看个位数字，而3的倍数要看各数位数字之和呢？

小结：真是不同之中有相同，用联系的眼光来研究数学问题，是一件很有意思的事情。

四、全课总结

这节课我们不仅复习了因数与倍数的相关知识，还学会了整理知识的方法。在以后学习中，我们也要像今天这样，用网络结构图把相关联的知识串联起来，这样会有效地提高我们的学习效率，做到既长知识，又长智慧！

涟源市双江学校
黄晓红

【专家点评】

一堂课不要面面俱到，讲的东西不要太多，要突破一点。我们可以只围绕因数展开，将“四数”联系起来。复习课不是知识的简单重复，需要提高，需要联系。这是我的建议，你可根据课堂情况调整学生活动。内容可比你原来的少，但思维含量可以提高，课的整体性体现可以更加突出，犹如电视剧一样，每个环节紧扣起来。原来的设计感觉是为了完成内容任务，显得比较松散。一堂课一定要围绕一个中心而展开，中心点非常重要，不然就没有课的结构了。不是完全否定你原来的设计，我只是强化了因数这个元素的核心作用，应该让它成为课堂设计的主线。

——申建春

重构课
——《因数一线牵》

【教学目标】

1. 用因数将质数、合数、奇数、偶数等概念串起来，以便学生对这“四数”有统一的认识与理解。

2. 开拓学生视野，了解哥德巴赫猜想的大致意思。

【教学准备】

1. 学具：给学生从 1 开始按自然数顺序编号，每人一个学号牌。

2. 教具：多媒体课件、集合圈。

【教学过程】

一、复习概念

师：孩子们，看到 2、3、6 这 3 个数，你们想到了哪些数学知识？（课件出示 2、3、6 三张数字卡片）

生：2×3=6，6÷2=3。（板书算式）

师：受你们的启发，老师也想到一个：6=2×3。（板书）谁还有补充？

生：2、3 是因数，6 是倍数。

师：真好！他们想到了因数、倍数。（板书：因数、倍数）谁还有补充？

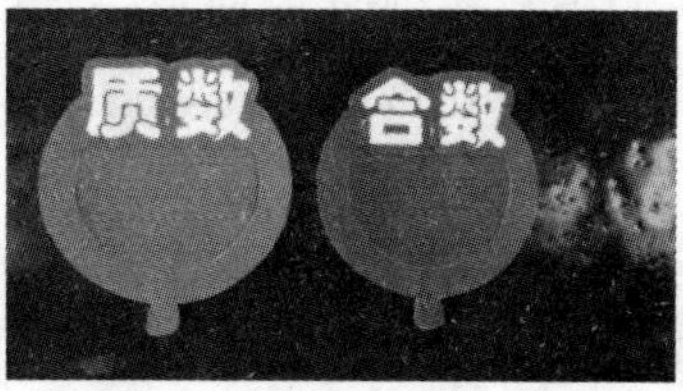

生：2、3 是质数，6 是合数。

师：思路打开了！这个孩子想到了质数与合数。谁能说说什么是质数，什么是合数。（贴出写有质数、合数的教具，集合圈重叠在气球图片的上面）

生：只有 1 和它本身 2 个因数的数叫作质数，有 2 个以上因数的数叫作合数。（课件出示质数与合数的概念）

师：噢，我明白了，自然数分为质数与合数两类。

生：不对！还有1，1既不是质数，也不是合数。

师：（板书：1）自然数按什么标准分为了质数、合数与1这三类呢？

生：按因数的个数进行分类的。（板书：因数的个数）

（老师贴出1，与因数个数连起来）

生：老师，那0呢？

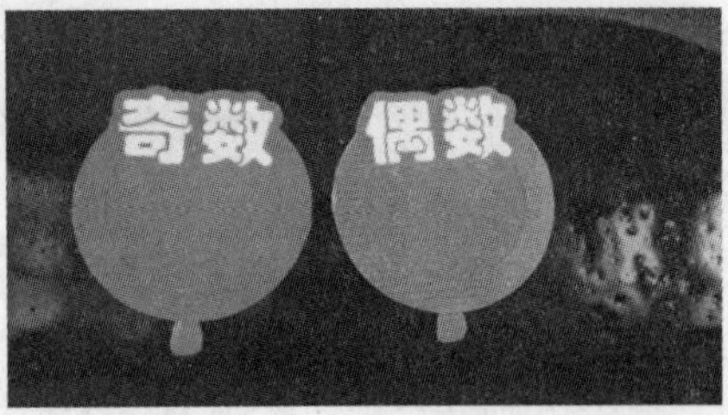

师：不错，0也是自然数，但我们在讨论因数、倍数有关的问题时，不考虑自然数0。刚才孩子们是以因数的个数为标准进行分类的，谁还有不同的想法？

生：自然数还可以分为奇数和偶数的，3是奇数，2和6是偶数。

师：这又是按什么标准进行分类的呢？（贴出奇数圈和偶数圈，方法同上）

生：个位上是2、4、6、8、0的数是偶数，个位上是1、3、5、7、9的数是奇数。

师：大家同意这个孩子的发言吗？

生：我有不同的说法，是2的倍数的数是偶数；不是2的倍数的数是奇数。

二、重构概念

师：说得真好！前面我们把自然数分成质数、合数与1的时候，是按因数个数进行分类的，把自然数分为偶数和奇数是否也与因数有关呢？

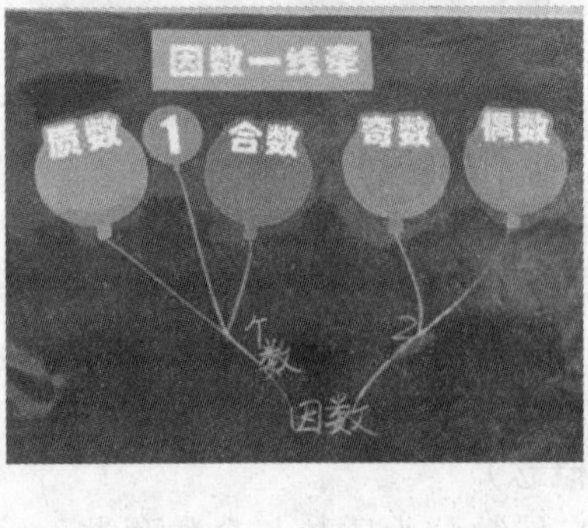

生：6是2的倍数，说明2是6的因数。

生：对，含有因数2的就是偶数；不含因数2的数就是奇数。

师：真会学习！（课件出示概念，并在黑板上把奇数、偶数与因数用线连起来）你们看，因数的出现，把质数、合数、奇数、偶数都联系起来了！真是“因数一线牵”啊！（板书课题）这节课我们一起来整理和复习与因数有关的知识。

三、活用概念

师：请孩子们拿出你们手中的学号牌，观察并思考，如果老师把你的学号牌上的数贴入到质数、合数、奇数、偶数的集合圈中，可能在哪个集合圈呢？同桌两个孩子互相说说。（从黑板上的教具中取出重叠的集合圈贴在空白位置）

师：谁来汇报？

生：我来，我是4号，我既可以放入偶数圈又可以放入合数圈。

师：哦？谁听明白她的意思了？

生：4既是偶数又是合数，可以放入这两个集合圈。

师：噢，我也听明白了，像4这样既是偶数又是合数的数还有很多很多，原来所有的偶数都是合数，你们都是一家人！（顺手使偶数圈和合数圈在黑板上完全重合）

生：不对吧？

生：不对！

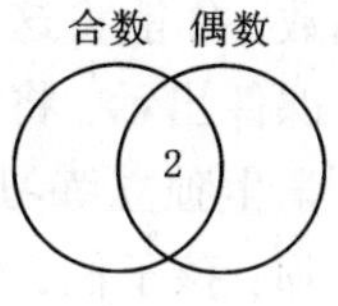

生：是不对！你看，2是偶数，但它不是合数。

师：听上去有道理噢！那这两个集合圈怎么摆才对呢？谁来试试看？

生：我来试试。

师：怎么样？

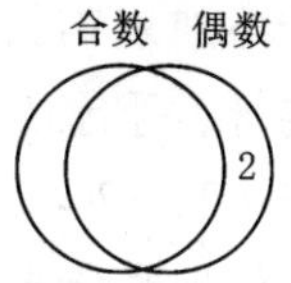

生：这样摆的话，2既是合数又是偶数了，不对。

生：2应该站到外面去！

师：你来挪挪？（请学生上台摆集合圈）

师：请2号小朋友上来，老师采访你一下，同学们把你的位置放在这里，你同意吗？

生：同意！我是偶数，但不是合数，是应该站外面。

师：一个人站外面多孤独啊，要不，你叫个小伙伴和你站在一起呗？（生挠脑袋，找不着）

师：谁愿意和2站在一起呢？

生：不行啊，是偶数但不是合数的只有2，我们不能和他站在一起。

师：那站在中间位置的是哪些孩子呀？请举学号牌。（学生举牌，教师检测）

师：那这个位置又是哪些孩子的呢？请举牌！（教师指着“只是合数不是偶

数”的区域)(学生举牌，教师检测)

师：孩子们，这样来研究数学问题就很有意思了，现在请同桌两人合作，从抽屉里拿出两个集合圈，想一想，它们的位置应怎么摆？你们俩的学号牌应该放在什么位置？

小组合作后选代表上台展示，并由上台的小老师任意点集合圈中的区域，台下学生举学号牌。

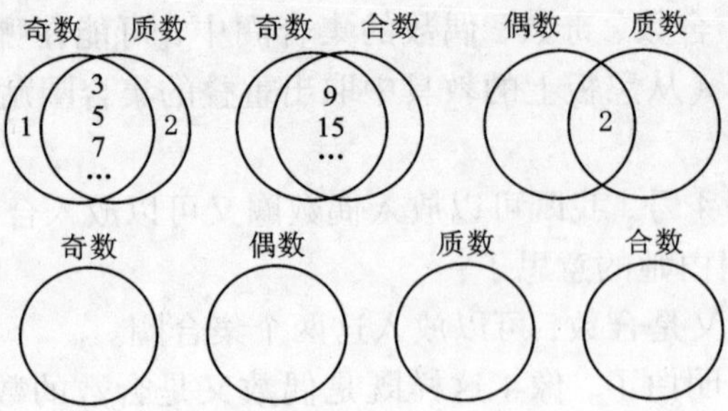

四、开拓视野

师：刚才我们研究了质数和合数、奇数、偶数之间的联系，现在老师给你一些偶数，你能将这些偶数写成两个质数相加的和吗？

课件出示：将4，6，8，10，12写成两个质数的和。

学生独立练习后展示交流。

师：孩子们，你们知道吗？你们刚才做了一个了不起的研究，它就是著名的哥德巴赫猜想。想了解什么是哥德巴赫猜想吗？让我们一起来听一个小故事吧！

(播放故事)

小朋友们，你们听说过哥德巴赫猜想吗？它是世界近代三大数学难题之一。其实呀，哥德巴赫猜想说的就是任意一个大于2的偶数等于两个质数之和，比如6=3+3，12=5+7等，也就是人们常说的“1+1”。目前全世界很多人都为之着迷，都想要证明这句话是对的，哥德巴赫猜想也因此被称为数学王冠上的明珠，吸引着全世界很多数学家用毕生的精力去研究它。其中我国的数学家陈景润在这一领域的研究已经取得了举世瞩目的成就。但是，哥德巴赫猜想要证明是对的，非常非常困难，不是一下子能够解决的。

我相信，热爱数学学习的你一定会去了解它，说不定你就是摘下明珠的那个人呢！

师：孩子们，我们听了哥德巴赫猜想这个数学故事，同桌两人研究，你们手中的偶数学号牌，是不是都可以写成任意两个质数的和呢？

(指名汇报)

师：看来哥德巴赫猜想也不难呀，我们班的孩子也能用列举的方法说明它可能是正确的。但是研究数学问题光靠举例还是不够的，我们不可能把所有的偶数都列举一遍，得想个更高明的办法才行，这就是哥德巴赫猜想吸引人的原因了。

师：你能把 19 和 11 这两个奇数写成两个质数之和吗？

学生独立思考后交流。

生：19 = 2 + 17，但 11 就不能拆成两个质数之和。

师：难怪哥德巴赫猜想只是说“大于 2 的偶数能拆成两个质数的和”，看来是有道理的。

同学们，今天的整理和复习课我们用因数把质数、合数、奇数和偶数联系起来进行研究。联系是学习数学的好方法，希望孩子们在今后的学习中，学会联系、学会研究！

涟源市双江学校

黄晓红

【专家点评】

黄老师给这堂课取了个富有诗意的标题：因数一线牵。

我们先来欣赏标题吧。看到标题就知道本堂课是用因数将许多知识串起来，即牵起来。形成结构化的知识，有利于学生对所学知识的系统掌握。也就是华罗庚先生所说的“将书读薄”。对老师来说，就是要将书教薄。书教薄了，学生对知识的理解就能把握内核，记忆起来就简单，用起来就方便。因此，一个“牵”字，牵出了串串知识，牵出了教书的方法，也牵出了读书的方法。

如何“牵”？黄老师运用问题：“看到 2、3、6 这 3 个数，你们想到了哪些数学知识？”这是一道开放题，学生会有很多想法。有些想法会与本课无关，如 2 × 3 = 6，6 ÷ 2 = 3。但从这两个算式中，可以引出因数，一下切入了主题的一半。顺便说一句，上课要尽快接触主题，不要烧野火。随着学生思维的驰骋，质数、合数概念油然而出。这似乎是情理之中的，下面奇数、偶数的教学就是独具匠心的设计了。

黄老师先复习奇数、偶数概念，然后抓住因数 2 做文章，重构奇数、偶数概念。这样就真的用因数将“四数”“牵”起来了，并且利用图形象表达。

黄老师在介绍哥德巴赫猜想时，不是停留在讲故事层面，而是将高深的猜想化为学生能做的题目：将 4，6，8，10，12 写成两个质数的和。这样做，将阳春白雪的哥德巴赫猜想，转化为下里巴人的算术题。学生既惊讶自己能做的，又疑惑为什么会成为世纪难题，留下遐想的空间。

至此，全课的主题已经完成，而且是富有创造性的。这时，我想起了张新春老师说的一句话："一堂公开课对教学法要做点贡献。"值得老师们记住与思考。那么，黄老师这堂课对教学法有什么贡献呢？我想贡献就在如何将书教薄。

——申建春

“想象”让学习真实发生
——《圆柱与圆锥的整理与复习》教学研究报告

一、问题

“圆柱与圆锥”是人教版六年级第三单元的内容，主要包括：圆柱和圆锥的认识；圆柱的表面积；圆柱和圆锥的体积。该内容是在学生已经探索并掌握长方形、正方形和圆等平面图形，以及长方体、正方体等几何体的特征，并直观认识圆柱的基础上进行教学的。至此，小学数学中的“图形与几何”板块，真正完成了从平面到立体、多面体到旋转体的知识体系建构。那么，在对该内容进行整理与复习的时候，我们既要重点回顾本单元的基本知识和方法，又要通过学生的主动参与，把知识的生成与方法的运用自然地演绎出来，帮助学生成功实现从“学会”到“会学”的跨越，让学生在数学课堂上的学习真实发生。

（一）教学实践中的问题

《圆柱与圆锥的整理与复习》是一堂“几何与图形”领域的复习课，针对它具有的知识和课型特征，在进行教学实践的时候，有许多问题需要我们用心思考。首先，怎样设计教学过程才能兼顾复习教学和图形教学两个维度，避免“重复习轻图形”的偏颇做法，让学生的空间想象得到训练呢？然后，复习课牵涉到的知识点较多，常会给人“臃肿”的感觉。那么，如何在有限的时间里，既能将众多知识点一一再现，又能避免蜻蜓点水，浮于表面地走过场呢？再有，几何与图形的教学重在培养学生的空间观念，如何设计好高质量的活动，找到最适合发展学生空间观念的途径呢？

（二）解决问题的策略

1. 重视图形解构和知识衔接。

圆柱与圆锥是旋转体，它们即可看作由一些平面和曲面图形封闭而成，又可看作由某些平面图形旋转而成。那么，通过对立体图形的分解和立体图形的建构，可以很好地搭建起平面几何与立体几何之间的知识关联，在培养空间想象力方面，也是效果显著的。

2. 注重实际应用和实践操作。

在生活中，与圆柱和圆锥有关的组合体随处可见，其知识内容与方法的实际运用有非常厚实的土壤基础，通过实践操作和实际运用，可以较好地实现对“图形与几何”的感性认识到理性思维的转化，更能在引人入胜的现实情境中实现知识的整理与复习。

3. 强调空间想象和理性思维。

我们参阅了《数学课程标准》(2011 版)对空间观念的描述:“空间观念主要是指根据物体特征抽象出几何图形，根据几何图形想象出所描述的实际物体；想象出物体的方位和相互之间的位置关系；描述图形的运动和变化；依据语言的描述画出图形等。”对！就用想象作为这节课的主线，通过创设真实丰富的问题情境，设计具有挑战性的学习任务，调动学生自主参与，全员参与，让学习真实发生，真正有效地实现“图形与几何”板块对学生数学素养所应具有的价值。

4. 合理利用数学故事教学

根据学生的年龄和心理特征，精心选择一些真正有价值的数学故事，使其与所授知识完美结合，有机融入到教学活动中，是能激发学生的好奇心和探索欲望的，对促进学生迅速进入学习状态、进行深度思维活动和保证学生在数学课堂上的学习真实发生是很有意义的。

二、实践

[片断一]

师：我们是六年级的小学生，学过很多关于图形的知识，大家回忆一下，我们都研究过哪些图形呢？

生1：长方形、正方形、三角形、平行四边形、梯形、圆形……

生2：长方体、正方体、圆柱、圆锥……

师：真好！一下子说了这么多的图形。如果要把它们分成两类，可以分成哪两类？

生3：可以分成平面图形和立体图形。

师：今天我们一起整理和复习“圆柱和圆锥”(板书课题)，圆柱和圆锥属于平面图形家族还是立体图形家族？

生：立体图形家族。

师：那你们能从这两个立体图形中找到或想到哪些平面图形吗？

生4：我可以看到圆形，圆柱和圆锥上都有。

生5：我想，如果沿着母线剪开圆柱的侧面，那样就可以得到一个长方形或正方形。

师：什么时候是正方形呢？

生5：底面周长等于高的时候。

师：这时候这个长方形或正方形的面积就是圆柱的哪一部分的面积？

生6：侧面的面积，侧面积等于底面圆的周长乘高。(板书：侧面积 $S=Ch$)

师：如果像我这样(沿母线)剪开圆锥的侧面，会得到一个怎样的平面图形？

生 7：扇形！

师：(展示剪开后的平面图形)想象力真好！继续想象，从圆柱和圆锥这两个立体图形中，你们还能想到哪些平面图形呢？

生 8：如果沿着高切开圆柱，横截面是长方形。

生 9：如果沿着高切开圆锥，截面是三角形。

……

师：刚才孩子们从立体图形想到了很多的平面图形，反过来，如何由一个平面图形得到圆柱和圆锥呢？

生 10：一个长方形可以围成一个圆柱，一个扇形可以围成一个圆锥。(板书：围)

生 11：一个长方形可以旋转成一个圆柱，一个直角三角形可以旋转成一个圆锥。(板书：转)

师：如果我给你们一个长是 6 厘米，宽是 3 厘米的长方形，你们大胆地想象一下，这个长方形怎样旋转才能得到一个圆柱？你能用数据描述头脑中这个圆柱的样子吗？

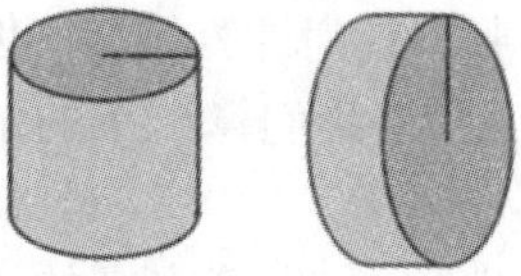

生 12：以长为轴、宽为半径旋转一周可以得到一个圆柱。

生 13：以宽为轴、长为半径旋转一周也可以得到一个圆柱。

师：(动画演示)由同一个长方形旋转而成的这两个圆柱体一样大吗？

……

在这个环节中，教师充分调动学生的想象：从立体图形想到相关的平面图形，学生自然地就会想到“由平面图形可以围成、转成立体图形”，学生学会了用“由面到体、由体到面”的思想，建立知识之间的联系，当静态的图形在学生头脑中动态地变化时，学习也就开始真实发生了。在接下来的环节中，老师给出“底为 3 厘米，高为 6 厘米”的直角三角形，学生立刻就知道沿哪条直角边旋转以后得到的圆锥体积更大一些，至此，学生已从“学会”提高到“会学”的层面，在此过程中，学生思维灵活性和空间观念得到了培养，分析问题、运用知识的能力得到了提高。

[片断二]

教师出示数据：$r=2.8$ cm，$h=16$ cm。

师：这是一个圆柱，请你先比画一下这个圆柱有多大，再想象一下它可能是生活中的什么物体？

学生开始比画，教师指导。先比画底面圆的直径，然后比画圆柱体的高，最后把它想象成一个圆柱体的样子。

生 1：可能是笔筒、水杯……

师：大小相近，猜测合理。看看老师带来的是什么呢？（拿出一罐饮料）看看你们比画的，差不多吗？（学生修正）

师：针对这罐饮料，你能提出什么数学问题呢？

生 2：它贴的商标面积是多大？

生 3：它的体积是多少？

生 4：需要用多少铁皮？

生 5：它能装多少毫升的饮料呢？

师：你们的问题都是好问题。

师：这罐饮料上面注明含有 330 毫升的饮料，这个数据靠不靠谱呢？

生 6：我们可以算出它的容积，再和 330 毫升比较。

师：这主意不错，大家开始计算吧，可以选用学具袋里的计算器计算。

（学生计算）

师：看到计算结果，你发现了什么？

生 7：我们算出来的结果大约是 394 立方厘米，我们认为这罐饮料的数据有问题。

生 8：我们算出来的结果也是一样的，但我们觉得饮料罐没装满是有原因的，是防止运输途中热胀冷缩，发生爆炸。

师：你们懂得的知识真多！你们算出这个 394 立方厘米大于这个罐子的容积，还可能是什么原因呢？

生 9：还有可能是测量这个罐子的时候是从外面量的，而容积是从里面量的。

……

在这个环节中，教师首先指导学生通过想象、比画、猜测，在脑中构想圆柱体的样子，接着，教师又设计了生活中的一个圆柱体和一个圆锥体的数据，引导学生在情境、问题、任务的驱动下卷入学习，学生很快用之前的经验比画底面圆的直径、圆柱或圆锥的高，最后想象这可以是生活中的什么物体。学生积极参与、主动投入到学习活动中，让“生生互动”自然生发——交流、合作、分享、讨论、互评、追问、质疑、补充、纠错……学生思维活跃，内在的学习能量自然迸发，进而使自主的、有深度的学习真实发生。

[片断三]

教师出示一个足球图片。

师：如果要给这个足球设计一个包装盒，方便运输，顶天立地，四处碰壁，充分发挥你的想象，这个包装盒可能是什么形状的？

生 1：可能是正方体的。

师：棱长是多少呢？

生2：就和球一样宽，一样高。

生3：那是球的直径。

（出示课件）

师：不错，这个球的直径是24 cm。

生：也可以做成圆柱形的。

师：那么这个圆柱的尺寸又是怎样的呢？

生：圆柱的高就是球的高（直径），圆柱的底面直径就是球的直径。

师：这是一个很奇妙的图形，数学上叫作“圆柱容球”。

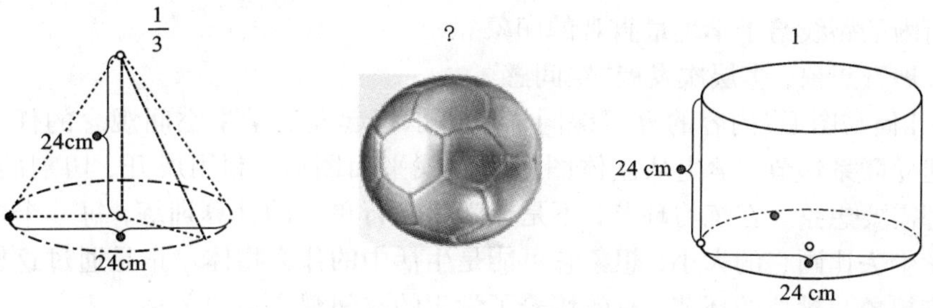

师：如果我们把这个圆柱的体积看作“1”，与它等底等高的圆锥的体积是$\frac{1}{3}$，而球的体积显然大于圆锥的体积，小于圆柱的体积，大家猜想一下，这个球的体积可能是多少呢？

教师介绍阿基米德与圆柱容球的故事……

在这个环节中，教师再一次引导学生想象“给足球设计包装盒”的过程，进一步引入“圆柱容球”，让学生在学习过程中学会合理猜想。学生积极参与其中，听、说、做、练、悟等学习行为多元组合，思考、分享、讨论、提问等学习过程交替呈现，促成了数学学习在此过程中真实发生。

设计意图综述：

1. 把握核心，多角度深化“再认识”。

本节课中，圆柱的侧面积是一个核心内容，因为它是计算表面积的关键，它和以往的面积计算有着显著的不同（是曲面），在解决生活中的问题时也不可或缺。而对于这一内容的讨论，课堂是我从以下几个角度反复加以深化的。一是从立体到平面，学生想到可以把圆柱的侧面展开得到长方形，以此回顾长方形与圆柱的关系。二是由平面到立体，学生想到把一张长方形的纸卷成圆柱，展示两种不同卷法，并比较所得到的立体图形有什么不同点，有什么相同点。三是对特殊情况进行分析，想象如果是一张正方形的纸，卷成的圆柱是一个怎样的圆柱？为什么是一个“瘦高个”？而在这几个角度的认识中，始终紧扣的是侧面展开后的长方形与圆柱的联系。

2. 建立联系，多维度建构“知识网”。

复习课最为核心的内容就是要构建知识网络，而构建知识网络最为重要的途径，就是要在多个内容之间建立联系。建立联系，是我们复习课教学的出发点，也是立足点。教学中我努力引导学生建立三层联系，一是平面图形和立体图形之间的联系；二是立体图形之间的联系；三是立体图形各条件要素之间的联系。前两层联系让学生进一步感受到数学知识内部之间密切的联系，从而将知识结构进一步优化整合，同时，在建立联系的过程中培养学生思维的灵活性。第三层联系则是将学生解决相关实际问题时的“思路”外显，从条件出发到求出最终的问题，一条清晰的路线给予学生最直观的印象。

3. 展开想象，多层次发展“空间感”。

“几何与图形”内容的复习课同样应该承担起发展学生空间观念的任务。本课在建立联系环节，学生从立体图形中寻找平面图形，利用展开、切割的方法，这些都需要想象。在练习环节，不是让学生进行单一的计算训练，每一个题目中都让学生去比画它的大小，想象它可能是生活中的什么物体。正是通过这样一个个充满想象与挑战的环节，有效培养了学生的空间观念。

4. 创新形式，多渠道提升“新鲜度”。

有关本课内容的整理与复习中，最为常见的教学结构是线性的，一个内容交流完毕再进行下一个内容。这种结构的优点是教学节奏完全掌握在教师手中，比较易于控制，缺点在于极大地限制了学生的思维，全班处于同样的思维水平之中。

本课将教学结构由线性结构改为板块式结构，以大问题为主导将整节课划分为三个板块——建立三层联系，展开三次想象，了解一段历史——在每一个板块中给学生更多的思考、讨论的自由度，不同的学生可以达到不同的思维高度。更为重要的是，多个知识点归结到几个大的板块中，整节课带给学生的感觉不再是臃肿的，相反是比较简洁的。

三、讨论

在这节“几何与图形”板块的复习课中，教师有“让学”的意识，给学生充分的学习时间和学习空间，激活经验，大胆想象，深度思考，对以前学习过的内容加以整理，并建构知识网络，促进知识从“表层符号学习”进入“知识内在的逻辑形式和意义领域”，促进意义与经验的对接，实现知识的理解、保持和灵活运用。特别是在练习环节，教师不是让学生进行单一的计算训练，而是每一个题目中都让学生去比画它的大小，想象它可能是生活中的什么物体。正是通过这样一个个充满想象与挑战的环节，有效地培养了学生的空间观念。

如果所有的复习课都能在查漏补缺、构建网络、拓展延伸等方面作出努力，设计出高质量的问题与活动，复习课将不再是单调、乏味的“剩饭”，而是可口、营养的“美食”。

涟源市教研师资培训中心
谢加文

进行有效探究 涵养理性精神
——《圆锥的体积》教学研究报告

一、问题

在人教版小学数学教材中，圆锥的体积被编排在六年级下册第三单元，紧接“圆柱的认识”这一知识内容。对这一内容，教材先提出“我们已经会计算圆柱的体积，如何计算圆锥的体积”这个问题，通过两个孩子的对话引导学生建立圆柱与圆锥的关系，并设计了“探究一下圆锥与圆柱体积之间的关系”的实验。实验的具体操作流程是：各组准备好等底等高的圆柱、圆锥体容器，用倒沙子或水的方法发现两者之间的体积关系，通过实验的结果，得出圆锥的体积与它等底、等高的圆柱的体积之间的关系(体积公式)。

诚然，教材这种“提出问题→建立关系→动手操作”的整体设计是非常系统、完整的。但是仔细思考后我们不难发现：教材对实验探究的开放性指导不够。针对圆锥体积的探求，圆柱有着非常明显的先入为主的味道。两者体积关系的建立、实验器材的选用、实验的设计似乎都来源于教师(教材)，缺少学生温故知新、甄别遴选的探索过程，到最后，学生不仅对圆锥体积的认识缺乏深度，在探究与创新能力培养上，效果也是大打折扣的。对于学生来说，无论是圆柱的被选中还是实验器具的优化，以及倒水倒沙的实验方法，都需要在探究怎样计算圆锥体积的过程中遇到问题而逐步产生。基于这一认识和对学生认知规律的尊重，我们工作室对这一内容的教学进行了研究，试图通过这一个课例研究“用操作获取结论”这一类课例，尽可能多地发挥这类教材所承载的教育功能，以培养学生的理性精神。

(一)教学实践中的问题

但凡教过圆锥的体积这一内容的老师都会抱怨学生总是落掉体积公式里的系数$\frac{1}{3}$，甚至吐槽“强调多少遍都于事无补”，并且常常把这类错误的原因归于学生粗心。但仔细想来，学生之所以习惯性地丢掉$\frac{1}{3}$，主要原因应该是对这个公式的产生缺少一个深层次的体验过程，因缺乏理解而弱化了记忆。如果让学生按教材的提示一步一步地操作完成圆锥体积公式的推导过程，这显然存在一个问题，那就是学生缺少了发现问题、提出问题、分析问题和解决问题的自主性，思维活动被约束了，而这恰恰是本节内容所承载的教育功能的重心所在。因此，如何把教材上的知识结论变成需要探究的问题，让学生置身于问题情境之中，自己去探索、去试验、去发现是我们研究的方向。

(二)解决问题的策略

正如荷兰数学教育家弗赖登塔尔所说，“学习数学的唯一正确方法是实行‘再创造’”，也就是由学生本人把要学的东西自己去发现或创造出来。教师的任务是引导和帮助学生进行这种再创造的工作。那么，教师如何引导学生用自身的体验对“如果当时的人有幸具备了我们现已掌握的知识，他们是怎样把那些知识创造出来的”这一问题做出回答呢?

1.设计具有挑战性的问题。

高质量的问题指向往往不在于公式本身，而在于发现公式的思考方法上。好问题能将学生的思维聚焦在探究方法的思考上，使学生兴趣盎然地投入到学习活动中，以求在掌握基础知识的同时，思考能力、主动获取知识的能力以及探索合作精神等方面都得到较好的发展。在研究圆锥体积公式的推导时，教师可以设计这样的问题：“今天我们要研究圆锥的体积，按照我们以前研究图形面积和体积的方法，你觉得应该怎样研究圆锥的体积呢?”引发学生类比迁移之前的转化方法。

2.设计具有挑战性的活动。

教师通过问题设计激活学生关于转化的经验，采用研究性学习的方法组织一系列的数学活动，通过“面对新问题→联想旧知识→寻找新旧知识之间的关系→用旧知识解决新问题”的解决策略，学生亲历“选择关系→猜想关系→验证关系→运用关系”的全过程，真正学会从“关系”入手，学会用联系的方法学习数学。

(1)选择关系。学生在已有的图形知识里搜索与圆锥有关的立体图形时，会很自然地联想到圆柱，“都有圆形底面”是产生联想的重要特征。这时，教师不要急于给出等底等高的一组圆锥和圆柱作为实验器具，可设计一组与圆锥只等底，或只等高，或等底又等高，或不等底又不等高的圆柱供学生选择。这个选择的过程既是思辨的过程，也是理性分析的过程，同时也有利于培养学生的几何直观能力。

(2)猜测关系。猜测实际上是学生对圆柱和圆锥关系的进一步思考。这种猜测源于学生的几何直观与自身经验，有利于培养学生的空间想象能力。

(3)验证关系。这里的验证当然指的是实验，实验可分两次：第一次是学生通过实验发现圆锥体积的确是与它等底等高圆柱体积的$\frac{1}{3}$，突破重点；第二次则是用盛满水的圆锥往与该圆锥等底等高的圆柱里倒水，只倒一次，研究等底等体积的圆锥与圆柱的高之间的关系，突破难点。

(4)运用关系。教师通过对圆锥体积公式的变式，如 $V=\frac{1}{3}(Sh)=(\frac{1}{3}h)S=(\frac{1}{3}S)h$，让学生想象两个相关联的圆锥与圆柱，深刻理解等底等高的圆锥与圆柱的关系，动态地、立体地、有层次地认识它们之间的联系。

二、实践

基于“寻找关系，找准联系”的学习理念，我们给学生提供了开放的问题情境，遵循学生学习的自然路径，引导学生寻找解决问题的方法，经历公式产生的过程。

教学过程：

师：(出示一个圆锥)今天这节课，我们将研究圆锥的体积(板书课题)。关于几何图形，我们研究过平面图形的面积以及立体图形如长方体、正方体和圆柱体的体积，回顾一下我们的研究方法，你觉得我们可以怎样研究圆锥的体积呢？

生1：一般会转化成我们熟悉的图形。

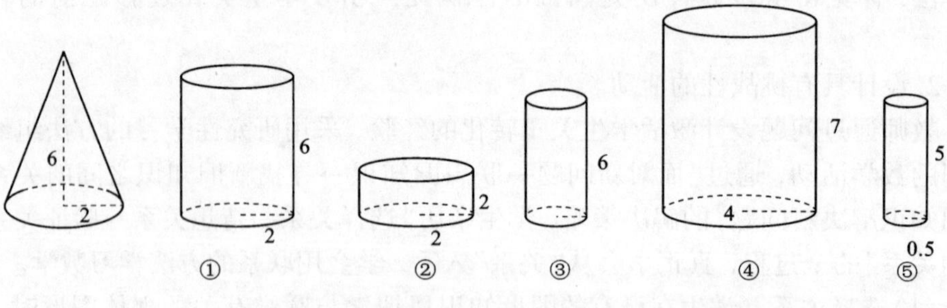

师：有道理！之前我们学习的图形大多都是转化成熟悉的图形进行推导的，那你们大胆地猜想一下，研究圆锥的体积，可以转化成哪个立体图形呢？

生2：应该是圆柱。

师：为什么不转化成长方体或正方体呢？

生2：圆锥和圆柱长得更像，底面都是圆形。

师：(出示图片)这是我们要研究的圆锥，这是一些圆柱，如果要你来挑，你会挑哪一个圆柱来研究呢？先独立思考，然后在小组内交流你的看法。

学生思考后交流，然后汇报。

生3：我们觉得选①号圆柱比较靠谱，这两个图形的底面一样大。

生4：我们觉得选②号圆柱也有道理的，底面一样大，高不同，说不定也有关系呢。

生5：我们觉得选③号圆柱也不错，圆柱的体积是底面积乘高，要么底相同，看看高的变化与体积有没有关系；要么高相同，看底面的变化与体积有没有关系。

生6：可是③号圆柱的底面积大小没有数据，没办法研究啊。

师：真好！还知道用控制一个量不变的方法来研究。可惜，③号圆柱的底面半径没有提供。那为什么大家不选④号圆柱和⑤号圆柱呢？

生7：底也不一样，高也不一样，不太方便研究。

师：你们思考问题越来越有数学家的范了，了不起啊！那么，你们选择的圆柱与圆锥的体积可能存在怎样的关系呢？凭直觉猜猜看。

生8：圆锥的体积可能是①号圆柱体积的一半。

师：为什么？你能说说自己的理由吗？

生8：我想把圆锥放到①号圆柱里面去，圆锥的底面应该恰好占满圆柱的底面，高与圆柱一样；如果把圆锥倒过来再放进去一次，结果是一样的，所以我感觉圆锥占圆柱体积的一半。

生9：老师，我有不同意见，我认为圆锥体积不是①号圆柱体积的一半，应该比一半小一些。

师：哦？你是怎么想的呢？

生9：我想先从正中间把圆锥切成相等的两半，一倒一顺放进圆柱右边的部分，这两部分中间应该还有间隙，圆锥体积应该比圆柱体积的一半要小一点。要我猜呀，可能圆锥体积是①号圆柱体积的$\frac{1}{3}$吧。

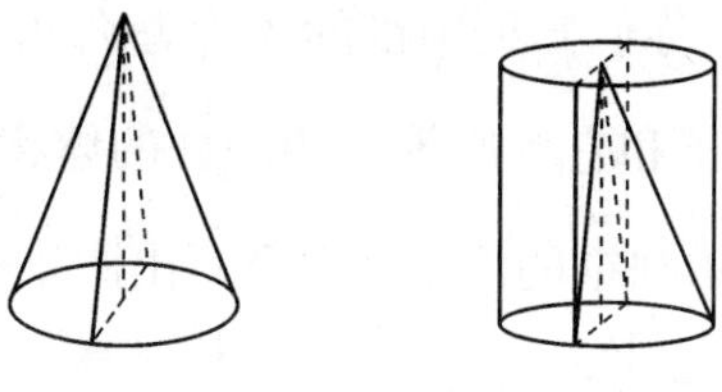

生10：如果刚才这个同学的猜想是正确的，那圆锥的体积和②号圆柱的体积应该相等。

师：猜想终究是猜想，要想知道猜想是不是正确的，我们需要怎么做？

生11：做实验进行验证。

师：对，动手实验是不错的方法，需要老师给你们提供什么实验器材呢？

生12：一个圆锥，一个和它等底等高的圆柱。

生13：也可以是一个圆锥和一个圆柱，不过这个圆柱要与圆锥等底，高只有圆锥的$\frac{1}{3}$。

师：很遗憾，老师在实验室只找到了这样一套实验器材（展示模型：等底等高的圆柱和圆锥），怎么办？

生 14：先实验一下这两个物体之间的体积关系。

师：说说实验设想。

生 14：既然是算体积之间的关系，我们可以用盛水的方法测量出这两个物体的容积关系。

生 15：用圆柱形容器装满水，然后往圆锥形容器里倒，看看能倒满几次。

师：分组实验试试看。（生动手操作）

生 16：真是的能倒满 3 次，说明圆柱的体积是等底等高圆锥体积的 3 倍。

师：有没有人先把圆锥装满水往圆柱里倒的呀？

生 17：肯定要倒 3 次才能装满圆柱。

师：如果只倒 1 次呢？

生动手操作。

师：如果只倒 1 次，这时形成的圆柱其实就是刚才的几号图形？

生：②号圆柱！

师：测量一下，这时的圆柱的高度与圆锥高度有什么关系？

生 18：圆锥的高度是圆柱高度的 3 倍。

师：看来，这个②号圆柱和圆锥的关系不一般。从这个实验中，你又获得了什么信息呢？

生 19：圆柱和圆锥等底、等体积，圆柱的高是圆锥的$\frac{1}{3}$。

师：问题研究到这里，你们知道圆锥的体积怎么计算了吗？

生 20：圆锥的体积等于和它等底等高的圆柱的体积的$\frac{1}{3}$。

师：如果用字母 V 表示圆锥的体积，你会写出圆锥体积的计算公式吗？

生：$V(\text{锥})=\frac{1}{3}V(\text{柱})=\frac{1}{3}Sh$。

师：了不起的总结，数学家也是这样推导出圆锥体积公式的。不过，最先，数学家发现圆锥体积公式的时候写出的公式各不相同，我们一起看看。［展示：公式一：$V=(\frac{1}{3}S)h$；公式二：$V=(\frac{1}{3}h)S$］你们觉得写两种公式的数学家想用这两个公式表达什么意思呢？你们能想象出与圆锥有联系的圆柱是怎样的吗？

生 21：$V=(\frac{1}{3}h)S$ 说明，当圆锥和圆柱等底等高时，用圆柱的高$\frac{1}{3}$去乘圆柱的底面积，就得到了圆锥的体积。

师：那这个公式让你联系到哪个圆柱呢？

生 22：②号圆柱。

生 23：$V=(\frac{1}{3}S)h$ 这个公式说明，当圆锥与圆柱等底等高时，用圆柱底面积的$\frac{1}{3}$去乘圆柱的高，就得到了圆锥的体积。

师：当圆柱的底面积变成原来的$\frac{1}{3}$时，这样的圆柱是怎样的呢？大胆想象一下。

生 24：如果③号圆柱的底面积正好是圆锥底面积的$\frac{1}{3}$，那就是这样的圆柱了。

师：这个圆柱就与圆锥等高等体积了。

……

设计意图综述：

圆锥体积的计算公式简单明了，如何让学生在获得这个公式的同时获得数学思想与方法，体会到数学学习的乐趣呢？荷兰数学教育家弗莱登塔尔曾经说："没有一种数学的思想，以它被发现时的那个样子公开发表出来。一个问题被解决后，相应地发展为一种形式化技巧，结果把求解过程丢在一边，使得火热的发明变成冰冷的美丽。"圆锥体积的公式推导过程设计成什么样子才能让学生体验到它被发现时的那个样子呢？

1. 自主选择研究对象。

圆锥与哪个立体图形关系最紧密？教学中教师充分尊重学生已有的知识经验，放手让学生于联系中寻找问题的入口。这个过程不仅培养了学生的空间观念，还积累了遇到问题时主动把未知转化为已知的重要经验。事实上，数学上很多重要的发明就是从这种主动建立关系开始的。

2. 自主设计操作实验。

本节课的设计突出了学生学习的自主性。教学中，教师没有直接给出实验操作需要的器材，而是让学生自主选择。学生于思辨中逐渐获得理性分析的经验，思维的深刻性也因此得到提升。

3. 自主发现体积公式。

在学生看来，公式的得出是一件很高端的事情，是只有数学家才能完成的重任。但在本节课的设计中，教师大胆地鼓励学生发明公式，并主动抛出几个形式不同的公式，要求把公式这个"数"与圆锥这个"形"结合起来思考，培养学生的几何直观和发散思维能力。学生对圆锥体积的认识也不再浮于表面，更不是孤立的，而是动态的、立体的、有层次的，这样获取的知识才有更好的再生性。

三、讨论

人教版数学教材体系中，以公式形式呈现结论的知识点不多。在这为数不多的结论性学习过程中，如何把结论还原成它最初发现时的本来面貌，让学生亲历数学知识发现的过程，体验数学思考、积极探究所获得的学习乐趣，并为以后的学习积累活动经验，是值得我们好好花工夫去研究的。而这些研究本身很考验一线老师对这个问题最本质的认识。对于教材编写者而言，有没有可能在编制教材的时候，呈现一个过程相对完整的研究性学习范例呢？

[此文系湖南省教育科学规划“十三五”课题“小学数学教师核心素养和能力建设研究”(课题批准号：XJK17BZXX023)阶段性研究成果]

娄底市王丽燕小学数学名师工作室
潇湘数学教育工作室
（邓求平、杨枚、刘硕鹏、谢加文、王丽燕、徐旺、李闯）

创设问题情境　驱动算法选择
——《三位数乘两位数》教学研究报告

一、问题

在整个小学阶段，“数的运算”约占全部课程内容的58%，不仅在数与代数中需要学习，同样也贯穿在图形与几何、概率与统计、综合与实践课程内容里。

英国物理学家麦克斯韦说：“可以说数统治着整个量的世界，而算术的四则运算可以看作是数学家的全部装备”。一方面，在数学学习中，计算是进行一切数学实践活动的重要技能，不论是数学现象的探究或数学规律的发现，还是数学问题的解决，都离不开计算，另一方面，当我们在解决数学问题的时候，贯穿始终且最难把握的应该是各种信息的逻辑关联和推理，只有计算成为一种自动化的技能，帮助我们快速有效地提取信息，才能保证思维的重心落在这一核心任务上，不致让我们顾此失彼，出现差错。

人教版四年级上册第三单元内容“三位数乘两位数”是在学生已经学会两位数、三位数乘一位数、两位数乘两位数的基础上学习的，这是小学阶段整数乘法模块的最后一个内容。如果理解了两位数、三位数乘一位数的乘法竖式是对加法竖式的简写，两位数乘两位数的乘法竖式记录“用乘法分配律进行演算的算理”的一般原理，那么就可以看出三位数乘两位数的计算与两位数乘两位数的计算并无本质上的区别。显然，教学三位数乘两位数的计算时，其重要的教学目标不再是掌握原理本身，而是同一原理的运用：使学生能根据两位数乘两位数的计算方法，类推并掌握三位数(多位数)乘两位数的计算方法。因此，从抽象理论学习的角度讲，三位数乘两位数的乘法较之两位数乘两位数更容易被学生理解与接受。当然，它的计算难度又要高于两位数乘两位数。

(一)教学实践中的问题

在学生学习“三位数乘两位数”之前，为了了解学生具有的相关知识和经验，保证“三位数乘两位数”教学活动的科学性和有效性，我们随机抽取了一个三年级班(刚学完两位数乘两位数)共62名学生进行了学前检测。

表 1　检测题

序号	内容	题目
1	口算	78×3=　　23×50=　　204×5=　　205×80=
2	想想填填	同学们排成方阵进行队列操演练，每行 24 人，排成了 12 行，参加演练的同学一共有多少人？ 2 4×1 2= 　　2 4 × 1 2 　　4 8 ——→ 表示（　　　　） 2 4 ——→ 表示（　　　　） □ ——→ 表示（　　　　） 答：
3	笔算	78×29=　　35×50=　　135×23=　　105×46=

表 2　检测结果

序号	内容	分类	正确人数	所占百分比
1	口算	两位数乘一位数	61	98.4%
		两位数乘整十数	57	91.9%
		三位数乘一位数	55	88.7%
		三位数乘整十数	40	64.5%
2	想想填填	理解第一个部分积的意义	61	98.4%
		理解第二个部分积的意义	50	80.6%
		理解积的意义	49	79.0%
3	笔算	两位数乘两位数	45	72.6%
		两位数乘整十数	48	77.4%
		三位数乘两位数	35	56.5%
		三位数乘两位数(中间有0)	39	62.9%

从课前检测看，刚学完两位数乘两位数的三年级学生对乘法的口算正确率是 85.9%，大部分学生已经掌握；对于两位数乘两位数的笔算算理，86.0% 的学生是清楚的；从笔算前测中不难看出，即便是没有学过三位数乘两位数笔算的学

生，通过习得两位数乘两位数的笔算，能自觉进行算法迁移的也已经达到59.7%。

同时，我们对相关教师进行了问卷调查与访谈，部分老师认为三位数乘两位数的方法获得是不难的，但是由于计算教学的训练单调枯燥，学生的学习热情不高，消极应对，计算准确率低，而教材中计算器的引入导致学生更加不重视三位数乘两位数的笔算，认为大数据应该由计算器完成。此外，计算教学过分强调精确计算，忽视估算能力的培养，以及过分追求“算法多样化”影响了课堂教学的效率等，都是老师们在教学实践中遇到的“真问题”。

(二)解决问题的策略

1. 问题引领，促进算理“正迁移”。

波利亚说：“如果我们成功地回想起一个与当前问题密切相关的问题，那是很幸运的。我们应当争取这样的运气。”设置“与当前问题关系密切”的问题显然是学生顺利进行正迁移的重要途径——“与两位数乘两位数相比，今天的问题有什么不同？能不能利用两位数乘两位数的竖式来解决这个问题?”

2. 任务诱发，促进算法“最优化”。

有人把“口算、笔算、估算”称为“计算三宝”，如何使学生认识到不同的计算方法解决实际问题的适用性，让学生在学习中感受到计算方法学习的乐趣，掌握运用“计算三宝”解决数学问题的方法？教学活动中，教师精心地进行问题的设计、习题的设置是实现目标的重要手段。

3. 情境驱动，促进运算“自动化”。

运算技能的形成阶段论将运算技能的形成分为认知阶段—联结阶段—自动化阶段，也就是小学生学习计算时经历探索、习得计算法则的阶段(如两位数乘两位数笔算时的程序化)，到尝试运用法则独立进行计算的阶段，到熟练掌握、灵活运用法则的阶段(如三位数乘两位数的笔算)。心理学研究表明，当个体进入计算自动化阶段以后，他们的运算速度和正确率就会大大提升。为帮助学生的运算技能实现自动化，教师把枯燥的计算融入到各种有趣的情境中，使学生乐在其中，自觉自愿地增加训练，提升自己的计算技能，不失为上佳的教学策略。

二、实践

基于“促进学生正迁移，强化数学思维训练，设计口算、估算、笔算训练题，促进运算技能的形成”观点下的教学实践，我们选取“三位数乘两位数”的教学内容，让学生在问题的驱动下自由穿梭在各种算法中，水到渠成地达到训练计算技能、涵养理性精神的目标。

教学过程：

(一)课前谈话激兴趣

师：孩子们，今天这节课我们将举行一场有趣的计算竞赛，比赛一共分5场，在你们的课桌上，老师给你们准备了一张“积分单”，你在5场比赛中获得的成绩都会有相应的积分，积分在12颗星以上的将获得“计算高手”奖，有8颗星以上的将获得“计算能手”奖。孩子们，让我们一起加油吧！

(二)巧设问题练口算

师：比赛马上开始！第一场，请听规则——在下面的7道算式中，至少找出3道能口算的，算出正确得数，想一想你是怎样算的。顺利完成任务的可获得1颗星。

课件出示：576×39　400×27　310×52　206×30

520×40　45×57　408×25

生：我觉得400×27、206×30、520×40是可以直接口算的。

师：谁来说说这3道题是怎样口算的？

(师引导学生说清算理，强调中间和末尾有0的情况，组织评价)

师：谁还有补充吗？

生：我觉得还有一题我也可以口算，408×25，我知道乘25的速算规律，只要看408里面有几个4，得数就是几个百。

师：大家觉得这个算法怎么样？

生：4乘25是100，他运用了乘法结合律，这样就可以口算出结果了！

师：太厉害了！真是计算高手！

(三)比较大小学估算

师：在剩下的3个算式中，不动笔计算，你能看出哪个算式的得数最大？哪个算式的得数最小吗？这可是道两星题噢！

生：最小的算式是45×57。

生：哦？这么快就有结论了？

生：当然啦，45×57是两位数乘两位数，而其他两个算式是三位数乘两位数。

师：有不同意见吗？

生：我也认为45×57这个算式的得数最小，但是刚才这位同学说的两位数乘两位数结果一定比三位数乘两位数小这句话是不对的，您看，80×50不是比100×10大吗？

师：这个孩子很会说理，举例子的确是一种说理的好方法。那你又是怎么想出45×57最小的呢？有谁懂他？

生：我想，估算一下就可以比出大小了，45×57大约是3000，而其他两个算式的积都大于15000。

师：这个孩子马上想到了估算的方法，真是了不起！不过，老师有点好奇的是，其他两个算式是三位数乘两位数（板书课题），老师还没教你们怎么估算，你怎么就会了？

生：我想三位数乘两位数的估算和两位数乘两位数的估算道理是一样的。576×39 中 576 大于 500，39 大于 30，积肯定大于 15000，310×52 中 310 大于 300，52 大于 50，积也肯定大于 15000。

师：真是会学习的孩子，他从两位数乘两位数的估算中学会了这么多道理。

师：在剩下的 2 个算式里，哪个更大呢？

生：576×39 应该更大，它明显比 15000 大得多，而 310×52 更接近 15000。

师：听上去很有道理噢！

（四）精确比较学笔算

师：在剩下的两个算式都接近 15000，那么到底哪个更大一些呢？

生：那就笔算喽！

生：用计算器也可以啊！

师：那我们先用笔算，然后用计算器检验，如何？此题 3 颗星！

生：可以！

师：这么快就同意了？三位数乘两位数的笔算老师还没教呢！

生：和两位数乘两位数笔算一样的算法嘛！

师：好样的，试试吧！

学生笔算后，同桌交流算法，指名上台展示讲解，教师及时追问并板书每一部分积的意义。

```
   576
 ×  29
 ------
  5184  ——→ 表示9个576
 1152   ——→ 表示20个576
 ------
 16704  ——→ 表示 29个576

   310
 ×  52
 ------
   620  ——→ 表示2个310
 1550   ——→ 表示50个310
 ------
 16120  ——→ 表示52个310
```

师：谁有问题要问小老师？

生：第二个部分积的“2”为什么要对准十位呢？

小老师：第二个部分积算的是 20 个 576，得数是 1152 个十，所以 2 要对准十位。

师：你们觉得小老师哪些地方最值得你们学习？

生：个位上的 9 乘 576、十位上的 2 乘 576 都是连续的乘法，他都把进位数用小数字标出来了，很细心，和我们用计算器算出来的答案是一样的！

师：对，这些进位数与部分积要两种不同的字号，不要混在一起了。认真、细心是非常好的学习品质，值得大家学习！

生：他的书写也很工整！

师：的确，书写工整是好习惯，能提高计算正确率！

生：右边的这个题笔算时可不可以把末尾的0放在一边呢？

师：这问题提得不错！你们觉得呢？

生：应该可以的，0乘任何数都得0，乘完0前面的数，在积的最后添上0就行了。

师：大家试试看！

学生练习，指名板演。

$$\begin{array}{r@{}l} 31 & |0 \\ \times\ 52 & | \\ \hline 62 & | \\ 155\ & | \\ \hline 1612 & |0 \end{array}$$

师：原来576×29的积大于310×52的积。当我们无法用估算解决问题的时候，还需要选择更精确的计算啊！

师：老师只教了两位数乘两位数笔算，你们就能自己进行三位数乘两位数的笔算。真棒！

师：如果是四位数乘两位数的笔算呢？你们还会吗？

生：会啊！一样的道理嘛，只是多了一位数。

师：如果是四位数乘三位数呢？

生：也没问题，积应该有三层了，第三层的积右边第一位和百位对齐就是了。

师：我想，“举一反三，触类旁通”就是专门用来表扬你们这种孩子的！

（五）灵活运用选算法

师：在310×52这道题里用到了5个数字，谁能用这5个数字编一道三位数乘两位数的题，每个数字不能重复，积要比310×52小呢？此题4颗星！

学生小组活动，说出积比310×52小的算式，相互判断后展示交流。

生1：125×30

生2：230×15

生3：105×23

生4：203×15

生5：235×10

师：小组交流一下，在上面的算式中，哪个算式的得数最小？一眼就能看出来吗？

生：最小数占最高位的积会比较小。

师：这么说来，上面的哪个算式会淘汰？

生：125×30更大一些，应该淘汰。

师：剩下的算式又怎么判断？

生：我们认为 235×10 最小，这个算式的得数是 2350，而 203×15 这个算式中我们只要把 203 估成 200，乘积是 3000 多，比 2350 要大；105×23 也比 100 个 23 多 5 个 23，肯定比 2350 要大。

师：大家笔算一下 105×23 检验一下你们的判断是否正确。

师：刚才我们玩了最小的，现在换个玩法——玩最大的，这可是五星级游戏噢！在所有三位数乘两位数的算式当中最大的一个是——

生：999×99

师：不计算，你知道它的答案是几位数吗？

生：六位数！

师：有不同意见吗？

生：五位数！

师：噢？为什么？

生：因为 1000×100＝100000，这是一个最小的六位数，而 999×99 比它小，所以积应该是个五位数。

生：我有不同的方法，我把 99 估成 100，因为 999×100＝99900，实际结果比这个数要小，肯定是个五位数。

师：真是精益求精，好样的，掌声送给计算高手！

生：下面是四(2)班三位同学的作业——

甲：999×99＝98999

乙：999×99＝99901

丙：999×99＝98901

师：他们算得对吗？说说理由。

学生观察、思考。

生：第一个算式个位上是 9 乘 9，积的个位不可能是 9，所以甲的答案肯定是错的。

生：99 估成 100 都只有 99900，得数不可能大于它，所以乙的答案也不对。

师：那么丙的对吗？你能肯定吗？怎么办？

生：笔算。

……

师：孩子们，你们今天的表现让老师倍感欣喜，你们的创造力远远超出了我的想象！

师：在很早以前，我们的老祖先们是怎样笔算乘法的呢？

课件出示《算法统宗》一书的图片：据《算法统宗》一书记载，在中国明朝时期，那时候还没有出现乘法竖式这种计算方法，古人都是用“铺地锦”的方法来计算乘法的。关于“铺地锦”，你都想了解些什么呢？请同学看书第48页，书上介绍的“格子乘法”就是“铺地锦”算法。

学生阅读。

师：你知道怎样用“铺地锦”的方法来计算了吗？

学生质疑，相互答疑。

师：“铺地锦”原来是古代阿拉伯人计算乘法时用的一种方法，后来传入我国，因为计算完了以后，形如我国古代织出的铺在地上的锦缎。因此我国的劳动人民给这种计算格式起了一个很形象的名字——“铺地锦”。

感兴趣的孩子用“铺地锦”的方法研究一下今天学习的三位数乘两位数462×34。

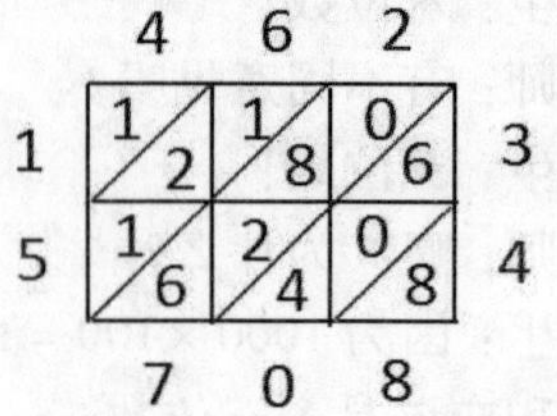

设计意图综述：

三位数乘两位数与两位数乘两位数，看起来内容差不多，但却各有其独特的教育功能和价值。本节课遵循“因材施教”理念，即因“教材”而教，把“促进正迁移”“促进计算技能形成”“促进思维训练”作为主要目标，努力实现计算教学应该承载的技能习得、心智培育、习惯培养等育人价值。

1. 促进正迁移。

美国心理学家奥苏伯尔认为知识迁移就是人们已有的认知结构对新知识学习发生影响。本节课的教学中，教师设计开放的问题情境，让学生有机会自动唤醒两位数乘两位数的口算、估算、笔算经验，自觉地建立新旧知识的关联点，并迁移到三位数乘两位数的学习中去，因不教而会，学生自然就会体验到学习带来的成就感，这也是人教版教材“螺旋式上升”编排体系带给学生的学习方法上的收获。

2. 促进计算技能形成。

计算技能的形成离不开练习，这就好比游泳，如果运动员有非常系统的游泳理论，但是不实践，不加强练习，是无法成为一名优秀的游泳运动员的。计算也是如此，教师需要创设高质量的、学生愿意参与的问题情境，使学生能安安静静地思考、安安静静地练习。特别是估算，本节课教师多次设计估算情境，让学生体会到估算的优越性，培养学生的估算意识，积累估算经验，这比“估算下列各题”这样的指令驱动效果要好很多。

3. 促进思维训练。

对学生进行思维训练既是数学教学的重点也是难点，占有小学数学课程内容58%的计算教学理所应当地承担着思维训练的任务。本节课的教学中，教师设计的“比最小”“比最大”等教学活动，都是很好的训练数学思维的活动，学生在参与的过程中，大脑皮层始终保持最活跃的状态，“联系”“类比”“假设”等思维活动贯穿课堂始终，学生的心智水平也因此得以提升。

三、讨论

1. 学生计算水平整体下滑带来的思考。

数学教育中的计算教学一直是我国小学数学教学中的一个重点。新课标实施以前，大纲对学生计算能力的要求是“准确、快速、灵活、简便”，老师们为了达到这个“八字”要求，常常通过一些程式化的计算教学和大量的机械训练使学生达到这个目标，这一度让我国学生的计算教学成为一个亮点，也使计算成为我国部分学生的一个强项。但是，这种简单操练在培养学生的数学思维、理解数学思想、学会学习等方面做得很不够，并没有充分实现计算教学的教育功能和培育学生素养的价值，久而久之，也使很多老师和孩子渐渐对计算教学活动失去了兴趣，都希望能从这种机械训练中解放出来。

随着计算机和计算器的普及，人们开始重新审视计算教学，越来越多的人认为：对学生来说，知道什么时候需要哪种计算方法，比拥有熟练的计算技能更有价值。对于大数据的精算，更是可以采用现代化计算工具代劳。同时，新课程标准也对计算教学提出了新的要求，它注重以人为本，对旧教材中那些繁、难、偏、旧的东西进行了一系列的变革，降低了以往对学生计算速度与难度方面的要求，新的计算教学提倡算用结合、算法多样化；提倡生动有趣的学习活动，目的当然是激发学生的数学学习兴趣，减轻学生的课业负担，重视数学思维能力的培养。但是，随着新课程标准的实施，老师们很快发现，学生的计算水平整体下滑趋势非常明显，计算正确率降低、口算速度减慢现象普遍存在，学生对计算的兴趣似乎也没提高多少。

因此，我们认为，培养学生对数学学习的兴趣，不能以牺牲学生的计算能力为代价，相反地，我们更应该对学生的计算提出清晰的要求，规范、认真、细致、准确、灵活，这些都是计算教学需要秉承的原则。那么，在计算教学实施中，老师们如何正确运用教学策略，既落实计算基本功的训练，又能最大限度地调动学生的学习积极性，发挥计算教学的育人功能，值得我们广大一线教师不断思考与践行。

2. 计算教学与解决问题的联系。

把计算与解决问题结合起来进行教学是新课标教材的一大亮点。计算教学一方面要让学生在解决问题中获得感受、体验，认识运算的实际意义，并利用问题的现实背景经历、体会探索算法的过程，另一方面又要让学生用所学的计算解决现实的问题，体会计算的作用和价值。把计算教学融入到应用中，让学生在应用中体会计算的价值，从计算中获得解决问题的乐趣，这些都是值得我们去追求的。下面的“知识树”很好地概括了“数的运算”板块各内容之间的结构关系，它把“数的运算”分成了“理解运算的意义”“把握运算间的关系”“得出运算结果”“解决实际问题”四个部分。人教版教材的设计意图是把“得出运算结果”“解决实际问题”这两个内容结合起来教学。

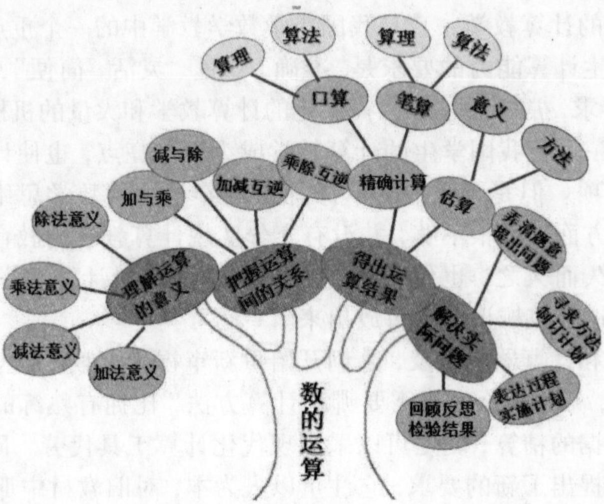

但是，本节课在实施教学设计时，围绕 7 个简单的乘法算式这一学习材料，引导学生灵活选用口算、估算、笔算、用计算器计算等计算方法与手段，体会“什么时候需要怎样的计算以及需要的是精算还是估算”等，甚至丢弃了教材中解决应用问题(具体问题)的例 1，淡化了数量关系的教学。这也是这节课上完后我们觉得很遗憾的地方，我们又一次面临鱼和熊掌的尴尬。但是，本课例的计算教学所承载的核心教育功能和价值，决定了我们要做出一些取舍。同时，本节课的教学也留给了我们一些思考：教师认真研讨计算教材，做到因“材”施教，即准确把握什么样的内容承载什么样的教育功能，实现什么样的教学目标，什么样的教学策略能使计算教学带来最大的效益。这值得我们不断实践与探索。

涟源市教研师资培训中心
王丽燕　刘硕鹏
涟源市蓝田教育办双江学校
康尚林

在"多变"中发展空间想象力
——《长方形和正方形的认识》教学研究报告

一、问题

"长方形和正方形的认识"是人教版三年级上册第七单元的内容，属于"图形与几何"板块。学生在一年级已经有"初步识别长、正方形"的经验，三年级则需要从边和角两个维度"感受并能用自己的语言描述长、正方形的特征"。对于这个年龄阶段的学生，无论是学习线、面还是学习体，都是比较抽象的。荷兰的范·希尔夫妇将学生几何思维水平分为五级：①直观化；②描述、分析；③抽象、关联；④演绎、形式化推理；⑤严密、元数学。并且，在各阶段对学生提出相应达到的不同水平，①②③水平在小学体现，④⑤水平在中学体现，这不仅符合新课程标准的要求，也符合小学生心理特征。因此，三年级学生在一年级的基础上再次认识长方形和正方形，学生思维从直观化水平过渡到描述、分析水平，学生的理解也由感性认识向理性认识过渡。

（一）教学实践中的问题

教师在教学这一内容时，通常是"让学生通过动手量一量、折一折等活动，发现并尝试归纳出长、正方形的特征"。从教学效果来看，学生对图形的认识仍然停留在直观层面，这种教学活动更多的是强调动手操作，而非真正意义上的探究。为了弄清楚教师该"教什么"和"怎样教"的问题，我进行了师生问卷调查。

教师问卷：

1. 这个内容较一年级时是否有不同？有什么区别？

2. 您认为学生掌握这个内容有没有困难？

3. 您认为学生通过动手量一量、折一折的活动来认识长方形和正方形，探究的目的性是否明确？教学中有没有困惑？

调查结果显示，教师都知道这个内容的知识性目标；85% 的教师认为学生有一定的认知基础，内容比较简单；72% 的教师认为探究目的性不明确，学生对探究材料更感兴趣，活动流于形式，40% 的教师教学时有困惑。

学生问卷：

1. 提供一些不全是水平放置的图形（长方形、正方形、平行四边形、菱形、梯形、长方体、正方体等），从中辨认长方形和正方形例子。

2. 在方格纸上分别画一个长方形和正方形。长方形是什么样子的？正方形呢？举出生活中的长方形和正方形。

3. 长方形和正方形的边和角有什么特征？

调查结果显示，94%的学生能识别水平放置的长、正方形，但68%的学生对不是水平放置的长、正方形不能辨认，看成平行四边形（菱形），22%的学生把平行四边形看成长、正方形，4%的学生长、正方体混淆；都会在方格纸或点子图上画长、正方形（本课要求是画在方格纸和点子图上。在四年级学习平行和垂直的知识后，我们需要用三角尺和直尺来画），72%的学生认为长方形长长的，正方形短一些，方方正正的，都能举出生活实例；86%的学生知道长方形和正方形都有直角，94%的学生知道有边相等的特征，但不全面。

基于以上的分析，在三年级教长方形和正方形的再认识，学生有一定的认知基础，具备观察、操作、归纳、推理等活动经验，但对长、正方形特征的认识处于零散的直觉判断阶段；量、折、比等也是在老师的指挥下完成的操作活动。学生已有直观认识长、正方形的经验，就会对其特征的进一步探究失去兴趣。这种接受性的学习，远离了数学思考，课堂教学效率较低。

（二）解决问题的策略

为了激发学生数学思考，触及数学本质，我对教学实践中发现的这些问题进行了深入研究，采取了积极有效的策略。

1. 情境驱动，引发想象。

“最近发展区”理论告诉我们，把学生的活动设计在最近发展区最容易激发学生的热情。因此创设好的问题情境，引发认知冲突，学生跳一跳才能够得着的活动才是好活动，才有可能引发学生对问题进行深入思考，发挥想象，将感知的图形在头脑中再现、重组。

2. 动手实践，建立联系。

动手实践，有利于学生形成直观认识，教学时应予以高度重视。动手实践给学生提供观察、猜测、发现、归纳的过程，是建立起直观与抽象的一座桥梁，使两者不失偏颇。“直观是基础，抽象是本质”。教师在课堂上激情演绎，与学生有效互动，激发学生思考，关注本质特征。学生有了较高水平的理解，教学时才不使操作活动流于形式。

3. 质疑明理，发展思维。

郑毓信教授提出：“数学课中我们所希望看到的是学生能养成一种新的精神，它并非与生俱来的，而是后天养成的理性精神……”数学的本质，也应该是以数学思维为核心的一种理性精神。教师通过“倾听、梳理、点拨”，激发学生思考，在直观的基础上进行抽象性的思辨。学生在分享、交流的过程中，学会倾听、思考、质疑，这样的数学课堂才不是单一的、枯燥的。

二、实践

基于“发展空间观念”“涵养理性精神”的观点，我结合课标要求和对教材的反复研读，对“长方形和正方形的认识”进行了以下教学尝试，以期通过实践，学生的思维水平从直观化水平提高到描述、分析、抽象等复杂水平。

教学过程：

【片段 1】：藏着的图形

师：今天老师要请出两位图形朋友，它们是——（出示长方形和正方形图片）。小朋友们在生活中还见过哪些物体的面是长方形或正方形的吗？

生 1：桌面是长方形。

生 2：数学书的面是长方形。

生 3：地板瓷砖的面是正方形。

……

师：看来生活中的长方形和正方形无处不在。像桌面、黑板面、数学书面这样的图形，我们叫长方形；像魔方、骰子、地板瓷砖的面，我们叫正方形。

师：小朋友们看，信封里面老师藏了一些图形，它们露出了一部分，你能猜出它们吗？

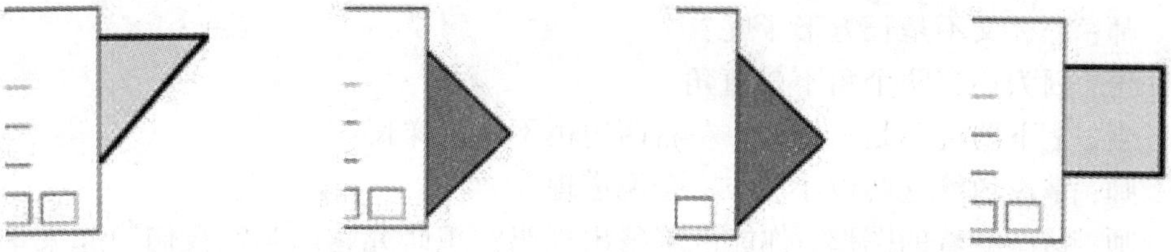

①平行四边形　②直角三角形　③斜着放置的正方形　④直角梯形

（出示图①）

师：是长方形吗？是正方形吗？你怎样判断它不是长方形或正方形的？

生：不是，边是斜的。

生：没有直角。

（出示图形，是平行四边形）

（出示图②）

生：是正方形，也可能是长方形，因为有直角。

师：怎么判断这个角是直角的？

生：用三角尺上的直角比一比就知道。（生演示）

（出示图形，是三角形）

师：怎么样？

生：三角形，只有三条边。

师：看来有一个角是直角还不能确定就是长方形或正方形。

（出示图③）

生：三角形。

生：也可能是长方形或正方形。

（出示图形）

生：是平行四边形。

生：菱形。

（将图形转一下）

生：噢，是正方形！

（出示图④）

生：有两个直角的话，是长方形，也可能是正方形。

生：不可能是正方形。藏了一部分，露出来的话，上下边要长一些，正方形都一样长。

师：有道理哦！

（出示图形，是梯形）

师：怎么又不是长方形了呢？

生：因为还有两个角不是直角。

生：上下两边不是一样长，左右两边也不是一样长。

师：掌声送给这两位小朋友，会说道理。

师：这些藏着的图形，你能准确猜出来吗？想研究它们吗？我们一起来学习藏着的"长方形和正方形"。（板书课题：长方形和正方形的认识）

【学生对长、正方形的认识还停留在直观感知层面，会寻找，能识别生活中的长、正方形，能在方格纸或点子图上描画，但缺乏对长、正方形本质特征的认识。这个环节的设计在唤醒学生感性经验的同时，峰回路转地猜一猜"藏着的图形"。如此导入，颠覆了学生已有的认知，跨越大多数学生所思所想，集中于对边和角的关注，既有"趣"味，又有"意"味。】

【片段 2】：猜测、验证长、正方形的特征

师：刚才我们猜图形时，都说到了它们的边和角，那长方形和正方形到底各有几条边？几个角呢？猜测一下，它们的边和角各有什么特征呢？

（根据学生汇报，板书。）

	边	角
长方形	4 条边，对边相等	4 个角，都是直角
正方形	4 条边，都相等	4 个角，都是直角

师：长方形上边和下边的位置是相对的，我们称之为对边。同样，左边和右边也是一组对边。有几组对边？用手势比画一下。（补充板书）

师：我们直观猜测了长方形和正方形边和角的特征，你能想办法验证它们吗？

生：用尺子量一量就知道边相不相等了。

师：量哪些边？说清楚。

生：4 条边都要量。看长方形的对边是不是相等，正方形的 4 条边是不是相等。

师：测量长度是数学里经常用到的方法，还有别的方法吗？

生：不用测量，我只要折一下，看两条边能不能完全重合就知道了。

师：怎么折？需要折几次？

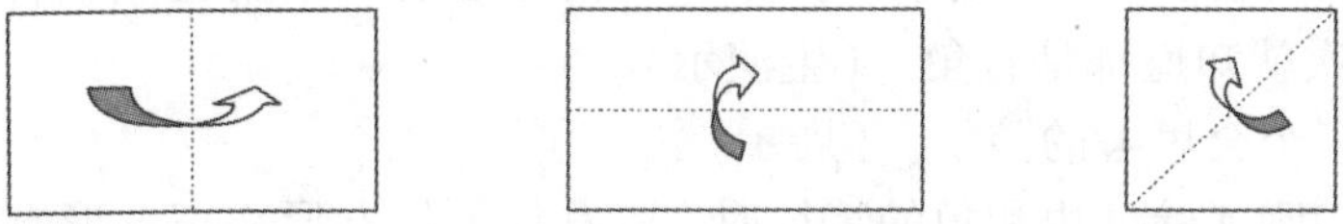

生：对折一下，需要折两次，上下对折，左右对折。

师：还能怎么对折？

生：正方形还可以斜着对折。

师：一会儿我们按你的方法试一试。那角的特点怎么验证呢？

生：可以像刚才一样用三角尺的直角去比一比。

师：小朋友的办法还真多。材料就在小朋友们的信封里面（准备材料：不同大小的长方形、正方形），亲自动手试一试吧。

（学生小组验证交流）

师：都验证过了吗？有发现吗？

生：长方形只能上下对折或者左右对折，正方形还能斜着对折。

师：上下对折或左右对折，说明了什么？

生：对边相等。

师：斜着对折呢？

生：相邻的两边相等。

师：正方形不但对边相等，邻边也相等。也就验证了——

生：也就是4条边相等。

师：长方形斜着对折边能重合吗？

生：不能，长方形有两条边长，两条边短，邻边不相等。正方形都一样长。

师：原来如此。我们把长方形长边的长叫做长，短边的长叫做宽（板书：长、宽）。那正方形4条边都相等，取几个名字？

生：一个就够了。

师：正方形每条边的长，都叫做边长（补充板书：边长）。

师：还有发现吗？正方形4条边相等，你还能怎么折？

生：可以把4条边重合在一起。（生演示，先斜着对折，再对折一次）

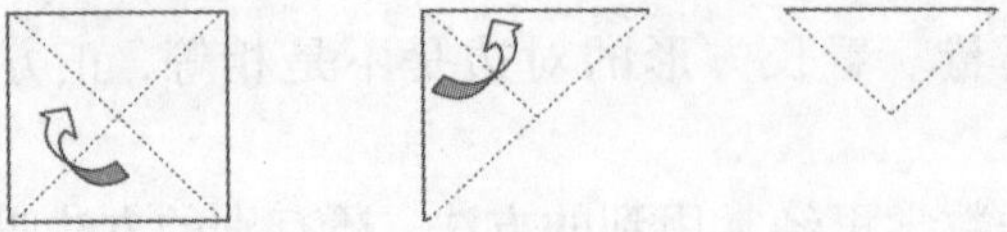

师：你进行了认真的思考，这样一眼就能看出正方形4条边相等了。在小组里继续折一折，还有发现吗？

生：左右对折，再上下对折，长方形和正方形的4个角也能重合。三角尺上的直角比一次就知道都是直角。（生演示）

师：又一个会思考的孩子。（展示）

师：我们刚才验证边和角的特征时，还发现了长方形和正方形有很多相同和不同的地方，谁来说一说？

生：都有4条边，4个直角。长方形对边相等，正方形4条边都相等。

【学生通过观察、猜想、验证自主探究得出长、正方形的特征。问题和内容的呈现方式，求异、求新、求变，有效地引导学生通过自身的内心体验、思维活动、操作过程去触及数学本质，数学思考和情感态度得到有效的关注。】

【片段3】：给线索认图形

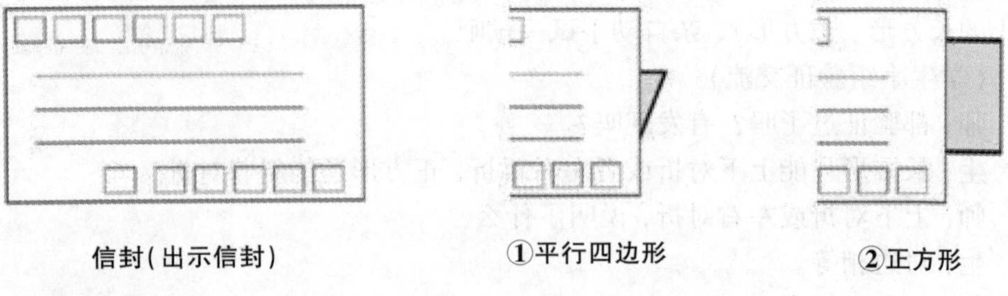

信封（出示信封）　　①平行四边形　　②正方形

（出示信封）

师：小朋友们，信封里藏着图形，你不看，能不能确定是什么图形？

生：不能。（大多数学生摇头）

生：能，但你要给我们一点线索才行。

师：需要怎样的线索呢？

生：比如，有几条边，几个角？边相不相等？角是不是直角？

师：也就是需要给出边和角的一些特征，对吗？听好了！它有4条边，对边相等！

生：长方形。

生：那也不一定，正方形对边也相等，再说还要有4个直角呢！

师：再说还要有4个直角呢！这么一提醒，我也疑惑了，到底是不是长方形呢。看，它露出了一部分。（出示图①）

生齐：肯定不是长方形！

师：这么肯定？

生：这个角不是直角，长方形4个角都是直角。

师：有一个特征不符合，就可以判断是不是长方形了，对吗？那可能是什么图形呢？

生：平行四边形。

师：（请它出来，果然是平行四边形）小朋友们分析的可真有道理！接着辨认。（出示信封）

师：线索，听好了。它有4条边。（等一会）能确定吗？

生：不能。

师：它露出了一部分。（出示图②）

生：不能。

生：可能是长方形或正方形，也有可能是梯形。

师：有道理！有4个直角。（等一会）

生：不可能是梯形。可能是长方形，也可能是正方形。它们都有4条边，4个直角。

师：长方形或正方形，谁来比画一下，信封里藏着的可能是什么样子？

（两个学生上台比画，和右边一样长时，是正方形，和右边不一样长时，是长方形。）

师：4条边相等！

生齐：正方形！

【学生已经不是毫无根据地猜测，而是基于思考有根据地推理和判断。判断一个图形是长方形，它就符合长方形所有特征；判断一个图形不是长方形，只要有一个特征不符合就可以。学生上台比画藏着的长、正方形的样子，在对比中充分感知长、正方形本质的区别和联系。】

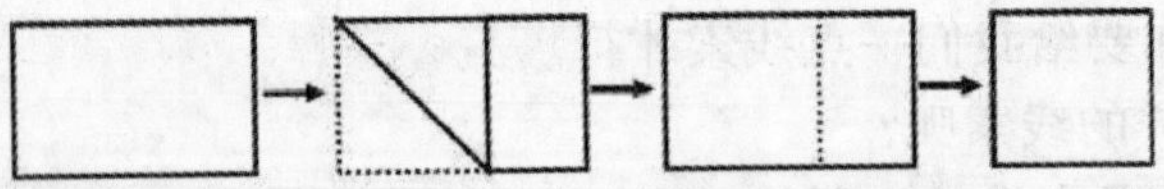

【片段4】：剪出最大的正方形

师：通过折一折、剪一剪，你能从长方形里剪出一个最大的正方形吗？（准备材料：大小不一的长方形）在小组里试试看。

（学生操作，交流折和剪的方法）

师：小朋友们都剪出了最大的正方形，真是心灵手巧。

师：老师这里有两个长方形（准备材料：两个等宽的长方形），你认为哪个长方形剪出的最大正方形大一些。

①长方形　　②长方形

生：①号剪出的正方形大。

生：不一定。也可能是②号剪出来的大一些。

生：一样大。

……

师：意见不统一，实践出真知，找两个同学折一折，剪一剪。

（展示）

生：真的一样大！

师：刚才认为①号剪出的正方形大的小朋友，老师想听听他的想法。

生：一样大。

师：怎么也认为一样大了？

生：①号长方形虽然长一些，可是另一条边不够长，所以剪出来的不一定就大。

师：另一条边，也就是它的宽，对吧？说一样大的小朋友，你怎么看出来的呢？

生：两个长方形大小不一样，但是短边（宽）都一样长。所以剪出的最大正方形一样大。

师：还有谁愿意说一说？

生：把长剪短了，和宽一样长时，就得到最大的正方形。

师：看来这个最大的正方形大小，是由原来长方形的什么决定的？

生：由宽决定。

生：宽就是最大正方形的边长。

……

师：小朋友们的发现是动了脑筋的。掌声送给你们自己。

【学生通过折一折、剪一剪的活动，比较两个等宽的长方形，产生认知冲突，发现剪出的最大正方形一样大。学生的动手实践，经过了理性思考，进一步感受到长方形和正方形之间的内在联系。】

【片段5】：寻找长方形

（欣赏图片：校园、门、窗、操场、水立方……）

师：让我们走进生活中去看一看，漫步校园，长方形的门，正方形的窗，长方形的操场，现代建筑，水立方和鸟巢……其实长方形和正方形的创造，还远远不止我们看见的这些。

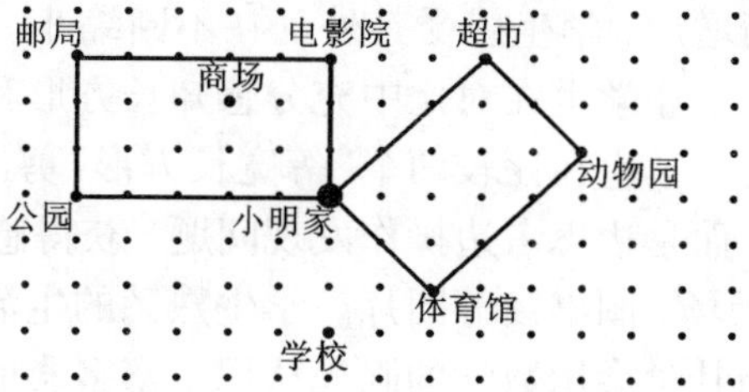

师：周末，小明从家里出发，逛了一天回到家里。他发现，走过的路线围成了一个长方形。这里边有长方形吗？你知道他可能去了哪些地方吗？

生：小明家→公园→邮局→电影院→小明家。

生：还可以反着路线走。

师：他还可能去哪些地方呢？

生：小明家→超市→动物园→体育馆→小明家。

师：你们同意吗？

生：同意（不同意）。

师：认为不同意的小朋友，说说你的想法。

生：它看上去是一个长方形，到底是不是，还要考虑它的边和角具不具备长方形的特征。

师：你会从边和角的特征去认识图形了。真是学以致用！到底是不是长方形呢？小朋友们课后去验证一下，好吗？

【欣赏图片，联系生活。门、窗、操场等图形，都具备长方形或正方形的基本特征，学生学会用数学的眼光认识丰富多彩的图形世界。教学并没有就此止步，而是寻找"走过的路线"围成的一个长方形。分析这个图形是不是长方形，学生不再凭直觉判断，而是基于理性思考，看它具不具备长方形的基本特征。这是从表象到实质的认识，从感知到思维的提升。】

设计意图综述：

生活中长、正方形无处不在，学生对其有充分的感性认识，但这些认识还停留在表面的、粗浅的层面。教师基于"发展空间观念""涵养理性精神"的观点教学，使学生对长、正方形的认识上升到理性认识的高度。

(一)通过体验、感悟，发展空间观念

本节课为学生提供了大量的、丰富的感性材料。动手操作贯穿始末，让学生在动手量一量、折一折、比一比等实践活动中去体验、感悟、发现图形的特征。比如，在动手操作前，先让学生进行猜测，再探索验证，最后进行交流和感悟。

练习环节设计了画一画、认一认、折一折、剪一剪等多种形式，让学生形成丰富的表象，有生动、形象的认识，发展了学生的空间观念。比如，给线索认正方形，图形的内涵不断增加，学生感受其外延在不断缩小。通过两名学生上台比画一下藏着部分的样子，让学生在对比中充分感知长方形和正方形本质的区别和联系，发展了空间观念。学生在比较两个"等宽长方形"剪出的最大正方形时，没有停留在动手操作上，而是边思考边操作发现问题，获得感悟。

让学生欣赏校园操场、图书馆等图片。学生熟悉的生活素材是发展他们空间观念的宝贵资源，促使其学会用数学的眼光认识丰富多彩的图形世界。

(二)通过质疑、探究，涵养理性精神

教学"藏着的图形"，围绕"是长方形吗？是正方形吗？"来展开，激发学生数学思考，引导学生关注到长、正方形的边和角的特征上。比如，猜图③提供不是水平放置的正方形，在图形"转一下"后，学生感悟到这样放置的也是正方形，帮助学生排除非本质属性的干扰。在发展空间观念的同时，涵养理性精神。猜图④直角梯形，学生在讲道理的过程中，越辩越明，上升到了长、正方形特征的区别和联系上，为这节课后面的教学做好铺垫。

量一量、折一折、画一画等活动中，学生不存在学习障碍，但是基于理性思考的探究和有条理的表达，则需要教师进一步有针对性引导。验证长、正方形的特征环节，教师三次问学生"还有发现吗?"，在教师的引导追问下，研究一步一步深入。比如，在探索正方形四条边相等时，不能只进行横竖对折，就认为四边相等了，还要进行斜着对折来说明邻边相等。同样折一折，比一次就知道长、正方形的四个角都是直角。

再次认识图形时，学生不再只是直观地感受，而是有意识从特征上来判断图形。判断一个图形是长方形，它就符合长方形的所有特征；判断一个图形不是长方形，只要有一个特征不符合就可以。教师充分尊重不同层次的学生，“认为不同意的小朋友，说说你的想法”。“还有谁愿意说一说？”把“话语权”交给学生，激起学生思维的火花。学生学会质疑，学会理性思考，才会主动参与到有意义的探究活动中来。

三、讨论

1. 图形内容之间的相互渗透。

“图形的认识、测量、图形的运动、图形与位置”是“图形与几何”的四部分内容。它们不是孤立存在的，而是相互渗透，互为补充的。如教学“长、正方形的认识”中边和角的特征时，学生自然想到的是最基本的方法：测量。测量长度验证边相等，测量（比一比）角验证四个角都是直角。而“折一折”动手操作，是建立在图形的运动（轴对称图形）的知识经验基础上。同样通过“折一折”可以验证长、正方形边相等的特征，但不能用来验证平行四边形对边相等，这需要“对称图形”的相关知识来解释。

2. 图形与图形之间关系的认识。

除了重视图形内容之间的相互渗透，图形与图形之间关系的认识也值得引起关注。如长、正方形之间的区别和联系，“正方形是特殊的长方形”这个内容是否应该归纳，值得思考。一方面，从本质上讲，正方形具备了长方形边和角的所有特征，可以顺势得出这一结论，另一方面，从纵向数学化的角度来分析，学生通过合情推理归纳出长、正方形的特征，仍然不够严谨，也不够全面（比如对边平行的性质）。二者这种本质上的特殊关系，也渗透到学生对后阶段各图形系统的认识中。

根据学生的年龄特征和认知水平，在感知长、正方形本质的区别和联系时，教师没有归纳“正方形是特殊的长方形”这个结论。这是考虑学生还处在感性认识到理性认识的过渡阶段，等到学习了长、正方形周长和面积，学习了平行、垂直等知识后，会自然而然地发现这一结论。不刻意拔高，是符合学生学习水平的。

另外，“长方形和正方形的认识”的教学，不能忽略平行四边形（菱形）、梯形等平面图形的知识性干扰。再增加一课时，根据学生的认知经验，从边和角两个维度来研究平行四边形和梯形简单的特征，比较长、正方形与这些平面图形特征的异同点，在扎实、全面地掌握图形知识的同时，学生的数学思维也将得到拓展和提升。

3. 动手实践与数学思考的价值体现。

图形认识的内容，体现了从生活到数学、从直观到抽象的特点。不论是“长、正方形的认识”，还是“平行四边形和梯形的认识”“圆的认识”，都是建立在大量丰富的直观材料上，唤醒学生已有的生活经验和知识经验，让学生通过动手实践操作，经历观察、猜想、推理、验证，从而归纳、描述出图形的本质特征，发展了学生的空间观念。而空间观念的发展，比知识的获取更为重要。

黄成红教授说过：“在数学课堂上，操作不是目的，通过操作让学生明白其内涵，并能经过分析充分地表达出来，才是数学课堂的本质和任务所在，这样的操作才有数学味。”学生的动手实践，隐含了丰富的思考，操作目的明确。学生在两次猜测“藏着的图形”，从毫无根据的胡乱猜测，到基于思考有根据的推理和判断，正体现着学生思维走向描述、分析、抽象等更高层次的水平。

关于“图形与几何”的教学，如何激发学生思考，直抵数学本质，“发展空间观念”“涵养理性精神”，让动手实践变得有数学味，还值得广大教师进一步去研究。

娄底市第六小学
刘强

第三部分　课例研究随笔

正确理解“数形结合”

前不久，我们工作室的公众号上发了吴老师的一篇文章——《圆柱表面积的整理和复习——数形结合》，文章记录了课堂上学生的一个“发现”，即圆柱的表面积新算法：$s=2\pi r\times(h+r)$。为了让更多的学生理解这一算法，吴老师用了下面的这张图，通过直观的动画演示，使学生理解了这种算法。老师在总结教学方法的时候，认为上述过程渗透了“数形结合”的思想。文章发表的第二天，我接到了《湖南教育》杂志社理科版主编申建春老师的电话，他一方面表扬了吴老师善于思考、勤于笔耕的好习惯，另一方面也指出了文章中有关“数形结合”的提法欠妥。准确地说，吴老师只是用形象的直观模型来理解抽象的数量关系，与数学意义上的“数形结合”方法的内涵不一致。申老师的这通电话让我汗颜，我开始认真地思考：“数形结合”的内涵是什么？“数形结合”的教育价值是什么？在小学数学教学中有哪些知识点可以渗透“数形结合”思想？现在我把这些天的思考整理出来，希望能带给老师们新的思考。

认识一：借助“直观模型”理解抽象的数学内容不是数学意义上的“数形结合”

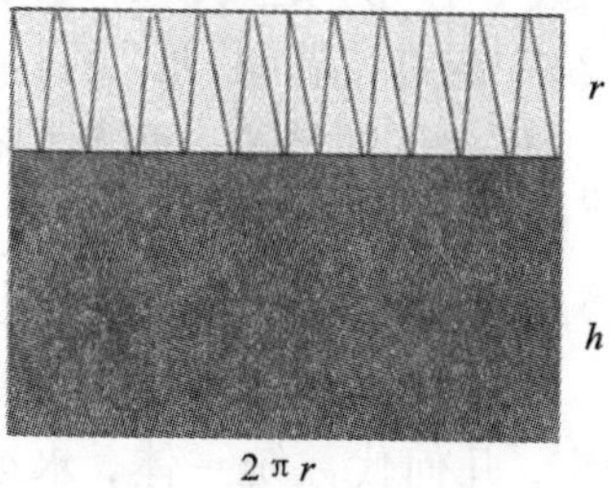

因为小学生抽象能力弱，对于数学的认识很大程度上依赖于“直观模型”，因此，小学数学课堂中借助“直观模型”理解抽象的数学概念与数量关系的情况很常见，但这一方法与数学意义上的“数形结合”方法的内涵不完全一致，充其量只能是“数形结合”的雏形。

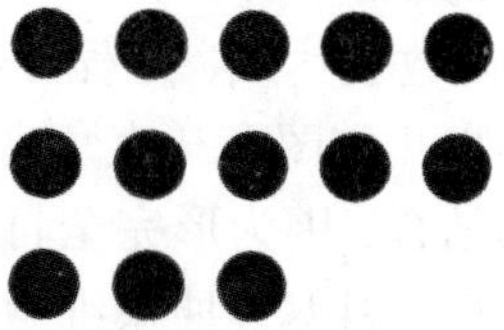

举几个例子。在教学乘加、乘减时，教师往往会设计这样的教学活动：如图，请你数一数、圈一圈、画一画，写出乘加或乘减算式。

在上面的教学活动中，学生借助圆片图这个“形”来理解比 2 个 5 多 3、比 3 个 3 多 4 或者比 3 个 5 少 2、比 5 个 3 少 2，继而写出乘加或乘减算式，在这个过程中，“形”对于算式中的每个数与运算符号的意义的帮助是显而易见的，特别是圈一圈、画一画这样的活动是非常有价值的数学活动，但在上述活动中并没有渗透数学意义上的“数形结合”思想。

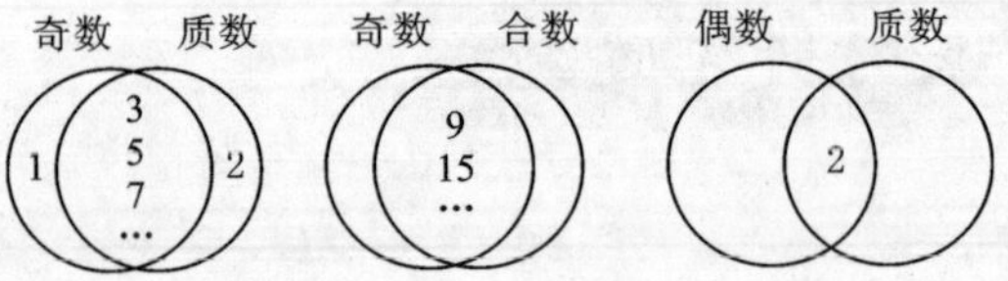

为了教好数学概念，建立起数学概念之间的联系，使用“概念图”或“知识网格图”是数学教学的重要方法。上面的集合图就是如此，它能帮助学生区分、理解奇数与质数、奇数与合数、偶数与质数等概念之间的关系，但这仍不是数学意义上的“数形结合”思想。

再比如：

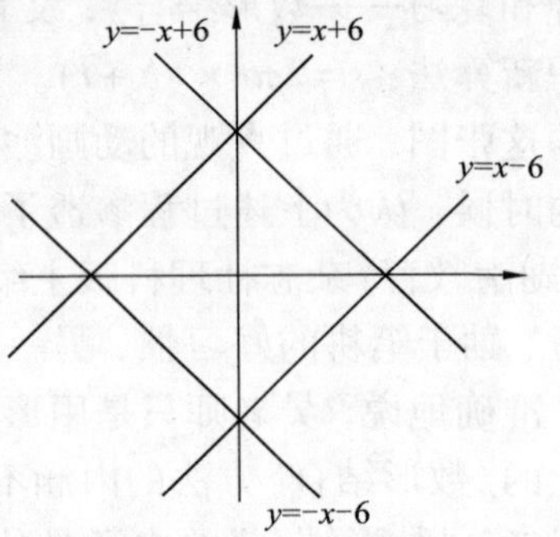

我们在教学几何图形的时候，常常用一些数来描述这些几何图形，比如边长为 1 的正方形，这里同时出现了“数”与“形”，但这并不是数学意义上的“数形结合”，因为这里的几何量“1”是不能刻画出这个正方形的，但四条直线方程就可以将正方形刻画出来了，包括边长也能刻画出来。如四条直线 $y=-x-6$，$y=-x+6$，$y=x-6$，$y=x+6$ 围成的正方形。

认识二：“数形结合”思想的内涵

“数”与“形”是数学研究的两个基本对象，利用“数形结合”方法能使“数”与“形”统一起来，借助“形”的直观来理解抽象的“数”，运用“数”或“式”来细致入微地刻画“形”的特征，两者相得益彰，是解决数学问题的重要策略。追溯“数形结合”的发展史，最先出现这个词是在华罗庚先生的《谈谈与蜂房结构有关的数学问题》的科普小册子中，书中是这样描述的：“数与形，本是同倚依，焉能分作两边飞。数无形时少直觉，形少数时难入微。数形结合百般好，隔离分家万事非；切莫忘，几何代数统一体，永远联系莫分离！”这是我见过的有关“数形结合”思想的描述里最漂亮的，因为它不仅生动深刻地阐述了“数形结合”思想的教育价值，而且揭示了“数形结合”思想的本质。在这里，“数”主要指数、数量关系式、运算式、函数表达式、方程等，其核心是抽象的代数式、函数解析式、方程。“形”则主要指几何图形与直角坐标系下的函数图像，其核心是函数图像。函数与图像是数形结合，因为形完全将数在图形上表现出来了。对于函数来说，我们也常常用到坐标、斜率等抽象细微的数来分析。这样，我们通过“数”与“形”的结合，使逻辑思维与形象思维完美地统一起来，细微而深刻地表达我们对事物规律的理解与把握。

认识三：从“数形结合”思想的发展史进一步理解“数形结合”的本质

“数(shù)起源于数(shǔ)，量(liàng)起源于量(liáng)”，数产生之后就要计数，我们的老祖宗首先都是以具体的“图形”来表示抽象的“数”，直到出现表示“数”的各种抽象符号，“数”才脱去了“形”的束缚，使得数的表示更便捷，从而极大地拓展了人们对数的认识和应用。中国的算筹和算盘可算是使用历史最长的计数工具，可以看作是“数形结合”的雏形。

真正将“数”与“形”结合起来的当属古希腊的毕达哥拉斯学派，毕达哥拉斯学派在研究“数”时，就常常把“数”同沙砾或画在平面上的“点”联系起来，按照沙砾或点子的形状将数进行分类，进而结合图形性质推出数的性质。如任何一个正方形数都是两个相邻的三角形数之和（现在我们的小学数学教材中六年级上册的数学广角《数与形》中就用到了这个材料）等，像这类研究使他们获得了关于整数的许多简明的结果。“形”推动了“数”的发展，这是早期“数”与“形”相结合的体现。

古希腊亚历山大时期的欧几里德就是以“几何的方法”来研究代数问题，任何代数问题都要转化为几何问题来解决是古希腊数学的一个特色，他们坚信所有的数都能用几何方法处理。例如：用一段线段的长度代表数 1，其他数都依据这段长度来表示，为了表示$\sqrt{2}$，他们就使用两直角边是一个单位长度的直角三角形的斜边的长度；两个数的乘积，例如 3 和 5 的乘积，表示成几何形式就是长、宽分别为 3 和 5 的矩形的面积。两数相加看成是一线段的延长，相减说成是从一线段截去另一线段之长。

在“形”的相互关系的比较、度量中，促进了数的概念的发展，其典型例子是无理数的发现，但是古希腊数学的以“几何”为工具来解决代数问题，其局限性也是显而易见的，例如寻找 4 个数相乘的几何图形，简直让他们束手无策。

一直到 17 世纪，笛卡儿创立了解析几何学，即用代数的方法来研究几何问题，代数与几何或者说“数”与“形”又再一次结合起来，而且达到了至善至美的地步，数学又获得了空前的发展。

数轴的建立使人类对“形”与“数”的统一有了初步的认识，把实数与数轴上的点一一对应起来，数可以视为点，点可以视为数，点在直线上的位置关系可以数量化，而数的运算（特别是有理数的运算）也可以几何化。在此基础上，笛卡儿把数轴（一维）扩展到平面直角坐标系（二维），把有序数对 $P(X, y)$ 与平面上的点一一对应起来，从而使得平面曲线的点集与二元方程的解集一一对应起来。于是，就可以用代数方法来研究几何图形的性质，把几何研究转换成相应的代数研究，从而诞生了“解析几何”这门学科。从此以后，“数形结合”思想的发展真正驶入快车道。

例如，要研究两条直线平行。在几何上，我们可以通过平行线判定定理来判定，比如，两条直线被第三条直线所截，如果截得的内错角相等，则这两条直线平行。有了解析几何，在平面直角坐标系下，每条直线都唯一地对应着一个二元一次方程或者一个一元函数，比如一条直线对应着 $y=2x-5$，另一条直线对应着 $y=2x+1$，通过这两个函数关系式可知这两条直线的斜率都是 2，所以这两条直线平行，判定两条直线平行不需要前面的判定定理，也不需要画出直观图像，通过判断函数关系式的系数是否相等即可判定其是否平行。就这样，我们用代数方法解决了几何问题。就这样，解析几何为几何学的研究提供了更宽广的舞台，使许多几何问题变得简单易解，它使几何从定性研究阶段发展到定量分析阶段，使人们对形的认识由静态发展到动态。到这里，我们感觉已经触摸到了"数形结合"思想的实质。

认识四："数形结合"思想在小学数学中的渗透

小学数学教学中哪些内容可以渗透"数形结合"思想呢？举几个例子。

1. 利用"数尺、数射线、数轴"教学"数的认识"。

"直尺"是学生熟悉的学习工具，教师可以把"直尺"抽象为"数尺"，将"数"与"位置"建立一一对应关系，这样有助于教学数的顺序、大小。继而发展到教学"四则运算"，教师可以利用数轴进行教学，如"加法"就是在数轴上继续向右数，"减法"就是在数轴上先找到"被减数"，然后再向左数，"乘法"就是在数轴上向右几个几个地数，"除法"就是在数轴上先找到"被除数"，然后向左几个几个地"数"，如果恰好数到"0"，就是"除尽"，数了几次，商就是几。当不能恰好数到"0"，就产生了"余数"，数轴是理解"有余数除法"的形象化载体。

2. 借助线段图，直观形象地理解抽象的数量关系。

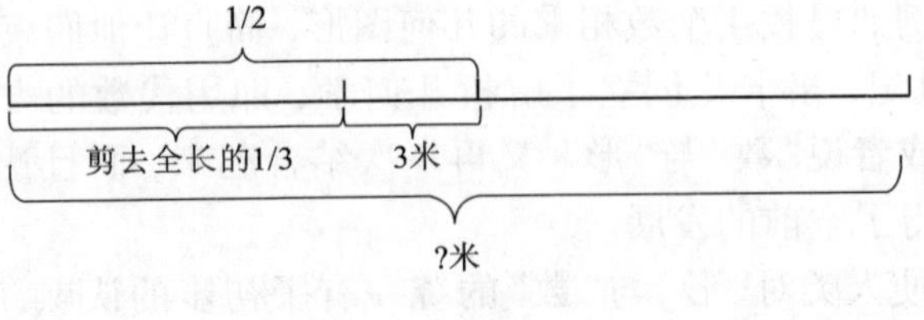

教高年级的老师一定有体会，教学分数应用题的时候，因为抽象性比较强，学生理解起来往往有难度，但如果用画线段图的方法，学生理解起来就容易多了。

例如，有一条绳子，第一次剪去全长的$\frac{1}{3}$，第二次剪去 3 米，这时正好剩下一半，这条绳子原来是多少米？

3. 于"面积模型"理解分数及其运算。

我们在教学异分母分数加减法时，要讲清楚为什么要先通分，把异分母转化为同分母分数再进行计算这个算理，我们常常会用到几何画板形象化地演示，引导学生体会只有平均分得的份数相同，也就是分数单位相同，分子才能相加的道理。这里，数形结合，学生在头脑中建立清晰的表象，真正理解算理，掌握算法。

4. 利用“直角坐标系”教学用“数对表示位置”。

人教版教材中，四年级上册有安排“用数对确定位置”的教学内容，教师要精心设计教学活动，让学生认识“数对”与平面上“点”之间的一一对应关系，并直观地认识同一行或同一列的点的数对特征，并体会数形结合的思想。

5. 在数学广角的教学中渗透“数形结合”思想。

人民教育出版社教材六年级上册的“数学广角”单元就安排了“数与形”的教学内容，在教学这个内容的时候，老师的教学重点当然是突出数形结合的方法，教师要设计一个一个的教学活动，让学生体会到：数表形，应表示出形的全貌；形表数，应表示出数的全貌。

比如，通过教学从1开始的几个连续奇数相加的和等于项数的平方这个例子，让学生体会到数与形的结合是怎么一回事，如图1+3+5用正方形图表示，就表示出了数的全貌，正方形个数1，3，5图上有，结果9图上也有。形将算式中的每一个数都表示出来了。还是这幅图，斜着看，我们不难看出$3^2=(1+2)+(3+2+1)$，即任何一个正方形数都是两个相继的三角形数之和。这种数与形的结合美得让人惊叹！

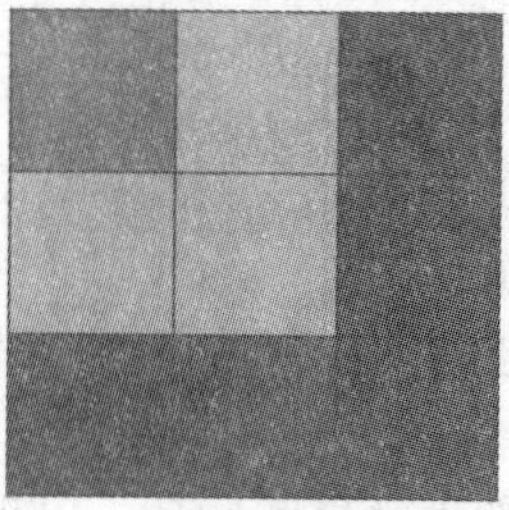

总之，在正确理解“数形结合”思想的基础上，恰当运用“数形结合”，对数学教学是大有裨益的。

涟源市教研师资培训中心
王丽燕

【名家之言】

数形，包括两个方面内容，一是形表数，而数以我们强调的式子为主。如函数图像就是好的数形结合。因为形将数在图形上表现出来了。二是形用数来刻画，解析几何就是好的数形结合。如正方形用四个直线方程刻画出来。

而几何量是不能刻画图形的，如正方形边长是1，这个1如何刻画出正方形？但四条直线方程就可以将正方形刻画出来了，包括边长也能刻画出来。

几何上的量如果是数形结合，那么全部都是数形结合了。数表形，应表示出形的全貌。形表数，应表示出数的全貌。

你看1+3+5用正方形图表示，就表示出了数的全貌，正方形个数1，3，5图上有，结果9图上也有。这叫此时无声胜有声。因为形将数中的每一个都表示出来了。

——申建春

利用“生成资源”　优化课堂教学

我们在每节课教学时，总会预想学生会产生哪些问题，会有怎样的想法，从而预设教学。可是，我们的课堂是不断地变化的，孩子们的想法总是千奇百怪，有时会让我们愣在当口。怎样机智地处理好学生的生成，让我们的数学课堂因此而灵动，更具活力呢？今天听了袁老师的《植树问题》一课，让我陷入深深的思考。

《植树问题》是人教版五年级上册数学广角的内容，袁老师上这堂课时，以学生玩“爱心接球”游戏导入，学生玩得很开心，并且还从中发现了一个有趣的规律：人数总比球数多1。孩子们兴趣盎然，积极地投入了本堂课的学习中。当老师出示例题：娄底市为了创建全国文明城市，园林工人在一条全长1000米的小路一边植树，每隔5米栽一棵（两端都栽），一共需要多少棵树苗？孩子们都跃跃欲试，老师先让同学仔细审题，说说解题时要着重理解哪些关键词，然后放手让学生解答。

学生尝试解题后，出现了以下几种情况：

1 1000÷5=200（个）　200+1=201（棵）　201×2=402（棵）

2 1000÷5=200（棵）

3 1000÷5=200（个）　200+1=201（棵）

4 1000÷5=200（个）　200−1=199（棵）

5 1000÷5=200（个）　200+2=202（棵）

师问：这么多的方法，到底哪种正确，用什么方法来验证呢？

生：作图。

师：长度较长时，图很难画。

生：我们可以想：把前面一个人先放一边，然后一人一段，一人一段，这样对应下去，就是1000÷5=200段，再加上前面那一个，就是200+1=201（棵）了。

（这个学生是把这个问题与前面的游戏联系起来了，他表述的“人”，其实就是树）

这时，老师表扬了这个学生，说他很有想法。但是接着继续让学生说说怎么画图，没有对学生的观点接着进行探讨。因为她的预设是想让学生因为总长较长，作图不易，从而提出要是能把数据变小，这样就容易研究？学生发现：当两端植树时，都会有棵数比间隔数多1。这个探究的过程交给学生分组探究。她担心，如果跟着学生的思路走下去，是不是所有同学都能参与到这个探究环节中来，同时，“化繁为简”这个数学思想该怎样体现？所以，她犹豫了一下，还是继续让学生们回到她的预设中去。

听完以后，我陷入了思考：前面既然让学生尝试解题，可不可以让学生说说自己的想法，从而针对性地进行后面的探索研究？当学生提出有价值的发现时，直接跳过，继续自己预设的教学，是不是不太好呢？

我分析了学生的解题中出现的两种问题：

1. 棵数与间隔数的关系弄不清。

2. “一边植树”没有理解或没仔细看题。（这种情况较少）

我们可不可以就这两个问题进行讨论探究呢？我们可以让学生先说说自己列式的想法，然后就其中的矛盾之处展开讨论，再动手验证。我想，那种“一边植树”的情况，在学生的讨论中就可以解决了。我们只要针对第一个问题进行研究就可以了。这时学生可能就会把他上面提到的想法说出来，但是还有的同学会不理解，会认为自己的想法是对的。在思维产生冲突的时候，我想学生的学习积极性会更高，他们会主动地去验证到底哪种想法才是对的。这时，有同学就会提出画图了，有同学就会认为画图时数据太大，难以操作。这时再适时引导，引出“化繁为简”的数学方法。

课堂中好的“生成资源”的有效利用，能使一节课变得丰实，当然这也很考验执教者的教学智慧，值得我们研究。

娄底市第六小学
廖红玉

好问题催化好课堂
——小议《三位数乘两位数》教学

2017 年 12 月 13 日，娄底市小学数学王丽燕名师工作室正式举办第一次活动，我有幸观摩了涟源市双江小学康尚林老师的计算示范课《三位数乘两位数》，计算教学一直不是大家用来上展示课的首选，而康老师首当其冲，上出了新的高度，给听课教师留下了非常深刻的印象。我详细记录了这节课，希望自己能以康老师为榜样，上出有高度的课来。下面就是我对这堂课做的详细记录，我想我会经常拿出来看一看，然后与自己上的课做比较，过去荒废的时光就从现在这一刻开始弥补。

教师在一开始就告知同学们这节课要开展 5 场比赛，要根据表现评选出本班的计算能手和计算高手及最佳合作小组，以此吸引同学们的注意力。其实每场比赛就是一个精心设计的问题。

第一场比赛：教师用课件出示 7 道计算题：536×29，400×27，310×52，206×30，320×40，45×57，204×25，然后提问：你能从中至少选 3 道题进行口算吗(时间 1 分钟)？这个开篇问题看似很普通，其实蕴含着老师对学生的个性化理解，因为孩子们会从最容易的开始算，也就是会先选 400×27，其次再选 206×30，320×40，204×25，这个选择的过程就是不同层次的孩子计算思考的过程，而且教师通过解决这个问题很巧妙地实现了训练口算的目的。

接着进入第二轮比赛，同样也是问题引入：在剩下的三个算式中，不动笔计算，你能看出哪个算式的得数最小吗？(剩下 3 个算式是 536×29，310×52，45×57)学生一致认为是 45×57 这个两位数乘两位数的算式，有学生说到两位数乘两位数的积比三位数乘两位数的积要小，康老师没有马上做判断，而是乘机追问：两位数乘两位数的积一定比三位数乘两位数的积要小吗？此问一抛，学生就不语了，继而纷纷举例来说明，康老师板书了三个例子：100×10=1000，90×90=8100，10×10=100，然后及时提问：从这 3 个例子中你明白了什么？这样通过问题的巧妙设置，就解决了孩子们容易出现的思维误区：两位数乘两位数的积一定比三位数乘两位数的积要小。得出这个“不一定”并不是老师硬生生灌进去的，而是学生通过自己举例思考后得到的。康老师并没有停下发问的脚步，继续追问：既然两位数乘两位数的积不一定比三位数乘两位数要小，你们凭什么认为 45×57 的积最小呢？而且还说出了理由，这样就把学生引到估算上来了，学生也是很灵性的，马上用估算的方法来说明前两个三位数乘两位数的得数是 5 位数，而 45×

57 的结果是四位数，至此，估算的教学价值就得到了良好体现。康老师是提问题的高手，她话锋一转，问题又来了：536×29，310×52，哪个的积更大呢？还能用估算解决吗？

这样自然而然进入第三场比赛，老师提问：对于 536×29，310×52 哪个乘积更大一些？怎样验证？这样就把学生引到了“笔算”上，在学生板演笔算 536×29 的过程中，康老师一步一步发小问：4824 是谁乘谁的积？1072 是谁乘谁的积？15544 是谁乘谁的积？三个小问题就把三位数乘两位数的笔算算理说清楚了。思维不会就此打住，康老师又要发问了：如果是三位数乘三位数，你会算吗？顺势出示 432×128 让学生练习，实现计算教学的正迁移。第三关就在无痕中实现了笔算的教学。

第四场比赛是什么呢？听课老师都在翘首以待。康老师设问进入第四关：在 310×52 这道题里用到了五个数字，请用这 5 个数字编一道三位数乘两位数的计算题，每个数字不重复，并且乘积更小。此环节的目的其实是找最小，康老师为了每个学生都能找到成就感，同时又要达到练习三位数乘两位数的目的，康老师特意设计了找更小。学生在说出两个算式 105×23 和 103×25 之后，教师设疑了：还有更小的吗？引导学生找到 235×10。这一关看似解决的是一个很复杂的找最小的题，其实教师通过设问，重点是让每个学生在计算练习中都来思索，而不是在此处让学优生独领风骚，让人人的计算都有价值。

第五场按理说是思维拓展了，康老师设问：在所有三位数乘两位数的算式中乘积最大的是谁？不计算你知道它的答案是几位数吗？第一个问题难不倒孩子们，马上得到 999×99，第二问就有争论了：有的说是五位数，有的说是六位数。教师不马上下结论，仍然把问题抛给学生，要学生自己来解决。这时就有学生举例 1000×99 来说明 999×99 的积是五位数。由于此处有争议，康老师又提问了：下面是四(2)班三位同学的作业，他们算得对吗？请说出理由。甲：999×99 = 98999，乙：999×99 =99901，丙：999×99 =98901。大部分孩子在此环节找到了学数学的“高峰体验”，因为他们能用所学知识解决复杂问题了。

本节课的五关顺利完成了，一串串问题让孩子们享受到了计算的魅力。但学生还舍不得下课，康老师仿佛知道孩子们的心思，在屏幕上出示了我国古代的“格子乘法”46×75，然后老师提问：你能在格子乘法中找到因数与积吗？你能找到笔算乘法与格子乘法的相同与不同吗？这样的问题设计能引导孩子们看懂格子乘法，还能引发孩子们去进行比较，领略到列竖式计算乘法的优势，同时孩子们还对数学的发展有了一定的了解，达到“润物细无声”的高度。

“问题是数学的灵魂，问题是思维的动力”，提问是课堂教学活动必不可少的组成部分，是取得良好课堂效果的重要因素，而问题的设计直接关系到教学的效果。在康老师的引领下，我想每一个学员回去以后都一定会注重课堂问题设计的层次性、内容的探索性和多样性。也会注意不同层次的问题选择不同的学生回答，尽量照顾到每一个学生的实际水平，以此来有效提升学生的自信心。

娄底市第六小学
袁运飞

27的倍数有特征吗?

“和家长一起，从4、8、9、25……里任选一个数，研究其倍数特征。”这是儿子带回来的一项特殊作业，我想趁机考验考验儿子独立解决问题的能力，我这个家长自然就“靠边站”了。

谁知儿子一回家就来找我了。

我：遇到解决不了的问题了?

儿：嗯。别的小朋友研究了4、8、9、25的倍数特征，老师表扬了。

一个数的末两们数如果能被4(或25)整除，那么这个数就能被4(或25)整除。

一个数的末三位数如果能被8(或125)整除，那么这个数就能被8(或125)整除。

一个数各个数位上的数字之和能这9整除，那么这个数就能被9整除。

我：那你研究的呢?

儿：我研究27的倍数特征是什么。

(我很惊讶！奥数书上没有介绍，我也没研究过这个问题)

我：那你的研究有结果吗?

儿：判断3和9的倍数，看各位上数的和就行了。27的倍数特征也应该是这样。

(儿子很坚信自己的观点)

我：那老师怎么说?

儿：老师说，27的倍数特征，各位上数的和一定是9的倍数。

我：你觉得老师说的有道理吗?

儿：有道理，27的倍数，一定也是9的倍数，当然各位上数的和是9的倍数了。

儿继续：36各位上数的和是9的倍数，但36就不是27的倍数。

(研究27的倍数特征，不是看27的倍数具备了哪些特征，而是“怎么判断一个数是不是27的倍数?”)

我：我们看看你研究到哪里了。

儿：判断2和5的倍数，看个位；判断4和25的倍数，看末两位；判断8和125的倍数，看末三位。2、4、8和5、25、125都有相同规律，有这种倍数特征的数还可以继续写，比如，判断 16 和 125 的倍数，看末四位就行了。

（我点头会意）

儿继续：3、9 和 27 也是这种规律，判断 27 的倍数，看各位上数的和就行了。

我：似乎有道理。

儿：这个结论是错的。

（儿子写出几个算式用计算器验证，999 ÷ 27 = 37；9099 ÷ 27 = 337；1899 ÷ 27 = 703.666……；12689 ÷ 27 = 469.962962……）

（惊讶！各位上数的和除以 9，然后再判断把结果除以 3 呢。假如成立的话，也就是把各位上数的和除以 27 了）

我：居然错了？

儿：为什么 3 和 9 的倍数有这个特征，27 的倍数就不具备呢？

这也引起了我的思考，于是拿来儿子的数学书一同学习。

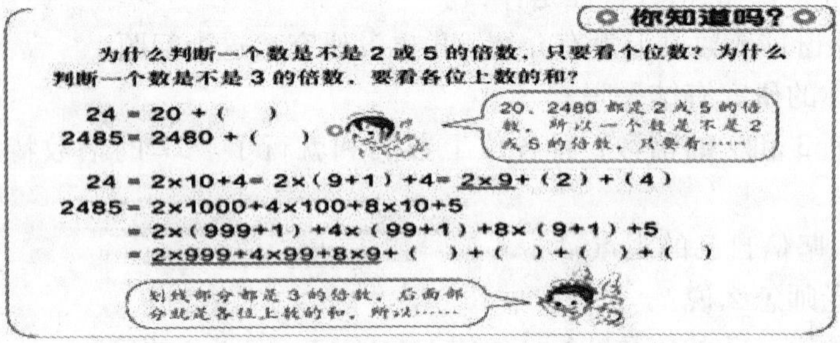

我：为什么判断一个数是不是 3 的倍数，要看各位上数的和，你懂了吗？

儿：看懂了。

我：那 9 的倍数特征呢？

儿：也懂了。

我又问：比较一下，24 的 2 和“2 + 4”中的 2 一个意思吗？

儿略加思索：24 的 2 表示 2 个十；“2 + 4”中的 2 表示从 20 里面减去 2 × 9 后，剩下的 2。不一样。

（算式拆分的过程不能直观体现除法（平均分）的特点。）

我：你能用除法表示剩下的 2 吗？

儿：20 ÷ 3 = 6……2。把几十除以 3，就剩下几，几百除以 3，剩下几……再加上个位上的数，判断是不是 3 的倍数就可以了。

我：为什么几十除以 3，就剩下几；几百除以 3 就剩下几呢？

于是，他在本子上写出几个算式：10 ÷ 3 = 3……1；20 ÷ 3 = 6……2；30 ÷ 3 = 10；400 ÷ 3 = 133……1。

后面两个算式余下的数就不符合了。这个问题怎么解决呢？

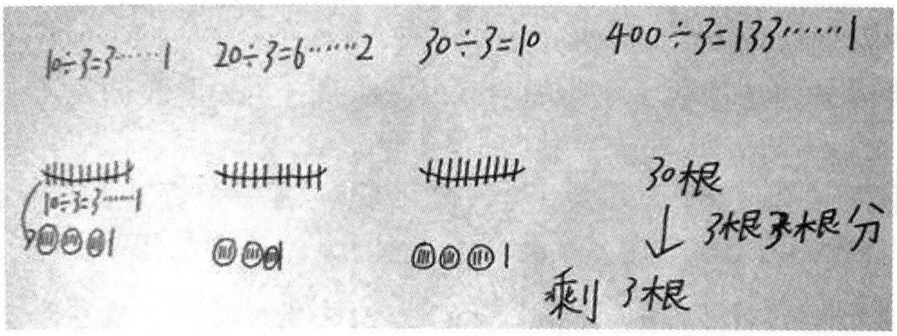

我要他在本子上画了 3 捆小棒(每捆 10 根)。把每捆小棒 3 根 3 根分一分，每捆剩下 1 根。3 捆剩下 3 根。

儿子继续画，4 大捆小棒(每大捆 100 根小棒)，每大捆 3 根 3 根分一分(算一算)，每大捆剩下 1 根，4 大捆剩下 4 根。

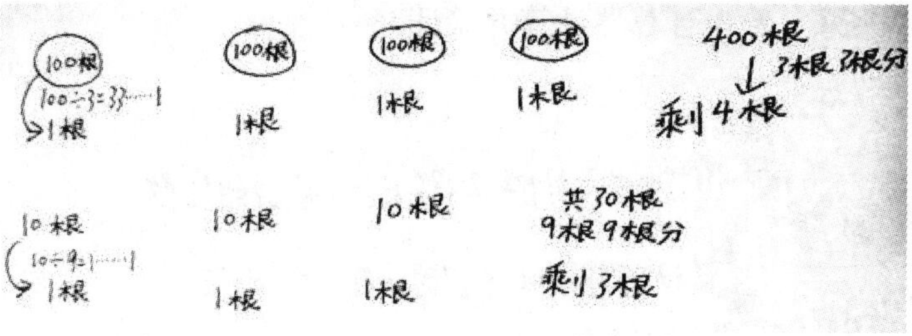

我：还需要继续画吗？

儿：不需要了。

我：如果是 9 根 9 根怎么分呢？

儿：也一样，每小捆剩 1 根，几小捆剩几根；每大捆剩 1 根，几大捆剩几根。把剩下的小棒合起来，看是不是 9 的倍数就可以了。

（对儿子竖起大拇指）

我：那明白了 27 的倍数为什么不具备这样的特征吗？

儿：明白了，如果 27 根 27 根这样分，不会剩下 1 根。也就不能把各位上的

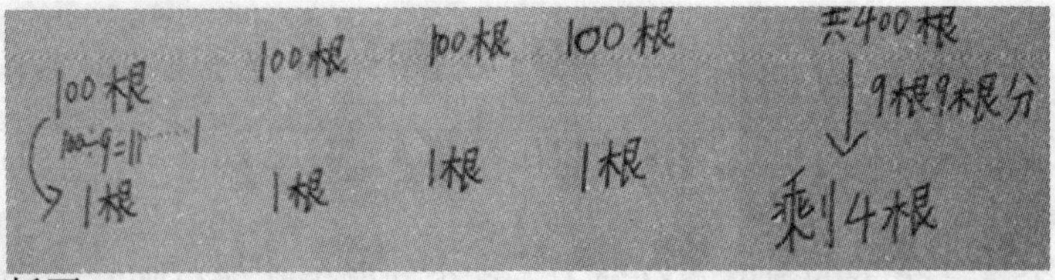

数合起来判断了。

(疑问解开了)

儿：如果27根27根这样分，也剩下1根就好了。

我：是啊，如果也能剩下1根就好了。1小捆不行，1大捆也不行，更大的1捆……

儿：我认为可以。999 ÷ 27 = 37。(之前验证的一个算式)1000根小棒1大捆，27根27根的分，分37次，就会剩下1根了。

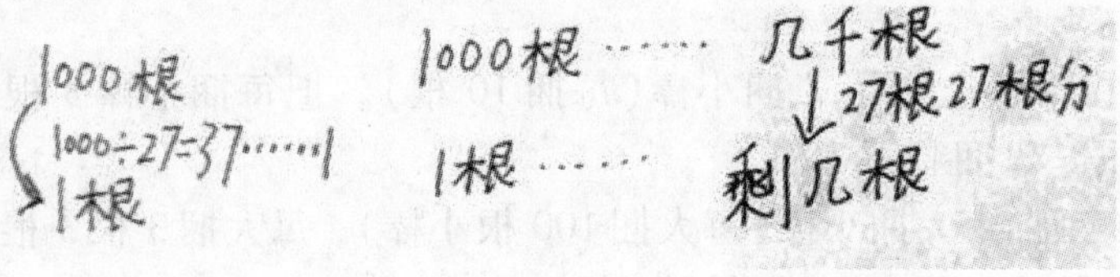

我立刻想到了如何判断一个数是不是27的倍数的方法。

儿子也想到了，拿出计算器计算并验证。

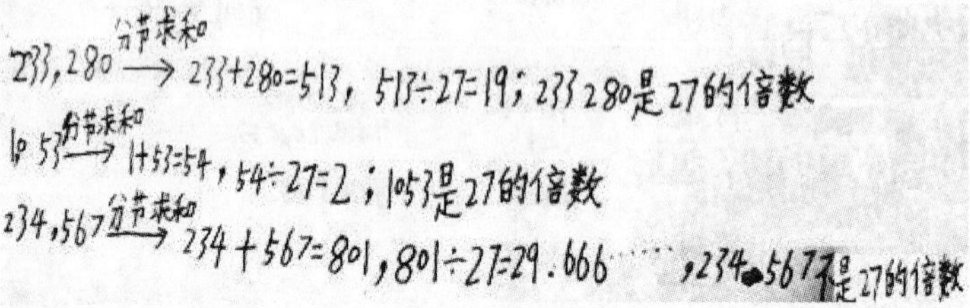

比如，判断233280是不是27的倍数，末尾三个数位分一节，233 + 280 = 513。513 ÷ 27 = 19，所以233280也是27的倍数。

判断1053是不是27的倍数，1 + 53 = 54，54 ÷ 27 = 2，所以1053也是27的倍数。

判断234567是不是27的倍数，234 + 567 = 801，801 ÷ 27 = 29.666……所以234567不是27的倍数。

……

我：根据我们的发现，3、9的倍数特征和27的倍数特征有什么相同和不同吗？

儿：都是合起来判断是不是各自的倍数。27 是三个数位分一节来考虑，3 和 9 是一个数位就是一节来考虑的。

我：那 1234567890123，740710656 这么大的数呢？

儿：仍然可以从末尾起三个数位分一节，按每节来考虑。

比如，1234567890123 这个数，先分节“1，234，567，890，123”，然后求和 1 +234 +567 +890 +123 =1815，再分节求和，1 +815 =816。因为 816 ÷27 = 30.222……所以，1234567890123 这个数不是 27 的倍数。判断 740710656 这个数，也采取分节求和的方法，740 +710 +656 =2106，再分节求和，2 +106 =108，因为 108 ÷27 =4。所以，740710656 是 27 的倍数。

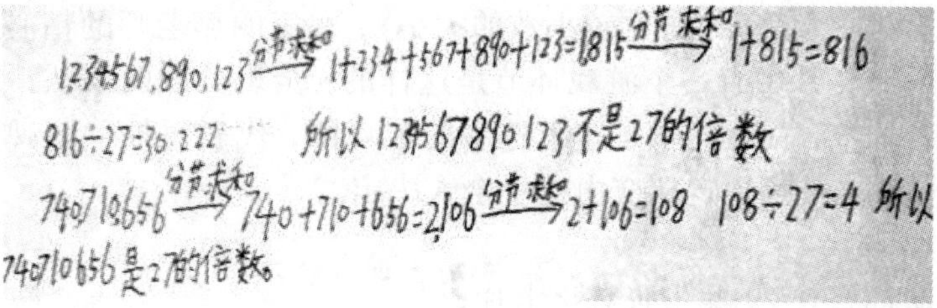

我们还发现，37 的倍数也有 27 的倍数这样的特征。

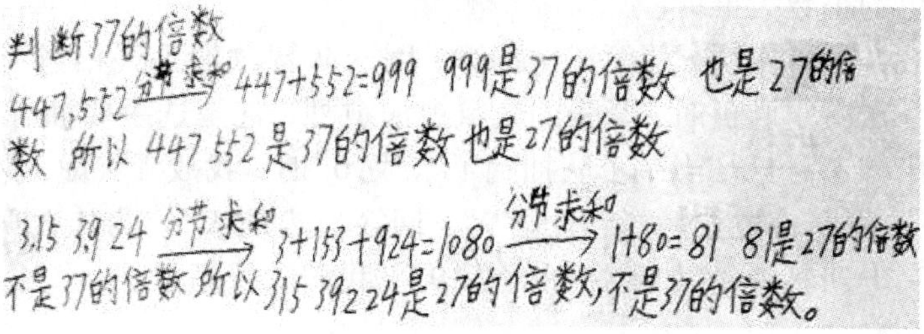

儿子还试了好几个大数，通过计算器都验证了我们的结论。这次作业，儿子总算是心满意足了。

娄底市第六小学
刘强

由一个数学游戏所想到的

数学家张奠宙教授曾经说过："为升学而重视数学者固然可从数学教育中得益，但数学教育的宗旨更应该是让每一个孩子都喜欢数学，使一般大众都懂得数学，并觉得数学可亲，乐于欣赏数学。"在日常的数学课堂教学中，如果能将枯燥的数学知识用游戏的形式转变为学生乐于接受的情景模式，为学生创造和谐有趣的学习环境，使学生在玩中学、在学中玩，体会数学课堂的独特魅力，能遇上这样的老师，乃学生之大幸。

笔者曾上过一堂公开课《比较小数的大小》，在王丽燕老师的精心指导下，课后反响非同一般。其中有一个游戏环节是这样的：全班分成两个队，每个队各派一个选手上台抽签，其余同学是这个选手的智囊团，代表每抽一张牌，智囊团有重要的参与作用，最终决定权交由选手个人决定。

比赛规则如下：

1. 每个队都有0～9共十张数字卡片；

2. 两人轮流抽签，抽出的数字卡片可摆在数位顺序表上的任意位置，但确定位置后将不再修改；

3. 谁摆出的小数大谁就赢。

整个游戏共抽牌四次，前面三次抽牌，因两队智慧加手气相当，无法分出胜负。在最后一次决定胜负时，紧张的气氛愈演愈烈，甚至选手要抽哪张牌台下智囊团都会提出参考意见。当一个队抽到了卡片"6"时，我故弄玄虚，把"6"倒过来变成"9"，问：你们希望它是"6"还是"9"，回答当然是"9"。为什么呢？

一学生马上回答说："如果抽到的是'9'，我们队就赢了。"

"一定会赢吗？"

"一定会赢，因为我们队十分位上的数比他们队大。"

最后我揭露真相，并把卡片贴在相应的数位上。此时教室里欢呼声、丧气声声声入耳，我趁机采访另外一个队，让孩子谈谈此刻的想法。一个笑靥如花的孩子站起来说："如果我们队抽到'9'的话，胜利就属于我们了。"

"若没有抽到'9'呢？"

"那就看运气啦！"

历史总会有惊人的相似，在关键时刻决定胜负的选手也遇上了同样的问题，让刚才那个陷入低谷的队有如死里逃生，仿佛看到了黑暗中的一线光明，顿时异口同声，大声高呼："我们赢了"！……

我相信听过这堂课的老师对这个游戏环节一定记忆犹新。当孩子们学习完《万以内数的认识》后，即将教学《万以内数的大小比较》，如何进行教学呢？我心想，何不运用上次公开课上的教学环节呢？把数位顺序表改为“个位、十位、百位、千位”，这样就可以把上次公开课上的游戏按照上述方式全盘托出。后来，课堂上孩子们玩得可开心了，一轮游戏过后仍不过瘾，强烈要求再玩一次。一节课，他们不仅学会了万以内数的大小比较，而且还体验到数学学习所带来的快乐感受。游戏跟智慧有关，当然好的运气也会给我们的生活增添亮色。

张奠宙先生在《数学教育随想集》中写道：“骨干在磨炼反思中成长，名师从课堂教学中走来。”这句话意在告诉我们，一位优秀的数学老师，必须要具有专业的数学素养，从儿童的视角出发，多读书，多做课，多设计一些与数学有关的课堂活动，让数学课堂成为孩子们自由表达、放飞个性、感受快乐的“乐园”。

我正追随名师的脚步，在教学的道路上匍匐前进。

涟源市双江小学
黄晓红

我教《神奇的点阵图》

《神奇的点阵图》是蓝溪学校邱娟老师执教过的一节展示课，之前有机会观摩过，一度被吸引，忍不住产生“偷学”的念头，并打算在学校的公开课上展示这个课例。

于是，我第一时间拿到了邱老师的课堂实录，有头脑中理了理教学思路，心想，这节课也差不到哪里去。可现实却狠狠地打了脸，一节好端端的课，被我上成了两道计算题讲解课，执行偏离了预设的轨道。

让我没想到的是，涟源市教研师资培训中心的小学数学教研员王丽燕老师来我们学校指导这次公开课活动。我上完课后，王老师让我带了另一个六年级班，由她执教了这一节课。王老师的课果然不同凡响，看似信手拈来，同样的主线设计，同样的词句组合，总是被她赋予了魔力，不牵强，不刻意，总是表达得刚刚好。例如，在找到了 1，2，3，4，5 号点阵图后，我的提问是“照这样的规律，第 10 号点阵图是什么样子呢”，而王老师的提问却是“如果有 100 个点子，那是几号点阵图?”都是为了达到同一个效果，但显然，第一种提问能让学生遵循已经找到的规律顺势直接得到答案，第二种提问同样的是遵循规律，却多了让学生逆向思考，加深对形的规律和数的结合的印象。

本节课的重点是数形结合，那么数与形是始终贯穿课堂的。但我始终觉得在我的授课中数形结合只有皮而没有骨，终究是浅了。同样根据 5 行 5 列点阵图的不同角度解题，在我的课堂上是规规矩矩地完成爬坡和下坡任务，根据 5 号点阵图推想到 60 号点阵图，解决“1 +2 +3 +4 +5 +6 +7 +8 +9 + ⋯ +59 +60 +59 + ⋯ +9 +8 +7 +6 +5 +4 +3 +2 +1 =”，看似数形结合，但学生实际只得到最表层的东西。而在王老师的课上，在学生完成在 5 号点阵图中找到算式的任务后，继续向前走。“这个算式的得数就是这个点阵图的点子数”，使学生对“1 +2 +3 +4 +5 +6 +7 +8 +9 + ⋯ +59 +60 +59 + ⋯ +9 +8 +7 +6 +5 +4 +3 +2 +1 =”的结果的出现思维更加清晰，让他们在不知不觉的情况下完成了“一不小心”的解题。王老师的课让学生切身地经历从形到数，从数到形，形中有数，数中含形。经历了这样的铺垫，在后面的解题探究中，放手让学生自行解决。因为已经有了从“整行整列”看、“斜着看”，那么“拐着弯”去看就成了学生自发的不需要任何引导的“换个角度”的风景。接着，在我未能讲解清楚的层数和加数的教学中，王老师在前面奇数个数和点阵图关系规律的教学中就做了较好的铺垫，灵活地抓住学生的生成，顺利恰当地处理了层数和加数之间的关系。纵观整个课堂，口头始终挂着“应该感谢的是点阵图”，为点阵图“狂刷”存在感。

数学文化的渗透，点阵图的延伸，对学生思想方法的培养，春风化雨地面对生成，造就的是美的课堂。

今天的这段经历让我再一次感受到了上好一节课是不容易的，只有真正地研究了学生、研究了课堂，才有可能上出自己的好课，而不是简单地照搬名师优课。

涟源市伏口中心学校
吴买花

《分数的意义》教学设计中的几个好问题

一堂好的数学课一定不乏几个好的问题，几个好的问题往往能使学生的数学思考变得深刻。一节好课的问题不宜过多过碎，“高密度、低水平”的问题只会降低学生的思维水平。

前不久看吴正宪老师的书，她分享了自己指导一位年轻老师执教《分数的意义》时设计的几个问题，我觉得很好。

问题一：感悟单位“1”

老师往巧克力罐里先放入5颗巧克力，再放入2颗，提问：

你们能把你看到的现象用一个算式表示吗？

生：2+5=7。

师：有人列了这样的一个算式2+5=“1”。

2+5怎么能得1呢？这个“1”和刚才得到的7有什么关系？

这里的“2”和所得的单位“1”有什么关系？“5”和所得的单位“1”又有什么关系？

我们以往的教学，特别重视单位“1”的理解，比如通过实例，通过平均分等相关活动，使孩子们明确单位“1”的概念，并且不断地通过实例扩展单位“1”的外延。然后请孩子们举例说单位“1”。

但是这种设计更多的是老师强加给孩子们的，不管你是否承认，反正我已经告诉你了，一个物体、一些物体就是单位“1”，然后孩子们所举的例子仅仅是在简单地模仿老师而忽略了单位“1”的本质。

像这样的单位“1”就是人造单位“1”。

而吴老师设计的这个问题，通过实例让孩子们寻找“2”和“1”的关系，“5”和“1”的关系，从而凸显了分数的本质：表示整体和部分之间的关系。

此时，在我们的眼中，这个巧克力罐不再是一个普通的罐子，它分明是一个神奇的魔盒，是一个自然的单位“1”。

问题二：让分数说话

你能用生活中的事说说2/3或1/5的意思吗？

吴老师提供给学生的学习材料只有两个分数，但是学生们对分数的深刻认识，为这两个抽象的分数穿上了美丽的外衣，建立了一条数学与生活之间的桥梁，用儿童的语言讲数学，讲孩子们喜欢的数学，让一个个枯燥的分数开口讲故事，这难道不是“既有营养又好吃的数学”吗？

问题三：给分数找“妈妈”

出示一个长方形，如果这个长方形表示2/5，那么“1”是什么样子的呢？

吴老师巧妙地运用具体情境，借助几何直观，让孩子们在给分数找妈妈的过程中充分运用了分数单位，从而更好地理解分数单位的内涵，加深对分数意义的认识。

这三个问题构成了本课的主线，教师引领学生积极有效地探究，整堂课学生学习兴趣浓厚，学习自主高效，较好地完成了教学目标与重难点的突破。

涟源市蓝溪学校
邱娟

第三篇 课题研究

“教而不研则浅，研而不教则空”，只有把教学与研究、理论与实际结合起来，才能从分析教育现象入手，从教育本质的角度去思考教学行为，改良教学效果。相较于课例研究，课题研究的主题更大，研究更加系统、深入，更加注重研究成果的推广。因此，我们工作室一直坚持扎扎实实地做课题研究：2018年，我们完成了湖南省规划办“十二五”规划课题“以小课题研究促进小学数学教师专业成长”，获省“优秀”等级，并申报国家级基础教育成果奖；顺利通过湖南省“十三五”规划课题“小学数学教师专业素养的培育与能力建设研究”的中期评估；成功申报立项湖南省“十三五”规划课题“小学数学故事创编研究”。我们在本书中编入了这些课题的有关资料，以作抛砖引玉之用，希望能帮助大家在日常教学中，发现真问题、开展真研究、取得真发展。

第一部分　微课题研究案例

《3的倍数的特征》微课题研究

一、提出问题

2016年春天的一个下午，涟源市三一学校数学老师李珊龙打电话给教研员：“王老师，今天我教学了3的倍数的特征，临近下课的时候，一个学生提出这样一个问题——2、5的倍数只要看个位就行了，为什么3的倍数要看各个数位上数字的和呢？我一时回答不出来，请求帮助！”本着“问题即课题”“行动即研究”的原则，我们立刻在课题组研究群内发出消息，请有兴趣的老师参与微课题“3的倍数的特征”的研究，很快，8人研究小组成立。

二、分析问题

《3的倍数的特征》是人教版(2011年修订版)教材五年级下册“数与代数”的内容，它是在因数和倍数的基础上进行教学的，是教学质数与合数、最大公因数、最小公倍数的重要基础，也是学习约分和通分的必要前提。因此，使学生熟练地掌握3的倍数的特征，具有十分重要的意义。

由于3的倍数要根据各位数上的和是否是3的倍数来判断，而先前学习的“2、5倍数的特征”只要看个位上的数来判断，看上去，新知与原有经验有些不一致了，加上学生在以前的学习中几乎没有“将各位上的数相加的和”的学习经验，所以，如何引导学生去发现“3的倍数的特征”是个值得研究的问题。纵观各种版本的教材，为了给学生提供合适的探究材料，可谓想尽办法，最常见的有以下两种材料：先引导学生在百数表中找到3的倍数，然后组织学生进行观察、猜测、验证(如人教版、北师大版的编排)；在计数器上分别表示出几个3的倍数，看看各用了几颗数珠(如苏教版的编排)。但是教学实践表明，即便是给学生的这些探究材料，学生还是难以自主探究出3的倍数的特征，即使在一些大型活动的公开课中也不例外。多数情况是在教师直白机械的引导下，如：“3的倍数和各位上的数有什么关系？”“将每个数的各个数位上的数字加起来试试看？”帮助学生发现规律，得出结论，而结论背后更具普遍适用性的理论依据少有人探究。这样的处理，突出了结论的工具性作用，但忽视了方法应用的合理性探究，禁锢了学生的思想。事实上，在教学“3的倍数的特征”时，不能只是让学生理解“3的倍数的特征”这一知识结论及其运用，更重要的是要通过对知识结论的探索，掌握获得知识和运用知识的方法，积累数学活动经验，感悟数学思想方法，让学生不仅知其然，而且知其所以然。

研究一个数的倍数的特征，其主要数论原理是：判断自然数 a 能否被自然数 b 整除，可把自然数 a 分为大小不等的两个自然数的和，若较大的加数被自然数 b 整除，则只要判别较小的加数能否被自然数 b 整除就可以了。

因为任意数 $\underbrace{\overline{ab\cdots cd}}_{n位} = \underbrace{9\cdots9}_{(n-1)位} \times a + \underbrace{9\cdots9}_{(n-2)位} \times b + \cdots + 9 + a + b + \cdots + c + d$，其中的 9、99、999 都是 3 的倍数，依据上述原理，这个数能否被 3 整除，就取决于“各位数字之和 $a + b + \cdots + c + d$”能否被 3 整除。这样的处理，既能帮助学生掌握 3 的倍数的特征，又能帮助学生了解结论背后更具普遍规律性的理论依据，激发学生的求知欲。

数，对学生而言已是十分抽象，而数的整除性，涉及数与数之间更多的内在联系和规律；教师基于数论视角把握一个数的倍数的特征，对他们的专业素养确实是一个很大的挑战，这些可能也是许多教材没有涉及“为什么”的主要原因。但是从对师生的数学素养的提升来看，从研究问题的方法的获得的角度来看，如果能回到思维原点处，从数学本质的角度考虑，让学生不仅知道“是什么”，还能知道“为什么”，或者能意识到这个“为什么”值得研究，这些都是有益的思考。那么，如何把这个“为什么”深入浅出地传递给学生？如何能让学生在“非牵引式探究”下“自主探究”出这个“为什么”等，都是值得好好研究的问题。

（一）教学实践中的问题

一线教师对“3 的倍数的特征”这个教学内容的研读的现状如何？学生对这个内容的掌握程度如何？为了弄清楚这些问题，我们的研究团队进行了师生问卷调查：

教师问卷

1. 为什么判断一个数是不是 2 或 5 的倍数只看个位就行，而判断一个数是不是 3 的倍数却要看各个数位之和是否是 3 的倍数？这两者之间有联系吗？

2. 教学 3 的倍数的特征时，有没有必要让学生知道“为什么”？

回想以前的课堂，教师总是千方百计引导学生观察、猜想并发现 3 的倍数的特征。显然，这种教学设计更突出于让学生知道“是什么”，有没有必要回到思维原点，从数学本质的角度进行深层次的追问与探究，让学生知道“为什么”？

3. 您是否知道 4、7、9、11、13 等数的倍数的特征？如果不知道，能尝试研究出来吗？

问卷收回 30 份，下面是几份老师问卷的手稿：

可以探究"为什么"，但深层次的追问没有必要。但这堂课的重点还是知道"是什么"。

我觉得没有必要让学生知道为什么。因为学生记住了套用，慢慢就理解"为什么"了。

答：有必要让学生知道是"为什么"，但不必太深层次的追问与探究。

在教学中，没想过让学生知道为什么3的倍数特征为什么是这样，自己也不明白。

调查结果显示，老师们对"是什么"比较关注，不太关注"为什么"。由于缺乏数论知识，有95%的老师对这个"为什么"本身都不太清楚，不能把"2、5的倍数特征"和"3的倍数特征"从"数的整除"判别方法上统一起来。

关于4、7、9、11、13等数的倍数的特征，之前知道得较多的是4、9、11的倍数的特征，不知道的在短时间内也找不到。

五年级学生问卷

1. 怎样判断一个数是否是3的倍数？

2. 为什么判断一个数是不是2或5的倍数只看个位就行，而判断一个数是不是3的倍数却不能只看个位？

3. 在老师让你完成今天的问卷之前，你想过上面的问题吗？关于"3的倍数的特征”这一内容的学习你还有什么疑问吗？

学生（已经学完“3 的倍数的特征”）问卷收回 50 份，只有下面 2 份问卷关注“为什么”：

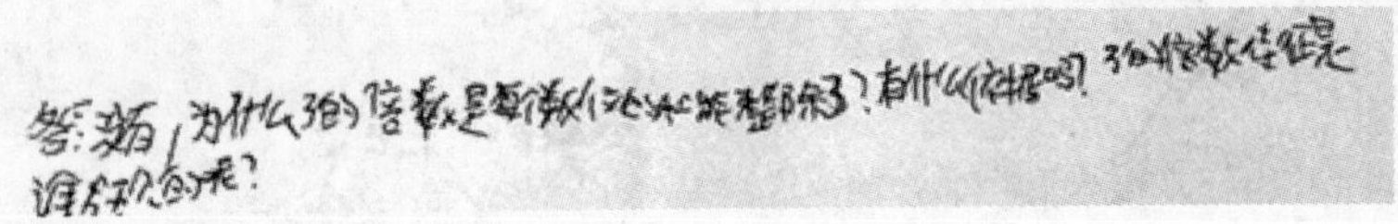

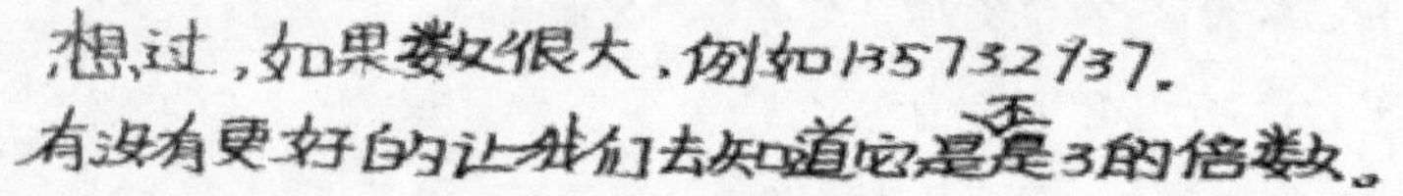

调查结果显示，100% 的学生知道怎么判断，96% 的学生不知道为什么要这样判断，96% 的学生提不出任何问题。

由此可见，不仅教“是什么”，还教“为什么”，甚至教学生主动提出“为什么”，这种教学思想是对传统教法的挑战。

根据《课标》的要求，通过对教材的反复研读，我们从教与学两个维度进行了分析，以期通过研究这些问题，更好地进行教学。

教之困：

1. 在教学探究 3 的倍数的特征时，学生思维的关注点总是停留在观察一个数的个位上，很难通过举例、观察、猜想、验证等过程，自主探究出 3 的倍数的特征。

2. 数学学习不能只是理解知识的结论和结论的运用，更重要的是要通过对知识的探索，掌握获得知识和运用知识的方法。那么，在研究 3 的倍数的特征时，有哪些思想与方法呢？

3. 如何设计有效的探究活动，变“伪探究”为“真探究”？

4. 教材没有编排这一部分内容，是否因其难度过大？回到思维的原点处进行教学，学生能否接受和理解？

学之难：

研究 2、5 的倍数特征只看个位就可以作出判断，而 3 的倍数的特征为什么要看各数位数字之和？某种程度上，这既彰显了知识前后“不一致”“相互矛盾”的地方，同时也彰显了学生认识上的盲区：即在某种程度上，位值原理是研究数的倍数特征的基础。从位值原理的角度来讲，一个数能否被 2、3、5 乃至被其他数整除后，要看这个数数位上的数被某数除，所得的余数的和能否被某数整除，如果能被某数整除，那么这个数也一定能被某数整除。反之，则不能。这是知识的节点，也是学生认识的盲点。

（二）对问题的分析

如果我们只关注“是什么”，不关注“为什么”，那么学生只是掌握了知识、结论，没有掌握探索知识的方法，学习就只能变成一种记忆和复制，知识也只能是一堆僵死的学问；方法如果没有思想的引领，也只能是一种笨拙的工具。长此以往，学生就会失去创造的欲望与能力。

其实，“3 的倍数为什么要看各位数字之和”，无非是借助整数除法的知识，具体说来是将整百整十数除以 3 的过程加以概括，进而得出新的结论，并在此基础上加以应用而已。对于五年级学生来说，整数除法内容已经相当熟悉了，理解“分”的过程应该没有问题，总结规律也并不难，既然如此，何不让学生就这个原理来一番尝试与探索呢？

三、解决问题

基于上面的分析，课题小组成员开展“同课异构”活动，以期多方法、多手段呈现研究成果。

【片断一】：“不只是要教给学生一个结论，更要教给学生一种方法、一种解决问题的思路”的设计。

教学目标：

教师引导学生发现并总结倍数特征的常规研究模式即“拆分法”“弃倍法”，研究并理解 3 的倍数的特征；在对比中沟通联系，整体建构“一个数的倍数特征”的知识方法体系。

师：前面我们研究了 2、5 的倍数的特征，谁能说说 2、5 的倍数具有怎样的特征？

生：2、5 的倍数都只要看个位数字就行，个位上是 0、2、4、6、8 的数是 2 的倍数，个位上是 0、5 的数是 5 的倍数。

师：真好！大家都很熟悉！大家回忆一下，我们是用什么方法能找到 2、5 的倍数特征的呢？

生：我们在百数表里圈出 2 和 5 的倍数，发现它们都整齐地排在一列，很快我们就找到它们的特征了。

师：（教师演示课件）表达得很清楚！

师：今天我们要来研究 3 的倍数的特征。大家想一想，研究这个问题，我们研究点什么好呢？

生：我想知道 3 的倍数的特征是什么。

1	2	3	4	5	6	7	8	9	10
11	12	13	14	15	16	17	18	19	20
21	22	23	24	25	26	27	28	29	30
31	32	33	34	35	36	37	38	39	40
41	42	43	44	45	46	47	48	49	50
51	52	53	54	55	56	57	58	59	60
61	62	63	64	65	66	67	68	69	70
71	72	73	74	75	76	77	78	79	80
81	82	83	84	85	86	87	88	89	90
91	92	93	94	95	96	97	98	99	100

生：我想知道用什么方法找到3的倍数的特征。

师：好想法！既研究3的倍数的特征，还研究怎样得到这个特征，真正的数学学习就该如此！

师：关于上面两个问题，大家又有什么想法呢？

生：我想像2和5一样，通过找一找、圈一圈，就能发现3的倍数的特征。

生：我猜3的倍数也只要看个位就行了，个位上是0、3、6、9的数应该是3的倍数。

师：同学们的想法不错，能根据自己已学的知识提出研究问题的方案，或者进行大胆的猜测，这都值得表扬。但是这个方案是不是可行，这个猜想是不是正确呢？我们还得研究研究。这样吧，我们先拿出老师发给你们的百数表，两人一小组就上面这两个问题展开研究。

学生活动。

生：老师，我们在百数表里圈出3的倍数之后，发现个数是0、3、6、9的数有些是3的倍数，如30、63、96、99，但我们也发现还有一些个位不是0、3、6、9的数也是3的倍数，比如21、42、24、15、27、18，这些都是3的倍数。

生：对，像20、23、16、49这些数个位就是0、3、6、9，但它们都不是3的倍数。

生：这些3的倍数个位上从0到9都有可能呢。

师：那也就是说，判断一个数是不是3的倍数光看个位还不行。看来，发现3的倍数规律还真不简单！问题研究到这儿，你觉得发现3的倍数的特征最大的困惑是什么？

生：这些数的规律不像2和5那样明显，以前列举2和5的倍数的时候，很容易发现它们都是在一列的，所以很容易发现它们的规律；现在3的倍数排列感觉很乱，想了很久也找不到它们的排列规律。

生：而且它们的个位也没有什么明显的特点。

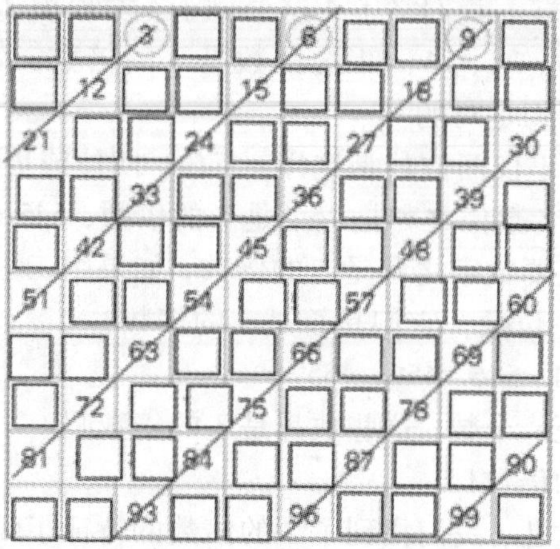

师：对，同学们真实地表达了自己的想法。看上去，这些数排列不整齐，个位也没有明显的规律。可能是很多不是3的倍数的数据对我们造成了干扰。如果把这些数据藏起来，你们看看，这些数有什么规律吗？（演示课件）

生：老师，我发现了，它们是斜着排列的。

生：3开头的那一斜行数字之和是3，6开头的那一斜行数字之和是6，9开头的那一斜行数字之和是9。

生：第四、第五、第六斜行除开头第一个外，数字之和分别是12、15、18。

生：每一斜行开头的数还真是3、6、9、30、60、90，个位真是3、6、9、0。

生：我们还发现每一斜行除了开头的那个数，第一个和倒数第一个是颠倒数，如12和21，第二斜行也有这样的规律，15和51、42和24；第三斜行里的18和81、27和72、63和36、45和54；第四斜行里的39和93、84和48、75和57；第五斜行里的69和96、87和78！

师：两个颠倒数交换了数字的位置，但什么不变呢？

生：数字之和不变。

师：你们太厉害了！从这小小百数表里竟然找出这个多规律来！综合上面的研究，你们大胆地猜想一下，3的倍数可能和什么有关系呢？

生：十位、个数上数字之和是3的倍数的数是3的倍数。

师：他的猜想对吗？我们应该怎么做呢？

生：验证！多举几个例试试看。

师：那你们还是两人一小组，举例验证看看。

生：我们组也举了好多个例子，发现数字之和是3的倍数的一定是3的倍数，前面我们在百数表里圈出来的就是；如果数字之和不是3的倍数的一定不是3的倍数，前面在百数表里没圈的所有数都不是3的倍数。

生：我们也验证过了，我们举了4这个例子，发现填2、5、8，组成的两位数的数字之和是3的倍数，24、54、84这些数是3的倍数，填其他的数字就不是3的倍数，说明之前的猜想是对的。

生：我们还发现，不仅两位数是这样，三位、四位或更多位也有这样的规律！比如说，645这个数的各数位之和是15，是3的倍数，645也就是3的倍数了。

师：真会学习！只要数字之和是3的倍数，如果用三张数字卡片6、4、5，你能排出多少个不同的三位数？它们是否是3的倍数？

生：645、654、564、546、456、465。

师：每个小组验证一个数，这些数都是3的倍数吗？

生：真的都是3的倍数！

师：问题研究到这儿，我们找到了3的倍数的特征了吗？

生：找到了，各数位之和是3的倍数的数就是3的倍数。

师：回忆一下，刚才我们研究3的倍数的特征时，经历了怎样的过程？

生：我们先在百数表里圈出3的倍数。

师：对，我们把这种研究叫做“小范围研究”。

生：然后观察规律，提出猜想，再验证猜想。

师：对，再“扩大范围研究”，然后呢？

生：就得出结论了。

师板书：“小范围研究→猜想→扩大范围验证→得出结论”。

师：问题研究到这儿，我们似乎可以告一段落了，同学们课前提出的两个问题也已经得到了解决。但是作为数学研究，只找到结论，只知道“是什么”是不够的，我们还需要继续追问“为什么”，我们的数学思考力就在这一次次追问中得到提升。那么，我们已经研究完了2、5、3的倍数特征，我们还可以继续追问什么呢？

生思考。

生：为什么2、5的倍数只要看个位数字就可以，而3的倍数却要看各数位数字之和呢？

师：对啊，这就是高质量的追问！（师板书问题）

师：其实，在课前的问卷调查里，王老师就发现有同学提出过这样的问题：

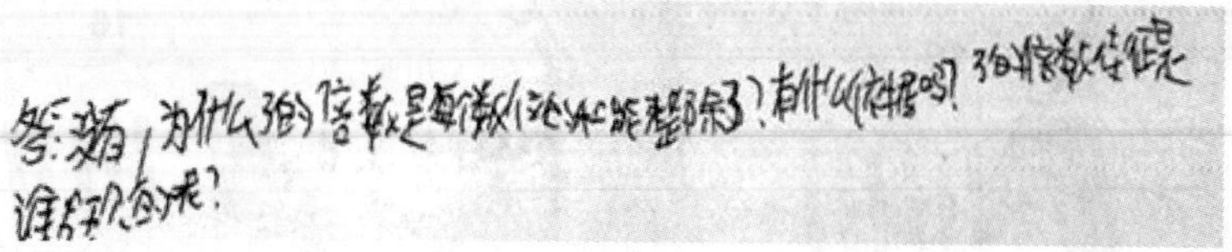

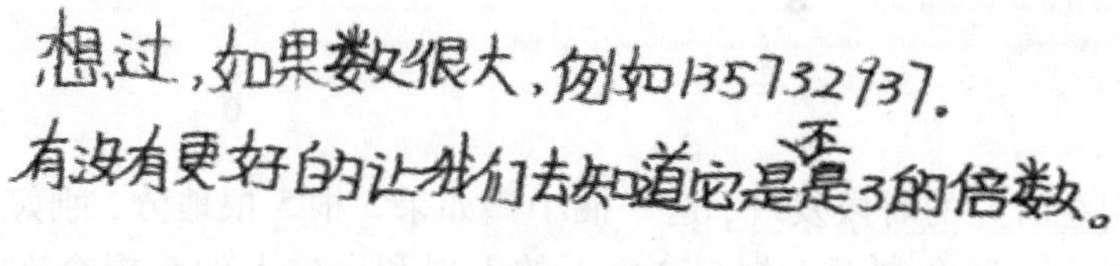

师：是啊，对于一个小数来说，要判断它是不是3的倍数，用这个数除以3看有没有余数就可以判断出来，但对于一个大数来说，用这个方法难度显然就增加了。为了找到这个方法，我们还是从小数开始研究吧。

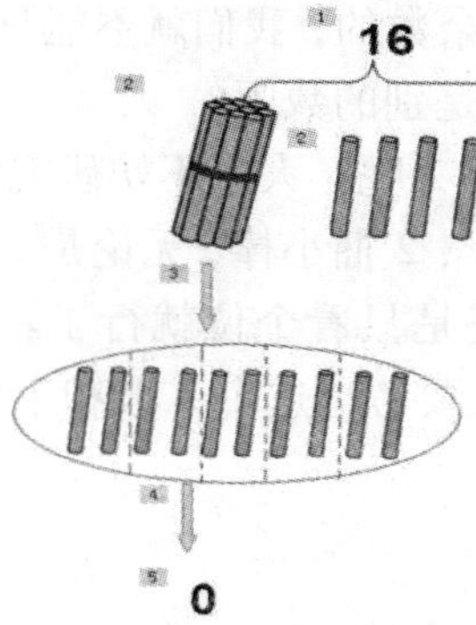

为了方便研究，老师给大家带来了小棒（出示16的小棒图），下面我们就以16为例来先来研究研究2的倍数特征。

师：（出示上图）把1个十也就是10根小棒2根2根地分，会是什么结果？

生：正好分完。

师：既然十位上没有剩余，我们只需要分个位上的6根小棒，能分完吗？说明了什么问题呢？

生：能分完。说明16是2的倍数。

师：这样，我们把16拆分成两部分，一部分一部分地讨论，如果每一部分都是2的倍数，那整个这个数就是2的倍数了。

师：如果用这个方法来研究16是不是5、3的倍数，你有办法吗？

学生独立研究后展示交流。

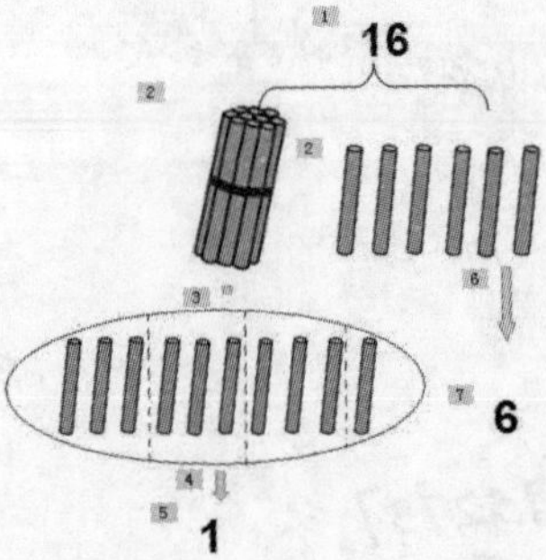

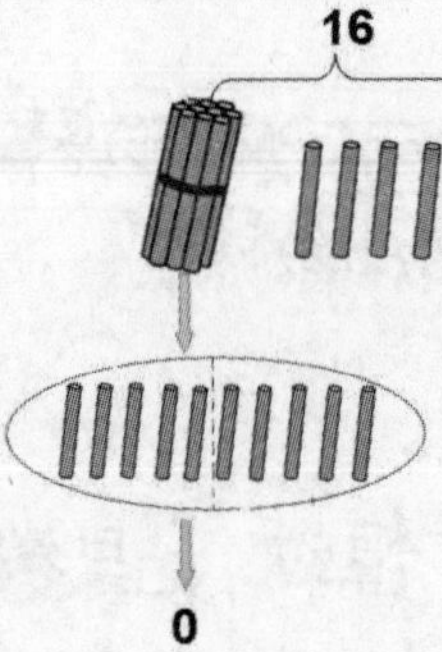

生：我们在研究的时候发现，这一捆小棒如果5根5根地分，刚好分完了，但是3根3根地分，还会剩下1根，这剩下的1根和个位上的6根合在一起不是3的倍数。

师：真会研究！谁还有补充，谁还有质疑？

生：研究2、5的倍数时，10反正是2和5的倍数，我们就不讨论了，只看个位就行了，但是10除以3是有余数的，我们就不能只看个位了。

生：如果十位不是“1”，而是别的数呢？

师：好问题！如果十位上是2呢？大家不妨研究研究24这个数。

生：十位上的2代表2个十，2捆小棒，无论是2根2根地分还是5根5根地分，都可以分完的，所以我们还是只看个位就行了。3根3根地分，每一捆里面会剩1根，两捆剩2根，我们只要考虑这个2根和个位上的2合起来是不是3的倍数就行。

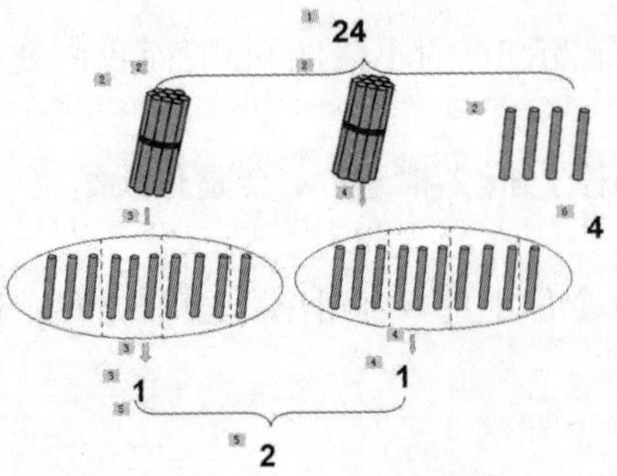

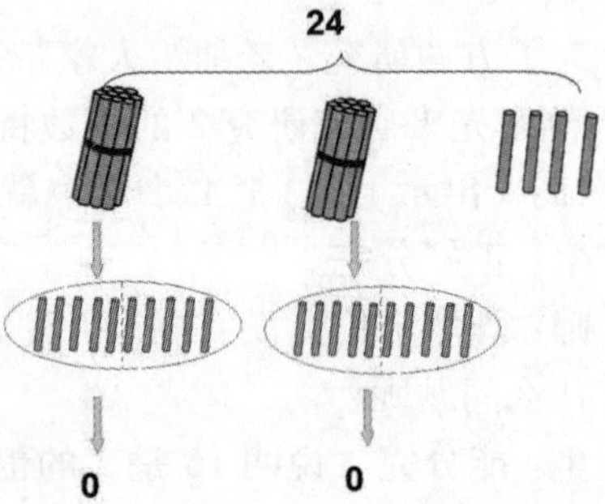

师：真好！在数学上，像这样把一个数拆分成几个部分，一部分一部分地讨论是否是2、5、3的倍数的方法叫做“拆分法”；像这样十位上已经是2、5的倍

数，我们不考虑，或者10里有3个3，我们只考虑这个剩下的1，这种方法叫做“弃倍法”。刚才，我们就是运用了“拆分法”和“弃倍法”来研究这类问题的。

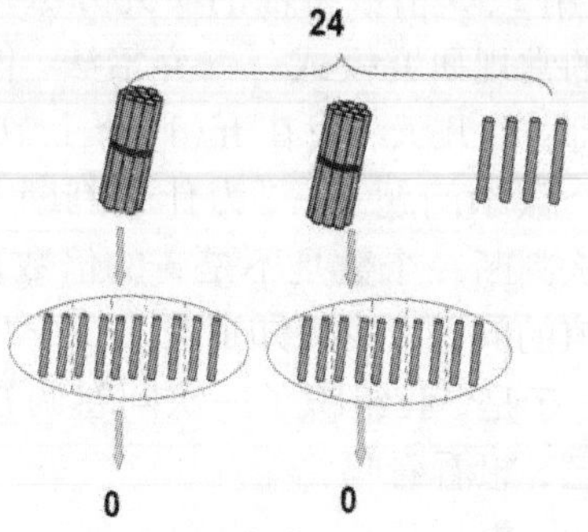

师：现在，如果老师给你一个更大的数，你还能用这些方法来研究吗？比如，问卷当中135732937这个大数呢？

生：数再大，道理是一样的，先拆分，1个亿、3个千万、5个百万、7个十万、3个万、2个千、9个百、3个十都是2和5的倍数，弃倍，只讨论个位数字7，它不是2的倍数，也不是5的倍数。

生：这个数里的3和9都是3的倍数，可以不讨论，1加5的和是6，2+9+7的和也是3的倍数，我们就知道这个数是3的倍数了。

师：噢，原来，研究2和5的倍数特征时，不是我们不看十位、百位的数字，而是被我们聪明的孩子们看透了，真是看了也白看。但研究3的倍数就有些不一样了，光看个位上的数字是不行的。我们不难发现，无论是10、100还是1000除以3，都会余1，所以这个1在什么数位上出现都会产生余数1，难怪我们要把各数位上的数字之和相加来判断了。

师：这么说来，其实研究2、5、3的倍数的特征的方法是一样的，拆分→弃倍，把复杂的问题变简单了！数学学习就是这么有意思！

师：如果老师交给你一个新任务——研究4的倍数的特征，你有方法了吗？

设计意图综述：

回头看看这节课，与以往传统教法有了很大不同。最明显的不同，是突出了“为什么”的问题。有人说“教什么比怎么教更重要”，的确，教学3的倍数的特征这一课时，掌握3的倍数的特征是什么很重要，但理解为什么判断一个数是不是3的倍数要看各数位上数字之和则更为重要。因为我们不只是要教给学生一个结论，更要教给学生一种方法、一种解决问题的思路。按照以上思路学完3的倍数的特征之后，相信有很多同学会继续运用这种方法去研究4、9等数的倍数的特征。未上课之前我们也担心：理解原理对小学生来说是否过于困难？但实践证明，在教师直观演示与学生动手操作的基础上，这些原理能够为学生所理解。从教学效果上看，这样教学激发了学生潜在的问题意识，引起了学生强烈的探究欲望，让学生在迎接挑战的过程中体验到了思考和发现的快乐。

【片断二】 通过引领学生自主阅读，自主思考，交流分享，“知其然并知其所以然”的设计。

教学目标：引导学生阅读并理解2、5的倍数特征，初步感悟“弃倍”的思想；

并. 运用2、5倍数特征的研究方法结构，迁移探究3的倍数特征，形成数学规律探索的常规研究模式——弃倍法，能初步运用弃倍法推理出4、9的倍数特征。

师：前几天，我在五(1)班上数学课，研究3的倍数的特征，一位学生提出这么一个数学问题——“为什么判断一个数是不是2或5的倍数，只要看个位数？为什么判断一个数是不是3的倍数，要看各位上数字的和?”我觉得这是个很有研究价值的问题，我想知道有多少学生想过这个问题，有多少学生知道这个问题的答案，于是，我组织了一次问卷调查。调查结果一出来，有一份答案让老师我惊奇不已，想看看吗?

生：想!

师：(实物投影仪展示学生问卷)

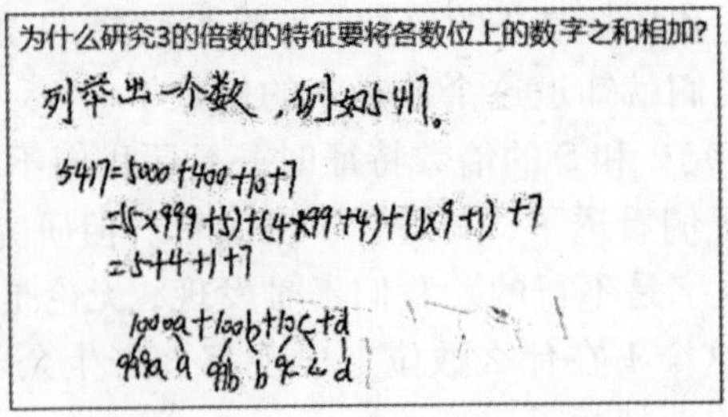
为什么研究3的倍数的特征要将各数位上的数字之和相加?

列举出一个数，例如5417。

5417=5000+400+10+7
=(5×999+5)+(4×99+4)+(1×9+1)+7
=5+4+1+7

1000a+100b+10c+d
999a a 99b b 9c c d

师：能看明白他要表达的意思吗?

生呈现茫然的状态，更多的孩子在摇头。

师：我也采访了这位孩子，问他是怎么知道得这么多的，他说书上有啊，我看看书就看懂了。说着，他翻出了教材上的“你知道吗?”——

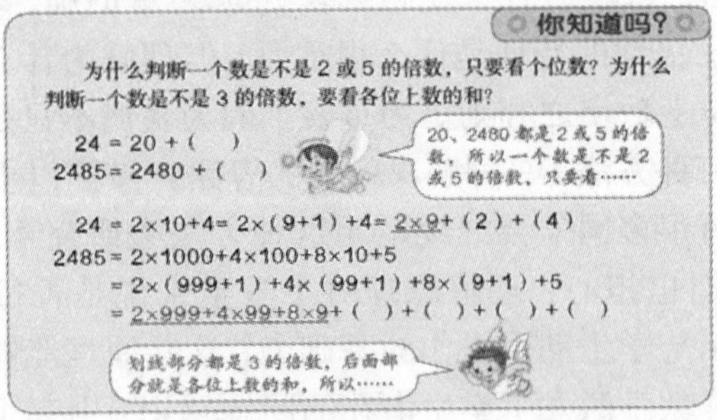
你知道吗?

为什么判断一个数是不是2或5的倍数，只要看个位数？为什么判断一个数是不是3的倍数，要看各位上数的和?

24 = 20 + (　)
2485 = 2480 + (　)

20、2480都是2或5的倍数，所以一个数是不是2或5的倍数，只要看……

24 = 2×10+4 = 2×(9+1)+4 = 2×9+(2)+(4)
2485 = 2×1000+4×100+8×10+5
= 2×(999+1)+4×(99+1)+8×(9+1)+5
= 2×999+4×99+8×9+(　)+(　)+(　)+(　)

划线部分都是3的倍数，后面部分就是各位上数的和，所以……

师：这位孩子的回答给了老师我太大的启发，我想，既然他可以看书看明白，那你们呢？有信心自己通过阅读，找到问题的答案吗?

生：老师让我们试试吧。

师：好的！请大家边读边思考下面的问题：

1. 为什么判断一个数是不是 2 或 5 的倍数，只要看个位数？为什么判断一个数是不是 3 的倍数，要看各个数位上数字的和？

2. 你能用类似的方法找到 4、9 的倍数的特征吗？

学生独立阅读，独立思考后四人一小组就上面的两个问题展开交流讨论。

生："判断一个数是不是 2、5 的倍数，为什么只要看个位"这一部分我们看明白了。以 24 为例，2 在十位上，表示 2 个十，2 个十显然是 2 的倍数，也是 5 的倍数，我们当然只要看个位就行了。个位上的 4 是 2 的倍数，但不是 5 的倍数，所以 24 是 2 的倍数，但不是 5 的倍数。

师：一年级数学老师教我们认识 24 这个数的时候，就是这么表示的（演示课件），2 捆小棒和 4 根小棒，我们用这个图来表示刚才这位同学的思路会更清楚：

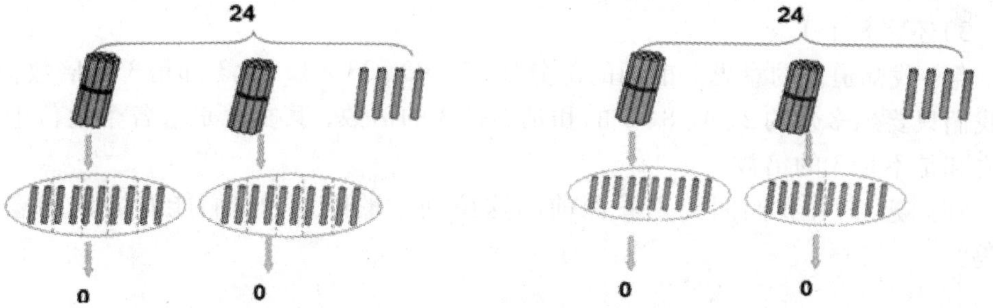

师：十位是 2 道理讲清楚了，如果十位上不是 2，是 4、7 或其他的数呢？

生：应该是一样的，反正每一个十都是 2、5 的倍数，无论几个十道理都相同。

师：真会研究！如果这个数更大呢？如 2485 呢？

生：道理还是一样的，2 个千、4 个百、8 个十都正好是 2、5 的倍数，其实无论高位是数字几，都是 2、5 的倍数，所以我们只要考虑个位数字就行了。

师：有了上面的交流，我们再来看看 3 的倍数的特征，能看明白了吗？

生：也是拆分的，把 24 拆成 2 个十和 4 个一，可是为什么这个十又要拆成 9 和 1 呢？

师：是啊，这是为什么呢？

生：拿刚才那个小棒图来说吧，每一捆小棒都是 10 根，3 根 3 根地分，分完 9 根，还剩 1 根，十位上有几，就会分完几个 9 根，余几个 1 根。

师：谁听明白他的发言了？

生：我听明白了，我画给你们看，我以 24 为例——

师：我很喜欢这位同学的表达方式，数形结合，直观形象。那 2485 是否是 3

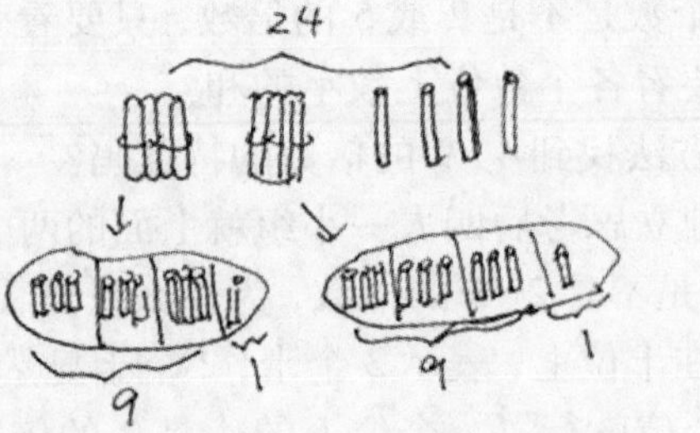

的倍数又怎么判断呢？

生：道理应该是一样的。

师：哦？怎么个一样法？说来听听。

生：2485 = 2×1000 + 4×100 + 8×10 + 5，1000 比 333 个 3 还多 1，2000 比 2 个(333×3)还多 2 个 1，同样的道理，400 比 4 个(33×3)还多 4 个 1，80 比 8 个(3×3)还多 8 个 1。

生：我知道他的意思。前面的部分如 333×3、33×3、3×3 都是 3 的倍数，所以我们只要想多余的 2、4、8、5 的和是不是 3 的倍数，其实就是求各个数位上数字之和是不是 3 的倍数。

师：噢，现在我们回头来看课前的这位同学的问卷，你们能看懂他的意思了吗？

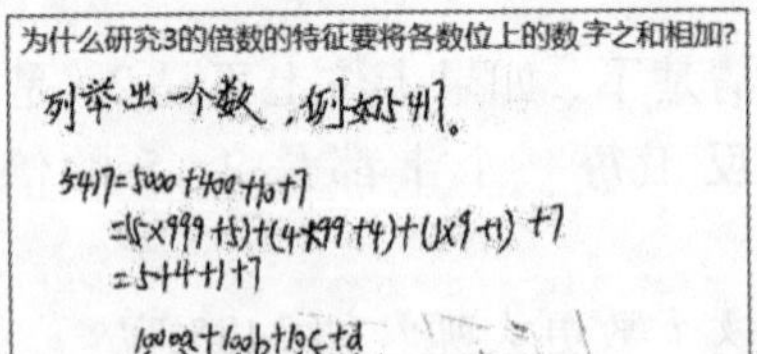
为什么研究3的倍数的特征要将各数位上的数字之和相加？

列举出一个数，例如5417。

5417=5000+400+10+7
=(5×999+5)+(4×99+4)+(1×9+1)+7
=5+4+1+7

1000a+100b+10c+d
999a a 99b b 9c c d

生：现在能看明白了。我也可以像这位同学一样用算式表示刚才的意思了：

$$
\begin{aligned}
2485 &= 2\times1000+4\times100+8\times10+5\\
&=2\times(333\times3+1)+4\times(33\times3+1)+8\times(3\times3+1)+5\\
&=2\times999+2+4\times99+4+8\times9+8+5\\
&=2\times999+4\times99+8\times9+(2+4+8+5)
\end{aligned}
$$

生：我觉得问卷上的那位同学后面那种用字母表示的方法很好。

师：能说说好在哪里吗？

生：用字母表示的话，可以包括所有情况，比如千位上是 8，a 就表示 8，比如千位上是 6，a 就表示 6，道理也讲明白了，这里的 $999a$、$99b$、$9c$ 都是 3 的倍数，我们只要讨论 $a+b+c+d$ 的和是不是 3 的倍数就可以了。

师：你们太了不起了！你们知道吗，你们刚才通过自己阅读、思考、交流解决的问题，王老师可是读到师范的时候，读到一门叫《数论基础》的功课（演示课件），才把你们刚才讲到的这些道理弄明白的。怎么样？了不起吧？

师：好，下面我们继续研究第二个问题：你能用上面的方法找到 4、9 的倍数的特征吗？两人一小组展开交流，然后展示分享。

生：我们以 344 为例，先拆分：

$344=3\times100+4\times10+4\times1$

3×100 和 4×10 都是 4 的倍数，我们只要看个位数字就行了。所以我们认为 4 的倍数的特征和 2 的倍数的特征是一样的，只看个位就可以判断的。

师：同学们同意这个小组的意见吗？

生：不对吧？我们组举了 336 这个例子，个位上的 6 不是 4 的倍数，但整个数是 4 的倍数。

师：好例子！问题出在哪里呢？

生：我们知道——第一组同学恰好举了个特殊的例子，十位上的数字刚好是 4 的倍数。

生：我们组与刚才研究 3 的倍数的特征一样，举了个 3 位数的例子——

$732=7\times100+3\times10+2$

100 本来就是 4 的倍数，所以百位上无论是几都会是 4 的倍数，十位上就不一定了，因为 10 不是 4 的倍数，所以要把这个几十和个位上的几合起来判断，也就是看后两位是不是 4 的倍数了。

师：如果这个数更大呢？四位数、五位数呢？

生：一样的啊，因为几千也是 4 的倍数，几万也是 4 的倍数，我们只要看后两位数是不是 4 的倍数就行了。

师：如果把 2、5 的倍数特征看成一类，把 3 的倍数的特征看成一类，你认为 4 的倍数的特征放在哪一类比较合适？

生：放在 2、5 的一类比较合适，因为它们都是把一个数分成两个部分，一部分可以整体不讨论，只讨论余下的一部分。

师：回忆一下刚才我们的研究过程，我们在找 2、5、3、4 的倍数的特征时，在方法上有什么共同之处吗？

生：先把这个数拆分成几万几千几百几十几，一部分一部分地研究，然后确定是这个数的倍数的那部分，我们就不管它们了，我们只讨论那些余下的部分是不是 2、3、4、5 的倍数。

师：总结得不错！我们把一个较大的数拆分成若干个小数的方法，叫“拆分法”；把这种丢掉“确定是这个数的倍数的那部分”不讨论的方法，叫弃倍法。前面我们就是用“拆分法”和“弃倍法”来研究2、3、4、5的倍数的。

师：亲爱的孩子们，你能用这些方法自己找到8、9的倍数的特征吗？它们又分别属于哪一类情况呢？

设计意图综述：

这个片断的设计灵感完全来源于长沙市高新博才实验学校丁丽老师做的一次学生问卷调查，调查显示，少数优秀学生可以通过独立阅读与主动思考获取方法，积累经验。因为3的倍数的特征在研究方法上毕竟是一次全新的体验，学生在“讨论各个数位上数字之和”这一点上几乎是零经验，所以先把结论抛给学生，同时也把“为什么研究2、5的倍数只要研究个位数字，而研究3的倍数却要研究各个数位上数字之和”这个大问题抛给了学生。学生在“大问题”驱动下，边阅读边思考边交流边提炼，总结出了“倍数特征”规律探索的一般思路——“拆分法”和“弃倍法”，并在这个过程中，养成了科学严谨的研究态度，感受了数学知识之间的联系，体验了探究数学问题的快乐。

四、研究反思

1. 对课堂的思考。

纵观上面的两个教学片断，第一片断更重视学生学习知识的最自然的状态，充分尊重学生已有的知识经验(2、5的倍数的特征的探索)，努力实现“低起点，高收点”，第二片断更重视学生自主阅读、自主思考与交流分享带来的方法上的新认识、新积累。同时，这两个片断都非常重视对“是什么”和“为什么”两个问题的探讨。

事实上，这一内容的教学价值就在于“3的倍数的特征”的探究过程，而探究是“牵引式探究”还是“自主探究”，决定了“探究学习”的价值实现程度。在这个案例中，区别是否是“自主探究”的关键环节，就在于如何引导学生从“各个数位上的数字之和与3的关系”这个角度来判断它是否是3的倍数。

众多的教学设计，无论是通过实验填表还是通过动手操作，都是直接“告诉”或“牵引”着学生要从“各个数位上的数字之和”这个角度去探究、思考，从而导致探究价值降低，这样的探究学习实际上是一种“伪探究”的学习。

本课为了更加突出学生的“自主探究”，第一个片断的设计自始至终都没有告诉学生“各个数位上的数字之和与3的关系”，而是适当减缓思考坡度，让学生自主发现规律。第二个片断的教学是在学生已经知道2、5、3的倍数的特征“是什么”的基础上进行的，重心放在对“为什么”的探究上，这样既为学生洞察现象背后的本质提供了契机，认识了从特殊到一般的数学研究思想，同时也保障了每一位学生挑战高水准学习活动的机会，为学生在数学思想方法的引领下进行探究学习积累了宝贵的经验。

2. 提出新问题。

毫无疑问，教学设计的高度在一定程度上决定着课堂的高度，但一个好的设计一定不是孤立的，所以我们面临一个新的问题，如何就“自然数的倍数的特征”进行序列化研究。比如，研究完 2、5、3 的倍数的特征，我们接下来是研究 25、125、4、8、9 中的哪一个自然数更符合学生学习的最自然的状态呢？还有，学生心里一定在想，老师为什么不带领我们研究 7 的倍数的特征呢？在小学生的能力范围之内，有哪些自然数的倍数的特征，师生都是够得着的呢？无论如何，我们开始了研究，当“知足”；我们也开始了新的思考，当“思其不足”，在这“知足”与“思其不足”的过程中，我们且行且思且收获。

以小课题研究促进小学数学教师专业成长

教师专业化发展是我国教师教育改革的趋势，受到国家教育部的高度重视。作为教研员，如何履行自己的职责，带领区域内教师“走上从事教育研究的这条幸福之路”，实现专业成长的目标呢？2014 至 2018 年间，涟源市教研师资培训中心小学数学教研员王丽燕老师带领她的团队开展了“小课题研究”，课题团队坚持“教育理论的实践性解读与教学实践的理论性反思”相结合，本着“问题即课题，行动即研究，成长即成功”的原则，扎根一线课堂，凝聚团队智慧，形成了实践能力与专业成长相互助益的良性循环。经过近五年的研究，课题组汇聚了一系列的小课题研究成果，培养了一大批优秀的小学数学教师，使他们由经验型教师向科研型教师转变。

一、什么是小课题研究？

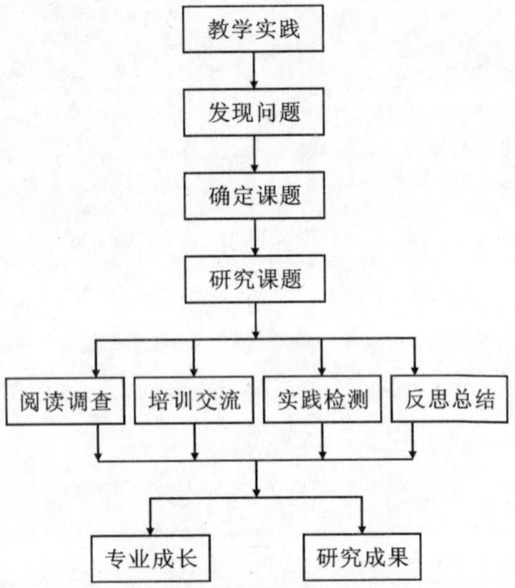

小课题研究，主要是指中小学教师在较短时期内，以教育教学实践中迫切需要解决的具体问题、话题和经验作为课题，吸纳和利用各种有利于问题解决的知识、方法、技能和经验，通过“教、研、用”一体化方式探寻问题解决策略的研究性行为，是一种“面对真问题、展开真行动、获得真发展”的实践研究方式。

“读书无疑者，须教有疑，有疑者却要无疑，到这里方是长进。”读书如此，教书亦然。小课题研究缘起于“有疑”，依托于研究，终结于“无疑”，正与促进教师专业成长的路径相契合。实现教师专业成长的方式有很多，比如教师深度阅读、名师工作室研修、学科工作坊研修等都是提升教师专业水平的有效途径，但因小课题研究切入口小、门槛低、周期灵活的优势，更容易被一线教师所接受。“小课题研究”有别于“学术派”“高等院校主持”的大课题，研究者采用一般的科学方法或合理手段对较小的教育问题或教育现象进行观测、分析和了解，从而发现日常教学中教育现象与普遍的教育规律之间的联系，进一步改良教学行为，提高教学效率，并提升专业水平。因此，本着“解困（解决教师在教育教学中的困难）、去弊（改进自己的教学行为）、求善（追求更好的教育教学效果）”的原则，针对教学实践中迫切需要解决的问题，我们开展了系列研究。2014 年，“以小课题研究促进小学数学教师专业成长”（课题批准号：XJK04CZXX041）的课题成功立项为湖南省教育科学规划“十二五”课题。

二、怎样开展“小课题研究”？

五年来，我们以精心打造教学案例、撰写教学研究报告为抓手，按照小课题研究的基本流程做了一系列的实践探索：

第一，建立基地，组建团队。开展小课题研究的第一步，就是在全市小学数学研究会上发出号召，以自愿为原则，申报小课题研究基地学校，分别负责一个子课题的研究。第二步是团队的创建，课题组组织各基地学校的核心成员成立“小课题研究核心团队”，自开展小课题研究以来，核心团队的成员每天晚上都在 QQ 群内聚集，就教学实践中的问题进行讨论，分享工作手记。

第二，征集问题，组织攻关。首先，课题主持人组织各基地学校小学数学组老师向子课题组提交教学实践中遇到的问题，由子课题组主持人负责收集与整理，找出“典型问题”或者“亟待解决”的问题进行集体研讨，拿出解决问题的方案。其次，总课题组主持人整理出各基地学校中的典型案例，定期组织汇报展示，课题组核心成员参加观课、议课，对案例做进一步的完善。

第三，实践反思，推广成果。为了推广研究成果，发挥示范、辐射的作用，我们将小课题研究中打磨出的一节节优课，在全国各地发起“以课会友”活动。课题主持人先后在新疆、广州、湖南等地上展示课，谢焰阳老师将小课题研究案例《圆柱与圆锥的整理与复习》搬上了湖南省小学数学教师教学比赛的大舞台，获全省第一名，并代表湖南参加全国比赛。我们也将做小课题研究的经验写成一个个讲座，在全国各地交流达 20 多场。

“写教学研究报告”是我们在更深层次推广研究成果方面的又一举措。当我们每攻克一个难关时，总课题主持人会带领团队的老师们及时整理优秀的研究成果，再把它们撰写成一个个教学研究报告。撰写教学研究报告的过程，其实就是整理一个个小课题的研究过程，“问题的提出”→“问题的分析”→“拟订问题解决方案”→“教学实践”→“教后反思”→“提出新问题”，这既是教学研究报告呈现的体例，也是小课题研究的基本范式。

三、“小课题研究”效果如何？

五年来，我们坚持不懈、周而复始地开展小课题研究，这个过程不仅让参与者丰富了知识与阅历，更重要的是掌握了教学研究的方法，提升了研究的能力。

所以，小课题的有效研究的结果一定是教师的专业成长。

首先，“小课题研究”提升了教师理论水平。开展课题研究需要我们有一定的理论研究水平，否则，课题研究就会泛泛而谈，缺乏理论深度。因此，参与课题研究的老师首先要在理论上做足文章，大量阅读教育理论专著，博采众长，不断修炼，不断提升。

其次，“小课题研究”提高了教师科研素养。小课题研究不是简单、重复的劳动，而是极具探究性和创造性的高智商劳动。小课题研究大大提升了参与者分析教育现象、寻找教育本质的科研素养，促进了教师由经验型教师向科研型教师的转变。

特别值得一提的是，在研究过程中，教师的写作能力取得了长足的进步。通过“小课题研究”，研究团队的核心成员从写工作手记开始，慢慢地学会写教学小论文，最后到撰写长篇教学研究报告，老师们的写作水平的提高是显而易见的。五年来，课题组共有12个教学研究报告先后在《湖南教育》“教学沙龙”板块上发表。并以教学研究报告为核心内容，出版课题专著(《我这样做小课题研究——一位特级教师的研究案例与手记》)1本，出版著作(《像捕蝉一样做研究》)1本，参编教育类专著1本(《小学数学思想方法解读及教学案例》)，教学研究手记3本。同时，我们还把这些教学研究报告上传到世界大学城“空间课堂”，与全国各地的同行交流共享。

总之，小课题研究让一群热爱小学数学教育的老师在教书育人的这片热土上，沐浴阳光，吸收雨露，逐渐枝繁叶茂，树大根深。

【此文系湖南省教育科学规划“十二五”课题“以小课题研究促进小学数学教师专业成长”(课题批准号：XJK014CZXX041)研究成果】

涟源市教研师资培训中心
谢加文

第二部分　规划课题研究

“小学数学故事创编研究”课题设计论证

一、问题的提出、课题界定、国内外研究现状述评、选题意义与研究价值

1. 问题的提出。

(1)基于课程标准。

《义务教育数学课程标准(2011 年版)》强调，应当开发多品种、多形式的数学普及类读物，使学生在义务教育阶段能够有足够的机会阅读数学、了解数学、欣赏数学。小学数学故事创作的意义主要在于开发更为丰富的学生学习辅助性课程资源，帮助学生理解所学内容，巩固相关技能，开拓数学视野，满足他们学习数学的个性化需求。

(2)基于学习兴趣。

“我们不能假设孩子们都非常清楚学习数学的重要性，并自觉地投入足够的时间和精力去学习数学，也不能单纯依赖教师或家长的权威去迫使孩子们这样做，事实上，我们更需要做的是让孩子们愿意亲近数学、了解数学、喜欢数学，从而主动地从事数学学习(《数学课程标准解读》)。”兴趣是最好的老师，学生对学习产生浓厚兴趣后，自然就会主动、努力地对其进行深入研究，并在此过程中伴随着愉悦的情绪与体验，这是学习过程中一个非常有用的动力源。而数学故事就是一种能激发学生学习兴趣的重要载体，在课堂教学中，通过生动而深刻的故事来说明一个观点、理解一个原理、传授一种思想、诠释一种方法，让学生在听故事、编故事中接受知识、开阔眼界、引发思考应该是非常好的教学策略。《湖南教育》理科版主编申建春老师说：“一个小学数学老师脑子里如果能装下上百个好故事，想不成为好数学老师都难。”

(3)基于教学现状。

在实际教学过程中，很多数学老师过于热衷学生基础知识与数学基本技能的训练，过于重视学生的解题能力与考试成绩，甚至担心讲故事会耽误上课时间，怕学生因故事而分散注意力，长期这样强化训练学生，部分学生就产生厌学情绪，觉得数学学习枯燥乏味。因此，通过数学故事等形式激发学生学习兴趣、改良数学课堂已刻不容缓。

问卷调查显示，有少部分老师在实际教学过程中已经采用数学故事教学的形

式，但也存在这么一些问题：首先，运用故事的范围存在一定的局限性，课堂教学中，教师一般通过数学故事作为单纯的课堂调剂；其次，故事形式较为单一，一般以数学家的励志故事激发学生对数学家的敬佩之情，树立学习榜样，以激发学习兴趣，作用单一；再次，故事运用不一定恰当，教师在运用过程中，只注重故事的趣味性，而忽略了故事的知识性特征；最后，课堂中的数学故事嵌入不够灵活，过于刻意，甚至做作。

(4)基于专业成长

从教师层面而言，数学故事的创作可以促进教师提高综合素质，特别是提高课程资源开发能力。课程资源开发不仅是课程有效实施的必要环节，也是教师专业成长的一条理想途径。课程资源的开发拓宽了知识传播的渠道，使科学知识和人文知识交融，也对教师提出了新挑战。迫使教师重新评价自己的知识结构，不断推动自己的专业成长。作为一名小学数学教师，在数学故事创作的过程中，教师会重新认识数学教育教学的目标、内容，认真审视课程资源开发与实现课程目标的关系。这些都有利于教师专业成长。

基于以上的认识，我们认为，研究如何创编数学故事，并有效利用数学故事提高课堂教学效益、激发学生热爱数学之情非常必要。

2. 课题界定

(1)故事。

故事是文学体裁的一种，侧重于事件过程的描述，强调情节的生动性和连贯性，较适于口头讲述。

(2)数学故事。

数学故事是学故事，就是以现实生活为基础，以数学课本内容为依据，以数字、运算、计量、代数、几何、统计与概率、逻辑与推理等方面的知识为主要内容的故事。

(3)创编。

创编是数学教师通过提炼、改造、创作等手段，凭借自己的数学知识经验及写作方法和技巧进行自主编写，开发数学故事的教学研究工作。

3. 国内外研究现状述评

(1)国外研究现状。

从学习方式的角度研究故事教学。在从学习方式对故事教学进行研究的方面，美国学者 R.C. 斯坎克做了较为深入地研究。他的研究以改革网络学习方式为起点，提出了“故事中心课程（简称 SCC）”，其特点在于，以学生可能面对的“故事”为中心，设计类似于真实的场景，并将教学任务设计成一系列的故事，方便学生通过这些故事完成自主学习。斯坎克以学习方式为出发点的研究探讨，对于小学生来说，并不一定非常适合。

从教学理念的角度研究故事教学。在这方面较有影响的是温特比尔特认知与技术小组(简称 CTGV) 开发的抛锚式教学。高文、王海燕在《抛锚式教学模式(一)》中指出，抛锚式教学虽然表面上看起来与故事教学格格不入，但是这种教学方式的源头却在于情景认知理论，同样围绕支撑物组织教学，其特点在于创设真实问题的情景，使学生产生兴趣，并在此基础上，生成从识别目标直至达成目标的全过程，其重点在于培养学生适应生活，培养独立识别问题和解决问题的能力。“抛锚式教学”的特点在于所谓的“锚”是有情节的故事影像，通过创设有趣的知识故事背景来吸引学生对知识进行主动的建构，充满了明显的建构主义学习理论倾向。根据抛锚式理念，CTGV 开发了相应的软件，如《年轻的夏洛克·霍姆斯和奥利弗》(*Young Sherlock and Olive*)，学生通过这些软件中最感兴趣的历险故事进行数学方面问题的解答。

(2)国内研究现状。

国内关于故事在课堂教学方面的研究主要集中在以下几个方面：

首先是关于故事教学的教师培训。金玉梅、靳玉乐在《“故事中心课程”在中小学教师培训中的应用》中通过对 SCC 学习方式理念的研究，提出了在中小学教师培训中实施“故事中心课程”，并指出应该包括四个阶段，即指导者与教师共同寻找故事；根据故事分组，设计各组的课程；教师自主学习，指导者引导；评估培训效果，以总结经验并反思提高，为培训中小学教师在课堂教学中运用故事教学提供较为详细的指导。

其次是关于数学故事教学价值的研究。研究认为应用故事进行教学有激发学生学习数学兴趣、启迪学生数学智慧、渗透数学文化、感受数学应用等多方面的教学价值。研究认为，具备新颖性、趣味性的课堂教学能更好地激发学生的学习动机，而数学故事能集知识性和趣味性于一身，有趣的数学故事即使是大学生也较为喜欢，对小学生更是极具诱惑力。研究认为智慧是对情景的感知、辨别和顿悟，可以说，情景的创设对于数学知识的生长特别重要，而且数学故事很多来源于数学历史，蕴含数学概念、方法与思想，使学生在数学学习中能够产生文化共鸣，感受社会文化与数学文化的异同。同时，数学故事也能让学生体会数学在社会生活中的作用，学会利用数学知识与思想方法分析观察日常生活现象，逐步养成数学应用意识。

再次是关于数学故事在教学中的应用方式研究。这方面的研究主要集中在课堂中如何应用数学故事，如徐春香的《以有趣的故事引入数学教学》，以具体的案例介绍如何应用故事导入数学课堂；杨昌敏的《妙用故事情景教数学》，介绍如何在课堂中利用故事创设情景，并通过故事情景为数学教学服务；梁雪奇的《数学故事在低段数学课堂中的应用》，则具体介绍了在低段数学课堂中怎样应用故事说明观点、阐述原理、表达看法和传授某种教育思想。

4. 选题意义。

(1) 理论意义。

较为深入地进行数学故事在数学课堂教学中应用的理论研究。在梳理已有的文献资料的基础上，以小学数学课堂教学为实践对象，深入研究数学故事在数学课堂中运用的可行性及设计与应用策略，为把数学故事应用到课堂教学中提供理论指导。

(2) 实践意义。

首先，有利于小学数学课堂教学形式的多样化，研究如何将数学故事运用到数学课堂教学中去，有助于数学教师丰富教学形式，提高教学质量；其次，有利于学生在数学学习过程中得到全面发展，利用数学故事，弥补数学知识抽象而枯燥的不足。将数学知识与生活实际联系起来，能够更好地激发学生的学习兴趣，从而让学生在数学学习过程中得到全面发展。

5. 研究价值。

(1) 开发系列数学故事，丰富数学课程资源。

(2) 通过创编数学故事，促进教师专业成长。

(3) 通过运用数学故事，改善数学课堂，提高数学教学效率。

二、课题理论依据、研究目标、研究内容、研究假设、创新之处

1. 课题理论依据。

(1)“多元智能理论”。

1916 年，德国心理学家施太伦提出了“智商”的概念：智商即智力商数，它是用数值来表示智力水平的重要概念。1935 年，亚历山大第一次提出“非智力因素”这个概念。所谓“非智力因素”是指记忆力、注意力、观察力、想象力、思维力等智力因素之外一切心理因素，主要包括动机、兴趣、情感、意志、性格等，这些非智力因素都是直接影响和制约智力因素发展的意向性因素。从 20 世纪 70 年代开始，人们从心理学的不同领域对智力的概念进行了重新检验，其中最有影响的当属耶鲁大学的心理学家罗伯特·斯滕伯格(Robert Stenberg)所提出的三元智力理论(分析性智力、创造性智力、实践性智力)。数学故事的创编就是关注学生的学习兴趣等非智力因素的重要教学策略，它集分析、创造与实践于一体，符合多元智能理论。

(2)“现代课程论”。

正式的课程概念的形成，大体是在 19 世纪以后。在此之前，严格意义上的课程是不存在的。课程形成历史是比较新的，但构成课程之基础的学科本身的历史却是古老的，可以追溯到古希腊罗马时代，现代课程论以钟启泉的《现代课程论》为代表。

钟启泉的观点是：课程不是单纯的知识、技能的堆积，它还包括了教师组织指导下的学生活动。学生有计划地掌握系统的知识、技能，在解决各种问题的同时，发展一定的能力、习惯和思维，例如，通过说话、记叙、报告，提高表达能力；通过事物的系统观察，提高观察能力。这就是说，课程是由知识、技能及与之相应的学生活动组成的。

数学故事就是这样的活动，它集知识性与情节性于一体，容易被学生接受。而创编数学故事本身就是数学课程资源的开发的有效路径。

2. 研究目标。

(1)研究数学故事应用在小学数学课堂教学中的可行性；

(2)研究创编数学故事的方法；

(3)研究数学故事在数学课堂运用的策略；

(4)研究数学故事在数学课堂运用后的效果。

3. 研究内容。

(1)数学故事应用在小学数学课堂教学中是否可行？

(2)在课堂教学中如何设计活动流程、编写数学故事脚本？

(3)数学故事在教学课堂中有哪些应用策略？

(4)数学故事教学应用效果如何？

4. 研究假设。

通过本课题研究，创编出300个数学故事，按低中高三段编辑成书，形成系列丛书出版，参与研究的教师通过阅读、编写、讲述数学故事，提高自己的专业水平，让一批批孩子因为故事爱上数学。

5. 创新之处。

(1)以名师工作室为依托，充分利用优秀的人力资源，开发优质的课程资源。

(2)数学故事创编集“数学味、儿童味、生活味”于一体，既关注数学知识的生长与应用，又关注学生学习兴趣的培养。

(3)数学故事创编集创作与运用于一体，教师一边创作故事脚本，一边把创编的故事运用于课堂教学，既导又演，为教师专业素养的培育提供有效平台。

(4)数学故事是架起人文精神与理性文明之间的桥梁。科学是严肃的，数学是严谨的。在严肃与严谨中引入故事，在妙趣横生中演绎数理，真正实现寓教于乐。

三、研究思路、研究方法、技术路线、实施步骤

1. 研究思路。

首先，寻求专业技术支持。湖南省教育科学研究院、《湖南教育》杂志社、长沙市教育科学研究院的研究员是课题组强有力的技术后盾，我们研究的“数学与故事”力争与湖南省教育科学研究院组织的“数学与科普”“数学与游戏”“数学与漫画”形成系列研究。其次，加强自身的专业素养的提升，坚持阅读专业理论书籍。再次，带领工作室的老师积极创编数学故事，指导修改成稿，并及时推荐发表优秀作品。最后，主持人坚持深入课题研究组，与老师们交流、总结，及时解决研究中出现的问题，鼓励教师用自己的方式去展示自己的研究成果，并引领研究走向深入。

2. 研究方法。

(1)文献研究法。

通过查阅国内外有关数学故事及相关教学文献，对已有文献提出的观点、思想进行梳理综合，充分认识数学故事应用于教学的研究价值，并借助搜集到的事实论据和理论论据进行论证。

(2)问卷调查法。

针对数学故事在课堂教学的应用设计调查问卷，调查教学实际情况、具体困难、师生方面的态度等，选择具有代表性的教师和学生群体，具体研究故事教学应用的实际效果，为做进一步的研究提供数据支持和依据。

(3)行动研究法。

在研究中我们采取编故事、改故事、讲故事、用故事等研究方式，让“教学研究”与“课题研究”有机结合，提高研究效益。

3. 技术路线。

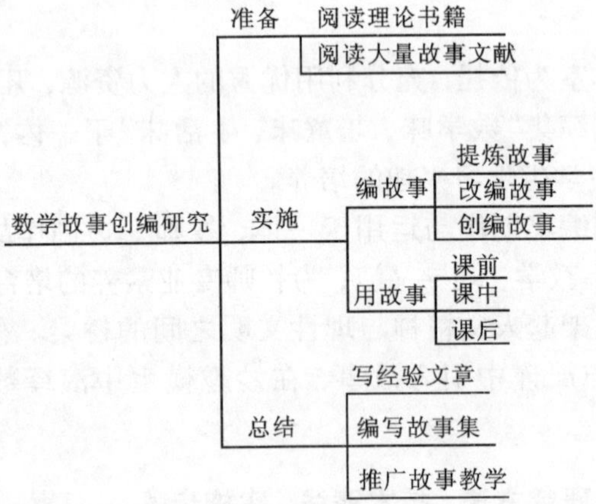

4. 实施步骤。

第一阶段：课题准备阶段（2018. 02—2018. 04）

（1）搜集课题相关资料，完成对课题的界定。

（2）根据课题研究工作的需要，对课题研究的主研教师进行培训。

（3）完成实验课题研究方案的设计、论证工作。

第二阶段：实验研究阶段（2018. 05—2020. 04）

这是课题研究的主要阶段。

（1）组织参研教师参加本课题相关理论专题培训。

（2）课题研究组按照课题方案全面实施研究工作。

（3）开展课题阶段性总结分析工作。

（4）开展课题研究的相关资料、文章收集、整理、归纳工作，形成初步研究成果。

第三阶段：整理总结阶段（2020. 05—2020. 07）

（1）课题组对课题研究情况和所取得的成果进行全面的总结，完成下列研究成果的整理、总结、撰写等工作：

①课题研究报告；

②故事集；

③论文集；

④出版专著《小学数学经典故事》。

（2）聘请专家对本课题进行成果鉴定。

（3）做好课题研究成果的宣传推广工作。

如何编创数学故事

一、数学故事的作用

数学故事是数学课的润滑剂、调味品。

数学故事可以励志。

数学故事可以促进学生对数学知识的学习。

二、数学故事的类型

1. 励志。

主要是数学家成长故事，或者名人与数学有关的趣闻轶事，身边人学数学的故事。如华罗庚当学徒，自学数学；陈景润对数学的痴迷；欧拉失明后仍研究数学，王丽燕老师《100 以内数的认识》中的张丘建数鸡的故事。

2. 明理。

用数学故事讲明数学道理。

如黄晓红老师的《等量代换》中的曹冲称象、泰勒斯治懒驴，陈善桂老师的《百分数》中的报灾的故事。

3. 激趣。

在增加数学课的趣味性方面，数学故事功不可没。

如吴买花老师的《郑板桥喝酒》：

我有 □ 壶酒，提着街上 □，

吟诗添 □ 倍，画画喝 □ 斗。

三作诗和画，喝光壶中酒。

你说我壶中，原有多少酒？

刘硕鹏老师的《平行四边形的面积》中阿凡提的将长方形与平行四边形面积的变化方法，增加了大家熟知的人物形象阿凡提，问题变得有趣味了。

4. 促思。

数学故事里都有数学道理，有利于激发学生探讨的积极性。

如石光庆老师的《高斯的故事》，高斯巧算 $1+2+3+\cdots+100$，到底是如何算的呢？100 个数相加，必须想办法减少加数个数。那么，就有两条思路，一是凑相同，二是抵消。下面介绍抵消的方法。

$100=101-1$，$99=101-2$，…，$51=101-50$。

这样，从 51 到 100 这 50 个数都是 101 分别减去 1，2，3，…，50。这样就恰好与前面 1 到 50 抵消了。所以，结果是 $101 \times 50 = 5050$。

邱娟老师的《欧拉巧围羊圈》的探索性很强，能够激发学生探讨周长一定的长方形与正方形，以正方形面积最大的问题。

三、需注意的几个问题

1. 避免结论分析不到位。

故事讲完了，必须将故事中的数学道理、涉及的解题方法等完整写出来，以便老师在教学中使用。

如袁运飞老师编创了两个很好的故事。一是用比例测量金字塔的高度，讲完故事后，要设计数据，列出算式，写出解题过程，保证算出金字塔的高度恰好是 147 米。二是丢番图的墓志铭非常好，具体如何求解要写详细。我建议将解题过程写出来。这样就能充分发挥故事的作用。

赵岚老师编创的阿凡提卖鱼挺有趣味，如何体现平均数呢？按照阿凡提的方法，鱼的平均价是多少，这个数与巴依老爷所期待的平均价比较，就将阿凡提的智慧体现出来了。

2. 避免与相应内容联系不紧密。

有些故事在开头说是为教某内容使用，但实际上与某内容出入比较大，难以直接联系起来，需要调整。

如谢焰阳老师的《二桃杀三士》，说用于抽屉原理，但难以与抽屉原理挂钩。倒不如用一首小诗说明抽屉原理的存在性。

松下问童子，言师采药去。

只在此山中，云深不知处。

易焱老师的《张三的生死签》，这与可能性联系也不是很紧密。张三吞下签，实际上是根据逻辑上的排中律，非此即彼，即一个命题 A 要么是真，要么不是真。

3. 教学中如何用还应详细说明。

数学故事可以用在不同的教学环节，一节课可能采用故事统领全课，那么就要充分发挥它的作用。要比较详细地说明故事用在教学什么环节上，为老师们教学提供操作的范本。

如用比例测量金字塔的高度，这个故事用在用比例解决实际问题的课中非常好。课的开始可以讲这个故事，激起学生的兴趣。在讲解例题时，就设计一组数据，如杆子多高、影子多长、金字塔的影子多长。这样，就可以用比例解了。

4. 丰富内容。

一定要广泛查找资料，注意改编，不要原文照抄。

《湖南教育》编辑部

申建春

用活数学故事　演绎精彩课堂

“我们不能假设孩子们都非常清楚学习数学的重要性，并自觉地投入足够的时间和精力去学习数学，也不能单纯依赖教师或家长的权威去迫使孩子们这样做，事实上，我们更需要做的是让孩子们愿意亲近数学、了解数学、喜欢数学，从而主动地从事数学学习”(《数学课程标准解读》)。兴趣是最好的老师，学生对学习产生浓厚兴趣后，自然就会主动、努力地对其进行深入研究，并在此过程中伴随着愉悦的情绪与体验，这是学习过程中一个非常有用的动力源。而数学故事就是一种能激发学生学习兴趣的重要载体，在课堂教学中，通过生动而深刻的故事来说明一个观点、理解一个原理、传授一种思想、诠释一种方法，让学生在听故事、编故事中接受知识、开阔眼界、引发思考应该是非常好的教学策略。《湖南教育》理科版主编申建春老师说：“一个小学数学老师脑子里如果能装下上百个好故事，想不成为好数学老师都难。”

因此，我们工作室50名老师在申老师的亲自指导下，开始创编数学故事，并尝试把数学故事应用于数学课堂。事实表明，在小学数学课堂教学中合理引入数学故事，可以点燃孩子们的学习热情，活跃数学思维，赋予数学课堂神奇的生命力。

一、故事导入，点燃热情

数学学科本身抽象性、逻辑性强，一部分孩子不太喜欢数学，但很少有学生不爱听故事，小学生对故事的兴趣远远超乎教师的想象。因此，从小学生心理特征和年龄特征出发，创编与课程知识点紧密相关的故事，在新课导入环节，教师通过多种手段呈现精彩的故事，学生很快就能进入接纳知识的状态。有经验的老师还善于“设陷阱”“卖关子”，到故事的关键处停下来，让学生不自觉地进入思考“程序”，为故事中的人物寻求解决问题的方法。在这不经意中，数学问题解决了，活动经验也积累了，整个学习过程还伴随着愉快的情感体验。

例如：黄晓红老师在教学五年级“可能性”时，用下面这个故事导入：

狄青打胜仗

北宋时期，南方少数民族发动叛乱，占领了大片土地，打了不少胜仗，北宋将士士气低落。这时北宋皇帝就派智勇双全的大臣——狄青率兵攻打敌人。狄青知道要打胜仗必须得先鼓舞士气。于是，他想出了一条妙计：

他拿出一百个铜钱，捧在手上，向神明祈祷说："这次出征，胜负难料。如果我能取得胜利，就请让我投下的一百个铜钱都正面朝上吧！"侍从一听，连忙上前进谏劝阻。大家都说神意难测，要是结果不如人意，恐怕会挫折士气。但狄青却置若罔闻，只见他双手一挥，一百个铜钱瞬间落地。同学们，你们猜一猜，结果会怎样呢？让人意想不到的是，所有铜钱竟然奇迹般的都正面朝上，全军不禁欢声雷动，顿时士气大振！狄青当即用一百个钉子将铜钱钉在地面，以青纱笼封盖。后来，士兵们在狄青的带领下所向披靡，大败敌军！

同学们，你们是否真的相信有神明在帮助士兵们打胜仗呢？狄青用了什么招，使所有的铜钱正面朝上呢？学习完今天的新课《可能性》，你们一定会找到答案了！

黄老师巧用故事导入，把什么是"可能、一定、不可能"的问题情境设置其中，为后面的教学做了很好的铺垫。

又如：邱娟老师在执教《七桥问题》时，用了下面的故事导入：

哥尼斯堡七桥问题

18 世纪，东普鲁士的首府哥尼斯堡是一座景色迷人的城市，普莱格尔河横贯城区，使这座城市锦上添花，显得更加风光旖旎。这条河有两条支流，在城中心汇成大河。在河的中央有一座美丽的小岛，河上有七座各具特色的桥把岛和河岸连接起来。每到傍晚，许多人都来此散步。人们漫步于这七座桥之间，久而久之，就形成了这样一个问题：能不能既不重复又不遗漏地一次相继走遍这七座桥再回到出发点？每一个到此游玩或散心的人都想试一试，可是，对于这一看似简单的问题，没有一个人能符合要求地从七座桥上走一遍。后来，因为军事需要，一队工兵被派来炸毁这七

座桥。工兵需要载着炸药，经过一座桥就炸毁一座，不能遗漏。工兵队长尝试了很多种方法都无法达到要求，只好放弃。这真是一个神奇的“七桥问题”。

“七桥问题”也困扰着哥尼斯堡大学的学生们，在屡遭失败之后，他们给当时著名数学家欧拉写了一封信，请他帮助解决这个问题。欧拉看完信后，对这个问题也产生了浓厚的兴趣。欧拉在亲自观察了哥尼斯堡七桥后，认真思考走法，但始终没能成功，于是他怀疑“七桥问题”是不是原本就无解呢？1736 年，在经过一年的研究之后，29 岁的欧拉提交了《哥尼斯堡的七座桥》的论文，圆满解决了这一问题。

亲爱的孩子们，你们想知道欧拉是怎么解决这个难题的吗？

邱老师用这个故事导入新课，吸引着学生想要穷究七桥问题的解决方法，教师顺势把学生带入欧拉如何把七桥问题简化成数学模型来研究的问题情境中，学生的理性精神得以涵养。

二、故事化难，引导探究

在小学数学知识体系中，有些知识、技能、方法难度较大，学生缺乏相关的生活或知识经验，感觉理解和应用都有些困难，成为“教学难点”，这些“教学难点”常常被一线老师热切关注，寻找突破策略。而用数学故事的形式化解难点，通过故事的启发在较短时间里让学生理解、吸收，可化繁为简、化难为易，事半功倍。

例如：刘硕鹏老师在教学“平行四边形的面积计算”这个内容时，巧用下面的故事：

阿凡提的故事

一天，阿凡提倒骑着小毛驴，弹着冬不拉，在村子里悠闲地逛着。突然传来小木匠库尔班着急的声音：“阿凡提！阿凡提！请你帮帮我，帮帮我！”阿凡提翘了翘他的小胡子说：“怎么啦？小库尔班。”库尔班气喘吁吁地讲述了事情的经过：

财主巴依要库尔班为他做一个窗框，库尔班很快就做好了一个长方形的窗框。“巴依老爷，您看窗框做好了，多结实，多漂亮啊！您可以给我工钱了吗？”库尔班递上做好的窗框。巴依可不想这么爽快地付钱，便说：“你这个窗框可不符合我的要求，我要的窗框是你这个的一半，但是边框的长度不能改变哦！如果做不到，窗框可以放这里，工钱就不用拿了！”

“亲爱的阿凡提，您说这可怎么办呀？”库尔班急得满脸通红。阿凡提微笑着说：“这个好办，附耳过来，我告诉你。”阿凡提如此这般地吩咐库尔班。库尔班跑回巴依家，拿起工具忙碌了起来。不一会儿，他拿着面积是刚才那个一半的窗框交了巴依。巴依一看，傻了眼，只好乖乖地把工钱付给了库尔班。孩子们，你知道阿凡提告诉库尔班的是什么方法吗？

引导学生根据故事，先用四根小棒组成一个长方形的小框(库尔班第一次做的窗框)。拉动长方形框的两个对角，面积就发生了变化。学生一边思考一边实践，最后得出结论：把长方形拉成一个平行四边形，它的高正好是长方形的长或宽的一半就可以了。

学生在学习了长方形的面积公式后学习平行四边形的面积计算公式，难免出现长方形的面积是长×宽，平行四边形的面积就用邻边×邻边这一负迁移，通过这个故事，可以帮助学生去除负迁移，突破难点，并且能进一步强化平行四边形的面积计算方法，学生还能经历如何将长方形的面积在不改变四条边长度的情况下面积变成一半的过程，从中感受到数学的神奇。

三、故事释疑，巧设练习

在小学数学教材中，很多练习题缺少“悬念”“冲突”，学生对枯燥的练习提不起兴趣，有经验的老师可以把练习编成一个有数学味与思维味的故事，学生在故事中参与练习，体验数学学习的乐趣。

如，王丽燕老师在教学四年级的“加法结合律”时，用了这样一个故事：

数学魔术

今天的数学兴趣小组活动上，小璐表演了一个有意思的数学魔术。

只见她挥了挥手中的卡纸，神秘地说：今天我当一回刘谦，给大家表演一个与数学有关的魔术，谁愿意上台和我一起完成魔术表演呢？聪明的大奇第一个冲上讲台，他心里想：我要揭秘！

小璐的表演开始了：“大家看好了！一会儿呢，我在一张纸上写上一个数，让大奇藏起来。然后从我开始，我和大奇轮流在另一张纸上写数，这些数必须是不超过四位数的自然数。当写完第五个数后，请你们把这五个数加起来，和一定等于一开始我让你们藏起来的那个数。”“不会吧？”大家都不相信。

只见小璐先在一张纸上写下一个数23426，让大奇藏起来。然后在另一张纸上写下3428。大奇随手写了一个四位数2871，小璐接着写7128。大奇又随手写了一个四位数6059，小璐接着写3940。大家迫不及待地计算着这五个数的和，果然就是23426！就是一开始小璐写下的那个数。太神奇了！这个结果让大家很兴奋，迫切地想知道其中的奥秘。

亲爱的孩子们，你们能揭开这个魔术的神秘面纱吗？

故事讲到这里戛然而止，孩子们陷入沉思。教师引导学生观察这几个数据的特征，再用故事揭秘——

善于思考的大奇，反复观察五个数的特征后，还真发现了规律，他说：“把小璐在纸上第一次写出的数3428 与藏起来的数23426 作比较，我发现他去掉了万位上的2，但个位上增加了2，这样总共减少了19998，也就是2 个9999，小璐在纸上第二次和第三次写出的数，都有针对性，她确保了每次与我写出的四位数，和都是9999。这样五个数相加的和正好等于藏起来的数。”说着，他在黑板上写出推算过程：

3428 +2871 +7128 +6059 +3940

=3426 +2 +（2871 +7128）+（6059 +3940）

=3426 +（2 +9999 +9999）

=23426

大家见大奇用加法结合律揭开了魔术的奥秘，个个心悦诚服。

这个故事用“魔术”这种学生感兴趣的形式，渗透了加法结合律的运用，学生在玩数学的过程中，感受到数学学习的魅力。

总之，数学老师如果善于创编好的数学故事，把看似枯燥单调的数学知识蕴藏于丰富的故事情境中，合理使用数学故事，我们的数学课堂会生动而深刻，孩子们也会因此而喜欢上数学。

【此文系湖南省教育科学规划“十三五”课题“小学数学教师核心素养与能力建设研究”（课题批准号：XJK17BZXX023）阶段性研究成果】

娄底市王丽燕小学数学名师工作室
（王丽燕、刘硕鹏、黄晓红、邱娟）

浅谈小学数学故事的创编与应用

【摘要】　针对小学阶段学生的特点，现有教学模式制约了学生数学兴趣、思维能力和解决问题能力的发展。本文从小学数学故事创编的定义、特征、意义及数学故事应用四个方面阐述，旨在改善课堂教学方法，提升学生自主学习能力，促进思维能力和解决问题能力的发展。

【关键词】　小学数学；创编与应用；数学故事

兴趣是最好的老师，爱因斯坦曾这样告诉我们。道理我们都懂，但如何让课堂充满趣味性，确实是个棘手的事。在人教版小学数学课本中，有“数学小游戏”“成长小档案”“你知道吗?”“生活中的数学”等小模块，这些模块很大程度上促进了学生学习数学的兴趣，也体现了编者的用心良苦，但在实际操作中，这些小模块是否真正落地，是否真正能促进孩子们课内外探究延伸，引发数学思考，促进成长灵魂，却还有待研究。教师在教学中可以进行小学数学故事的创编和应用小学数学故事。

一、小学数学故事创编的定义

故事，古人认为是以前发生了的事情，司马迁的《太史公自序》中指出：余所谓述故事，整齐其世传，非所谓作也。他的意思大概是说，自己讲述的故事，所用的题材和资料都是前人那儿传来的。现在所指的故事则有所不同，词典中认为，有情节，具备事情发展经过的，都能称之为故事。

小学数学故事的定义：数学故事是用故事的方式普及数学知识的作品。[1]小学数学故事是指教师结合数学教材和数学知识，在历史、神话、生活趣闻、典故、童话寓言、重大发明纪实及儿童影视作品中取材，自行进行创编而成的文学作品。

二、小学数学故事的特征

(1)小学数学故事创编的主体为教师。教师根据学生特点搜集合适的故事素材，加以改编和整理，与数学知识相结合，创编数学故事，并合理利用于数学课堂。

(2)集数学味、儿童味、生活味于一体。小学数学故事不能脱离数学知识，不宜高屋建瓴，脱离生活，缺少儿童趣味。具备数学味、儿童味、生活味的数学故事才会更有利于数学课堂教学，方便孩子阅读，激发其兴趣，将数学与生活紧密联系。

(3)便于讲授理解，促思激趣，明理励志。小学数学故事的创编是为小学数学教学和小学阶段学生服务的，故事不宜过长，不宜太过深奥，要便于教师在课堂上应用，便于学生理解，促进学生进行数学思考，激发学生学习数学的兴趣，明白数学故事表明的道理，激励孩子们热爱数学学习。

三、小学数学故事创编的意义

《义务教育数学课程标准(2011 年版)》指出："我们不能假设孩子们都非常清楚学习数学的重要性，并自觉地投入足够的时间和精力去学习数学，也不能单纯依赖教师或家长的权威去迫使孩子们这样做，事实上，我们更需要做的是让孩子们愿意亲近数学、了解数学、喜欢数学，从而主动地从事数学学习。"[1]

小学数学故事创编的意义在于：

(1)有利于小学数学课堂教学形式的多样化，提高教学质量。数学课堂中，若只是按照计划单纯地讲解数学知识，这样的课堂无疑是枯燥无味、苦涩单调的。学生学得吃劲，老师教得费劲。数学故事可以通过口头讲述、音频、视频、动画、书籍、表演等方式呈现，综合多种教学方式，有目的地引导学生，激发学生学习数学的兴趣，引导孩子们在有限的课堂时空里，快乐遨游于数学海洋，发散学生数学思维。

(2)有利于学生全面发展，弥补数学知识抽象而枯燥的不足。数学故事给学生开阔的视野，给学生更广阔的情感体验。因为知识点或数学公式容易讲述，但讲解知识是简单地传递，是否被接收或者接收多少很难控制。[2]小学阶段的学生已具备了相当多的学习经验，什么是有趣的，什么是枯燥的，一看便知。数学知识抽象难懂，甚至有些枯燥，但是孩子们都爱听故事，数学故事将数学融入于故事中，满足孩子们的偏好，迎合孩子们的天性，有利于重塑数学知识在孩子们心中的形象，引导孩子们积极思考，勤于探索，促进孩子的全面发展。

(3)将数学知识与生活实际联系起来，能够更好地激发学生的学习兴趣。我在六年级上册《圆的面积》课堂中创编了《蚊香燃多久》用于练习，在六年级上册《圆的面积》课堂中创编了《蚊香为什么这样设计》用于拓展，在五年级下册《图形的运动(三)——旋转》课堂中创编了《竹蜻蜓》用于导入，在五年级上册《用数对确定位置》课堂中创编《笛卡儿发明数对》用于知识拓展……在这样的故事中导入、练习、拓展，孩子们学习数学和探索知识的热情一下被点燃了，原来数学就在生活中呢！和蚊香有关，和我们的玩具有关，和我们吃穿住行有关和生活有关的；孩子们感兴趣的，他们自然会研究，会努力学好学精。

四、小学数学故事的应用

小学数学故事创编目的是将故事应用于课堂，服务于课堂，促进有效课堂。能让孩子们快乐学习，带着满满的兴趣学习和成长，这是小学数学故事应用所追求的目标。在课堂导入环节创编故事，能激趣引领；在练习环节创编故事，用趣味驱动练习，能改变枯燥乏味的解题现状；在拓展环节创编故事，能拓宽学生视野，提升其数学思维和学习自信心。下面，我从导入、练习和拓展环节通过实例来阐述小学数学故事的应用：

(一)数学故事在导入中激发兴趣

在五年级下册第五单元《平移》的导入环节，我创编了小故事《故宫巨石的运输之谜》：

故宫是中国历史文化中最具代表性的建筑。古老的故宫兴建于明成祖朱棣永乐四年(1406)，至永乐十八年(1420)落成，曾于1557年至1561年、1597年至1627年由于大火进行两次大规模的重建。故宫的建设投入了工匠23万人，民工士兵上百万，是几代人劳动的结晶。故宫的巧妙修建技术也吸引着海内外研究者的探索。故宫里使用的巨石多达数万块，其中最大的一块是摆放在保和殿后面的九龙大石雕，重约300吨。这样庞大而沉重的石头是怎么到达这里的呢？

在1557年，人们便想出了运送巨石的“非常之道”——借助人工冰道拖运。他们利用北京寒冷的天气，在运输石料的过程中，每半公里凿坑取水，打造一条冰道，并以水为润滑剂，人工拖运了重达几百吨的巨石。

在16世纪的中国，车轮已经得到充分的发展，可他们却选择了运用人工冰道来搬运巨石，这里面有着什么样的奥秘呢？

巨石是怎样到达故宫的呢？其原理便是借助冰道和人力进行一次次的平移来实现的。通过历史故事，来激发学生学习兴趣，在引入“平移”的同时，也引导学生认识到“平移”原来已经被先祖早早地派上了用场，建成了享誉中外的故宫。在这样的故事讲述中，带领孩子们领略了“平移”的风采和中华民族无穷的智慧。

(二)数学故事在练习中巩固应用

黄晓红老师在五年级上册的“因数与倍数整理与复习课”《因数一线牵》中，创编了《哥德巴赫猜想》的数学故事：

小朋友们，你们听说过“哥德巴赫猜想”吗？它是世界近代三大数学难题之一。其实呀，哥德巴赫猜想说的就是任意一个大于2的偶数等于两个质数之和，比如6=3+3，12=5+7等，也就是人们常说的“1+1”。

目前全世界很多人都为之着迷，想要证明这句话是对的，哥德巴赫猜想也因此被称为“数学王冠上的明珠”，吸引着全世界很多数学家用毕生的精力去研究它。其中我国的数学家陈景润在这一领域的研究已经取得了举世瞩目的成就。哥德巴赫猜想到底是一个怎么样的猜想呢？为什么那么多人为之努力还没得出结论呢？我相信，热爱数学学习的孩子一定会去了解它，说不定你就是摘下“明珠”的那个人呢！

黄老师在导入《哥德巴赫猜想》后，立马对哥德巴赫猜想进行概括，并将高深的猜想化为学生能做的题目：将4，6，8，10，12写成两个质数的和。就这样，学生在了解了故事、拓展了视野的同时，也将哥德巴赫猜想和因数与倍数等相关知识结合起来，在练习中强化和拓展，将阳春白雪的哥德巴赫猜想，转化为下里巴人的算术题。学生既惊讶自己能做的，又疑惑为什么会成为世纪难题，留下遐想的空间。[3]

（三）数学故事在拓展中升华思维

一位老师在六年级“圆柱与圆锥的整理与复习课”中，创编了《阿基米德与圆柱容球》的故事：

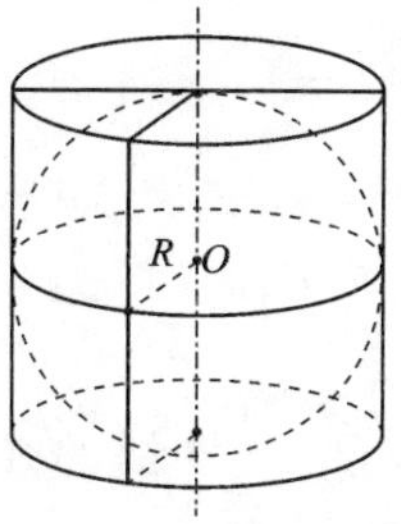

传说，古希腊著名的数学家阿基米德在生前曾留下遗言：他死后在他的墓碑上刻上一个“圆柱容球”的几何图形（就是在圆柱容器内放一个球，这个球要顶天立地、四处碰壁）。这是为什么呢？

原来，在阿基米德生前的许多发现中，他最为得意的就是圆柱与球的体积公式的发现。通过研究，他发现，当“圆柱容球”时，球的体积正好是圆柱体积的三分之二，而且球的表面积也是圆柱表面积的三分之二。

这位老师在学生了解了一段历史，了解了圆柱容球中圆柱与球的体积关系后，立马抛出一个问题：你们会算这个球的体积吗？

在这样的故事氛围和问题引领下，孩子们埋头动笔计算。

“恭喜你们！这是你们学习生涯中计算出的第一个球的体积。初中的哥哥姐姐们都还不会呢！因为这是高中的知识了，你们现在就能计算出来，真了不起。”

这位老师将故事放在拓展环节，制造了课堂上的另一个高潮，在这样的故事氛围中，孩子们跃跃欲试，去计算球的体积，并得到及时的鼓励。在这样的课堂中，孩子们不仅学会了数学知识，也明白了一些做人做事的道理，更收获了满满的学习数学的信心和动力，让思维得到拓展和升华。

合理利用小学数学故事，能为小学数学课堂增添不一样的光彩，让孩子有不一样的体验，更促进思考，激发兴趣，活跃课堂气氛等，但是万事并非绝对，数学故事只是我们教学过程中的一种方式和手段，并不能取代数学知识的学习。在我们的实际教学中，小学数学故事的创编和应用还需我们继续钻研和探索。

参考文献

[1] 中华人民共和国教育部. 义务教育小学数学课程标准[M]. 北京师范大学教育出版社，2014.

[2] 何作武. 数学故事在小学数学教学课堂中的应用研究[D]. 四川师范大学，2017.

[3] 黄晓红. 因数一线牵[J]. 湖南教育，2018(4).

涟源市七星镇中心学校

胡霞

数学故事让数学课堂生辉

数学学习很重要，这一点毋庸置疑，但我们不能假设孩子们都非常清楚学习数学的重要性，并自觉地投入足够的时间和精力去学习数学，也不能单纯依赖教师或家长的权威去迫使孩子们这样做。事实上，我们更需要做的是让孩子们愿意亲近数学、了解数学、喜欢数学，从而主动地从事数学学习。兴趣是最好的老师，学生对学习产生浓厚兴趣后，自然就会主动、努力地对其深入研究，并在此过程中伴随着愉悦的情绪与体验，这是学习过程中一个非常有用的动力源。而数学故事就是一种能激发学生学习兴趣的重要载体，在课堂教学中，通过生动而深刻的故事来说明一个观点、理解一个原理、传授一种思想、诠释一种方法，或促思，或激趣，或明理，或励志，让孩子们饶有趣味地学习数学。

一、促思

倘若一个数学故事能引发学生的数学思考，那自然算得上好故事，因为数学思考是数学课的灵魂。

吴正宪老师在教学《圆的周长》时给孩子们讲过这样一个小故事：

可以圈多少地

一个叫巴霍姆的人，想在草原上买一块地。卖地的人说："你如果愿出1000卢布，那你从日出到日落走过的路围成的地就都归你。不过，日落之前你必须回到原来出发的地方，否则你的钱就白花了。"巴霍姆觉得很合算，就付了钱。他想走出最远的路线，得到尽可能多的土地。第二天，太阳刚刚升起，他就开始在大草原上奔跑起来。

同学们，如果你是巴霍姆，你会怎样围地？

故事引发了孩子们的深入思考：当巴霍姆使尽全力跑过最长的路线后，地的大小就与他跑过的道路围成什么形状有关系了。周长一定时，什么图形的面积最大呢？这显然是一个能带动数学思维的问题，在这个问题的驱动下，学生很自然地联想到自己学过的平面图形中周长与面积的知识，这种关联正是数学学习的重要方法，一节好课就这样从一个故事开始了。

二、激趣

数学学科因抽象性、逻辑性强，让不少孩子望"数"生畏，因此设计趣味性强的数学故事，不仅能很快将学生引入数学课堂，而且还能让孩子们体验和感受到数学的乐趣，久而久之就悄悄地爱上数学了。例如，我在教学一年级上册《100 以内数的认识》时，用下面这个故事导入，孩子们很感兴趣。

张丘建数鸡

张丘建是我国古代著名的数学家。他出生在一个以养鸡为生的农民家庭，从小就很聪明，有数学头脑，受到乡亲们的交口称赞。有一天，一位客人到他家里做客，看到他家满院子的鸡，说："你们家的鸡真多，我数也数不清。"小丘建 赶忙说："能数得清，一共56 只。"看到小丘建着急的样子，客人故意说："那我可不信，这么多鸡，怎么数呀？"

小丘建见客人不相信，就拉着客人的手，请他参观。只见他盛满一瓢小米，说来也怪，那些鸡乖乖地跟着他过来了。他唤了两声，抓一把小米撒向西边的墙角，又唤了两声，抓起一把小米撒向东边的墙角，最后，他又在院子中间的树底下撒了一圈小米。这时候，那些鸡东边一行，西边一排，中间一圈，一个个埋头啄起米来，再也不乱动了。

小丘建一看鸡如此乖巧，便开始数鸡了。他先数了西边一行，共 18 只；又数了东边一行，共 20 只；再数正中间的一圈，共 18 只。然后，他调皮地问客人："18，20，18，加起来是多少？"客人非常惊讶，连连夸奖他是个"小神童"。

用这个趣味性很强、富有儿童情趣的故事引入新课，不仅激活了学生 100 以内的数数经验，而且渗透了解决问题的策略，集儿童味、生活味、数学味于一体。

三、明理

在小学数学知识体系中，学生因缺乏相应的生活经验，有些数学道理学生不是那么容易理解。根据小学生的心理特征和年龄特征，设计有趣而又能讲清数学道理的故事，对学生的学习是大有裨益的。

泰勒斯治懒驴

从前，有一头驴驮着两袋盐过河时，不小心摔了一跤，倒在了河里。等它从水中爬起来时，它惊喜地发现，自己的身体突然变得轻松了。原来，它背上的盐已经有很多溶化在水里了。这是一头善于总结经验的驴子，这以后，每次过河时，它都假装不小心摔上一跤，以便让后面的路途变得轻松些。如此几天过去，主人觉得很奇怪，怎么盐会少掉这么多呢？他悄悄地跟在驴子后面，终于发现了驴子的秘密。第二天，他让驴子驮了两袋海绵。驴子来到小河边，照例假装摔倒，可是这一次它倒在小河里，无论怎样挣扎也没有能爬上来……

不完全归纳法的不可靠性是小学生难以理解的道理，但是培养学生的理性精神不能不提及不完全归纳的局限性，上面的这个故事就能帮助学生较好地理解这个道理。

四、励志

励志的数学故事能给学生带来精神上的动力。教学中穿插名人轶事或数学趣闻，可以帮助孩子们树立信心，点燃学习热情。

如，在教学《用数对确定位置》时，我插入以下故事。

笛卡儿发明数对

笛卡儿是法国著名的数学家，被誉为“近代科学的始祖”。他创立了著名的平面直角坐标系，传说这个发明来源于他的梦境：

有一天，生病的笛卡儿躺在床上，望着天花板，一只小小的蜘蛛从墙角慢慢地爬起来，吐丝结网，从东爬到西，从南爬到北，忙个不停。“要结一只网，小蜘蛛要走多少路？先把蜘蛛看成一个点，这个点离墙角多远？离墙的两边多远？……”笛卡儿突发奇想。他思考着，计算着，病中的他睡着了。梦中的他继续在数学海洋里遨游，好像悟出了什么，又看到了什么。

大梦醒来的笛卡儿茅塞顿开：在互相垂直的两条直线下，一个点可以用到这两条直线的距离，也就是两个数来表示。把蜘蛛爬行的起始位置做标为(0，0)，那么蜘蛛网上的所有交叉点都可以用两个数来表示。

至此，数对应运而生。

世界上的所有点都可以用数对表示，数对给我们的生活带来了极大的方便。地球上的任意一点，我们用纬度和经度来表示，这种地理坐标系统定位方法也是得益于笛卡儿发明的数对。

故事告诉我们：生活处处皆学问，数对就来源于笛卡儿养病时的观察与思考。这不仅帮助孩子们了解了数学历史，还能激励他们像笛卡儿那样有穷究数学问题的信心与毅力。

总之，数学故事对数学教学是大有裨益的，正如《湖南教育》杂志社主编申建春老师所说：“一位数学老师脑子里如果能装下上百个好故事，想不成为好数学老师都难。”当然，数学故事只是数学课堂教学大餐中的“味精”，我们不能过分夸大它的功能，要适时、适度、适量地巧用数学故事。

娄底市娄星区培星小学
颜晓莉

“小学数学教师核心素养与能力建设研究”课题中期研究报告

一、本课题研究的目标、内容

（一）研究目标

1. 通过了解小学数学教师数学素养现状，研究小学数学教师应具备的核心素养，研制理论框架。

2. 摸索提升小学数学教师核心素养的途径，为小学数学教师培训（特别是职后培训）在课程安排和培训形式等方面提供参考。

3. 为师范教育课程设置提供参考。

4. 为小学数学教师的就职提供评价标准。

5. 为教师追求自身专业成长提供指导。

（二）研究内容

1. 通过问卷星等工具，调查研究小学数学教师数学素养现状，并研究出小学数学教师应具备的核心素养，研制出理论框架。

2. 摸索出提升小学数学教师核心素养的途径，为小学数学教师培训在课程安排和培训形式等方面提供参考。

3. 研究师范教育课程新体系。

4. 研究小学数学教师的就职评价标准。

5. 研究小学数学教师专业成长路径。

二、开展的主要研究活动

到目前为止，课题组主要开展了下面的研究活动：

（一）前期研究

设计问卷星，调查研究小学数学教师数学素养现状，并初步研究出小学数学教师应具备的核心素养三个关键词：“情怀、知识、能力”，并围绕这三个关键词展开研究。

（二）行动研究

以课题组成员为核心，以王丽燕小学数学名师工作室全体成员为骨干力量展开行动研究。

1. 知识。

组织一批骨干教师开展《阅读经典，思考课堂教学》读书活动，首先是推荐了书目，也统一购买了一批经典图书供老师们共读。此外，课题组还推荐了30篇张奠宙先生关于教材分析的经典文章，老师们进行共读，然后撰写读书心得，在线分享读书体会。课题组发起的这次读书活动获得湖南省工作坊研修活动方案一等奖。此外，带领部分老师参加湖南省“潇湘数学工作室”读书活动，整理和撰写了读书方法与心得。

2. 能力

本阶段，重点培养了老师们三个方面的能力：一是课程资源开发能力。例如，课题组成员搜集整理了小学阶段的数学故事130多个，这些故事根据各年级的教材内容进行编排，充分体现了生活味、数学味、儿童味，融数学文化、数学知识、历史背景于一体，既有生动的故事情节，又有故事的使用方法，还有故事的编写意图，为一线教师积累了一批高质量的数学故事，开发了一套适用的教学资源。二是课堂设计能力。课题组组织老师们研读小学数学教材的重点难点，王丽燕老师组织200多名小学数学教师进行《小学数学教材的重点难点》解读，本学期以伏口中心小学为基地，每两周集中研读一次教材。在此基础上，设计符合新课程标准、符合小学生心理规律的数学课堂，反复备课、磨课，集中内容上示范课、公开课、研讨课，如本期我们集中组织“问题解决”与“整理与复习”板块进行教研。三是教学反思能力。课题组成员积极反思自己的教学行为，把教学理论的实践性解读和教学实践的理论性反思结合起来，撰写教学案例与反思，课题组组织大家在线讨论反思中提出的问题，并整理出一系列高质量的教学后记。

3. 情怀。

课题组核心成员组织大家共读有关教师职业幸福的书籍，比如吴正宪的系列丛书，朱永新的《新教育》等，然后组织大家写“工作手记”，如王丽燕老师的《一事精致，便能动人》《像捕蝉一样做研究》《格局情怀》《教研是一场幸福的修行》《我们的未来不是梦》等一系列文章。另外，课题组还请专家做教师职业规划与教师职业幸福的专题讲座，如湖南省教育科学研究院赵雄辉博士3月21日就给全市的200名数学教师做了题为“教师的职业幸福”的讲座，传递正能量，激励老师们做有情怀的教师。

（三）理论研究

课题研究取得阶段性成果后，课题组成员将成果撰写成论文进行交流与发表，使研究成果在更大范围内进行推广。目前，课题组在省级以上期刊发表了《一条共研共赢之路》《研训促转型　融合助发展》等多篇文章，引起广泛关注。

此外，课题组收集整理了一本书稿《我们一起做研究——名师工作室研修与小学数学教师专业素养的培育》，有望出版。

三、初步形成的重要研究观点

1. 初步研究出教师核心素养的构架。

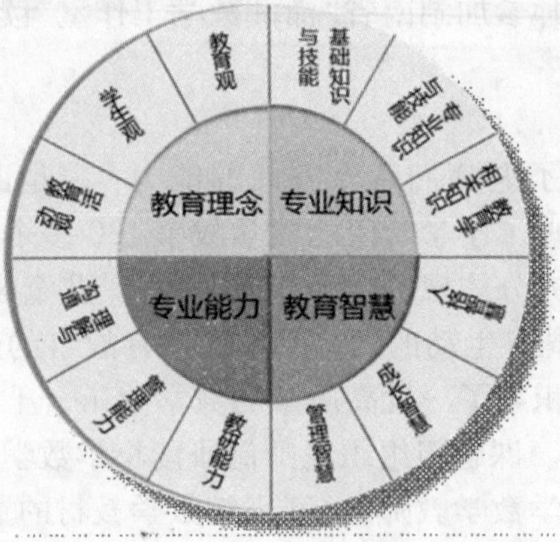

2. 开设科学适用的研修课程是培育教师专业素养的有效途径。如“经典阅读”课程、“数学故事创编”课程、指定内容的磨课研课等。

3. 制订科学的“研修任务单”与“研修评价机制”是推动教师研修的有效手段。

4. 只有方法得当，教师的专业素养才能得到明显提升。

四、阶段性主要成果

（一）教学实践

课题组带领区域内小学数学教师一边进行理论学习，一边进行实践研究，研究出了一批优秀课例。如：双江学校数学一组参加 2017 年湖南省中小学教师信息技术与学科融合在线集体备课大赛中，《三位数乘两位数》荣获特等奖，双江学校数学二组《倍的认识》荣获一等奖，肖薛斌老师设计的微课获全国一等奖，黄晓红老师设计的微课获湖南省一等奖，黄晓红老师设计的数学导学案获湖南省一等奖等。

（二）发表文章

1.《研训促转型　融合助发展——涟源市教研师资培训中心专业化建设实践与思考》（邓求平），发表于《湖南教育》2018 第 1 期。

2.《一条共研共赢之路——涟源市推进城乡学校研训一体化纪实》（刘茜、李立财），发表于《湖南教育》2017 年第 5 期。

3.《一节猜数游戏课》（黄晓红），发表于《湖南教育》2018 第 1 期。

4.《我有一个数学教育梦想》（黄晓红），发表于《湖南教育》2017 年第 9 期。

5.《实践数学分层练习——涟源市双江小学数学组风采》（肖薛斌），发表于

《湖南教育》2017 年第 12 期。

6.《圆锥的教学研究报告》，发表于《湖南教育》2018 年第 3 期。

(三)撰写书稿

课题组已经完成《我们一起做研究——名师工作室研修与小学数学教师专业素养的培育》一书的初稿，全书共 260 千字，记录了我们如何以名师工作室为依托、从“知识、能力、情怀”等方面着手进行小学数学教师专业素养的培育，此书稿有望出版。

五、存在问题及下阶段打算

1. 关于小学数学教师的核心素养的培育架构还有待进一步细化，下阶段要研制出系统的核心素养结构图；

2.“能力”这一板块的研究还不够全面，目前重点研究了课程资源开发能力与教学反思能力，其他如论文撰写能力、教材解读能力等都有待下阶段进一步落实提高；

3. 书稿的编写、校对与出版还有大量的工作要完成。

建设小学数学教师核心素养和能力的途径探索
——来自王丽燕小学数学名师工作室的实践与思考

教育是奠定“学生发展”与“人格成长”的基础，“学生发展”和“人格成长”的内涵是什么？在不同的时期、不同的国家，甚至每一个人，都有不同的理解。2016 年 9 月，中国教育部提出中国学生要发展的“九大核心素养和能力”：社会责任、国家认同、国际理解；人文底蕴、科学精神、审美情趣；身心健康、学会学习、实践创新，是对学生应具备的、能够适应终身发展和社会发展需要的必备品格和关键能力的一种理解。作为中国学生发展的核心素养理论，明确地回答了我国将“培养什么样的人”的问题。“学为人师，行为世范”，作为教师，要真正将学生核心素养的建设落实与推行到具体的教育和社会活动中，真正实现自身的育人功能与价值，取决于教师本身具有怎样的核心素养和能力。因此，如何建设教师的核心素养和能力，成为了教育的首要任务。近几年来，国家推行的“国培计划”及其衍生而来的“省培”“自培”等针对教师专业发展的继续教育举措，就是建设教师核心素养和能力的重要实践。

建设教师核心素养和能力的方式和途径是多样化的，比如教育行政部门组织开展各项研修培训、建立名师工作室、小范围开展小课题研究、编撰学科校本课程等。2018 年，娄底市师资培训中心正式授牌成立王丽燕小学数学名师工作室，创建和利用这个平台，是为了集合本区域内优秀的小学数学教师资源，通过“阅读、培训、实践、反思”等研究方式，进一步完善骨干教师的核心素养和能力建设，实现“在提供高质量教研服务中建设优秀教师”的初衷。在此基础上，进而通过“送培到县”“送教下乡”等活动，把工作室的成果推广到教学一线，发挥名师工作室的示范、辐射和引领作用。作为工作室主持人，首席名师王丽燕自工作室创立伊始，就对名师工作室的工作原则、目标、内容、方式等方面做了认真的思考，科学、系统地制订了工作室未来三年的发展规划，确立了“以名师工作室平台为依托，致力于小学数学教师核心素养和能力建设”的首要工作目标。一年来，我们紧紧围绕这个目标，为探索一条有效建设小学数学教师核心素养和能力的途径，展开了一系列的实践研究。

一、研究“小学数学教师核心素养和能力”的内涵

当前，教育界对“教师核心素养和能力”没有统一的界定。因此，研究小学数学教师核心素养和能力建设，首先就要弄清楚什么是“小学数学教师核心素养与

能力”，我们认为：

1. 数学素养与能力。

数学素养和能力是数学的教与学过程应当特别关注的专业修养和综合素质。《义务教育数学课程标准(2011 年版)》明确提出 10 个关于“数学素养和能力”的关键词，即数感、符号意识、应用意识、创新意识、空间想象、几何直观、数学计算、数据分析、逻辑推理、数学建模。

2. 小学数学教师核心素养与能力。

小学数学教师核心素养和能力是指小学数学教师所应具备的、有利于其完成或更好地完成数学教学任务的数学学科方面的基本修养和素质。具体应包括：①数学文化；②数学哲学修养；③数学基础知识与基本技能；④基本数学思想方法；⑤基本数学活动经验。

二、研究“小学数学教师核心素养和能力”的基本框架

国家教育部对学生的核心素养和能力进行了界定并绘制了框架图，那么小学数学教师应具备的核心素养和能力框架又是怎样的呢？经过研究，我们用“情怀、知识、智慧、能力”四个关键词进行了概括，并初步绘制了如下的结构图：

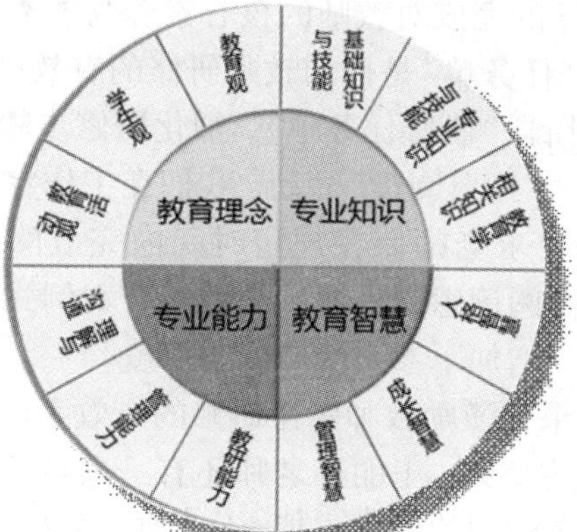

这张图不仅为我们研究教师核心素养和能力建设提供结构上的认识，也是建设路径的指南。

三、研究“小学数学教师核心素养和能力建设”的基本路径

一年来，我们以“小学数学名师工作室”为平台，研究了以下路径：

1. 开设科学适用的研修课程是建设教师专业素养和能力的有效途径。

围绕“情怀、知识、智慧、能力”这几个关键词，我们设置了下面一些课程：

(1)“经典阅读”课程。主持人给工作室成员推荐书目，以“教育心理学”“数学史”“数论基础”为主要课程，要求学员深度阅读，认真撰写读书笔记、心得，并撰写相关的教学案例。

(2)“主题研讨”课程。一年来，工作室每两个月组织一次主题研修，如我们举办过“聚焦课堂，关注教师专业成长”“基于研究的小学数学课堂设计”“深度学习”“概念教学”“计算教学”“整理与复习课教什么、怎么教”等主题活动，每一次活动都会请到省内知名的专家进行专题讲座，给老师们提供最好的专业指导。

(3)“课例研究”课程。数学研究的主阵地是课堂，如何上好一节数学课是数学老师最根本的任务。因此，我们工作室一直坚持做课例研究，一个课例先在小组内打磨，然后在大组内打磨，再在核心团队里打磨，最后展示、反思，写成教学研究报告。虽然一个课例的研究周期相对较长，但老师们核心素养与专业能力的提升也是很明显的。

(4)“课题研究”课程。我们工作室从“微课题”入手，本着“问题即课题”“行动即研究”“成长即成功”的原则，鼓励大家参与课题研究。因此，工作室自创建以来，主持了三个湖南省教育科学规划课题，其中“以小课题研究促进小学数学教师专业成长”的课题获得省级“优秀”等级，并参评省级、国家级基础教育成果奖。课题研究的过程中，老师们要完成问卷调查、阅读相关领域的专业书籍、撰写课题论文等，这些任务的完成对教师的核心素养与能力的建设大有裨益。

2. 制订科学的“研修任务单”是推动教师研修的有效举措。

围绕研修目标制订阶段“研修任务单”，细化研修步骤，是推动教师研修的重要方法。例如，为了带动“经典阅读”活动，我们在工作室发起了阅读张奠宙先生30篇经典力作的活动，要求老师们在规定时间内完成阅读，并发起在线研讨活动，要求每位老师就自己阅读感受最深的文章进行案例式分享。这种任务单让老师们有了研习的紧迫感，增加了参与的广度与深度。

3. 及时汇聚研修成果是激励教师坚持研修的有效手段。

作为名师工作室的主持人，王丽燕老师还有一项重要的工作，就是组织工作室核心成员，及时汇聚老师们的研修成果，分主题、分板块、分阶段汇集，最后整理成册、成书。例如，老师们近期在做“小学数学故事创编”研究，一方面，主持人要提供研究方法的支持，另一方面，要及时按年级、单元、课时汇聚数学故事，为一线老师的教学提供教学资源。这些成果的出版，既是对课题研究成果的推广，也是对老师的肯定与鼓励，由此获得的专业成就感和职业幸福感，是老师们坚持不懈、潜心研修的强大动力。

实践表明，依托名师工作室团队研修，建设以“情怀、知识、智慧、能力”为主要内容的小学数学教师的核心素养和能力，是切实可行、科学有效的。只要保持研修的路径正确、方法得当，由名师的“点”串联成工作室的“线”，继而辐射到区域的"面"，实现小学数学教师核心素养和能力的全面提升，是水到渠成的事。

涟源市教研师资培训中心
谢加文

“以小课题研究促进小学数学教师专业成长”课题研究成果报告

本课题研究三年来，课题组认真践行课题规划，始终以一线课堂为切入点，面对真问题，展开真行动，扎扎实实地观、议、研、磨近80个课例，完成高质量的教学研究报告12个，完成有较大影响力的讲座8个，出版课题专著1本，参编教育专著1本，教学研究手记3本，发表课题论文14篇。课题组始终坚持“教学理论的实践性解读与教学实践的理论性反思”相结合，不仅进行教学实践，反思总结个人心得，凝聚团队智慧，并且长期开展教学理论书籍的深度阅读活动，博采众长，不断修炼，不断提升自我，形成了理论与实践能力相互助益的良性循环。课题组成员人人能说，个个会写，也为推动区域性教研提供了人力资源。同时，小课题研究不断促进教师学会分析教育现象、寻找教育本质，使参与者由经验型教师向科研型教师转变。在三年的课题研究过程中，课题组的刘硕鹏老师由一线教师评选为师资培训教师，陈善桂老师由一线教师被选拔为校长，并参评湖南省小学数学特级教师，李珊龙老师成功地把自己的教学案例搬上了湖南省小学数学教师教学比赛现场，课题组主持人王丽燕老师成功通过湖南省首届正高级教师评聘，成为娄底市首届小学数学名师工作室首席名师。因此，课题组的“以问题为导向，以课堂为抓手，以基地促区域、以发展为目标”的研究方法与路径是科学的、有效的，做好小课题研究确实能提升教师核心素养、促进教师专业成长。

一、问题的提出

课题研究，是提升教师素养，促进教师发展的重要手段。每一个课题的设计都必须遵循价值性和可行性原则，它应充分考虑研究课题是否具备对本学科的理论和实践具有发展、突破和指导的作用，以及是否具备圆满完成这一课题的主观条件和客观条件。本课题也是秉承以上原则，基于以下几个现实的需要和具备的主、客观条件加以设计的。

1. 我国教师专业化发展的需要。

教师专业化发展已成为我国教师教育改革的趋势，受到党和国家的高度重视，也是教育改革实践提出的一个具有重大理论意义的课题。如何找到促进中小学教师专业化发展的路径，对丰富教师发展理论、提升教师发展水平和境界具有深远的现实意义和重要的理论价值。通过“小课题研究”的任务驱动，让教师在实践中研究，在研究中成长、成熟，应该成为一条有效的促进教师专业成长的路径。

2. 我市小学数学教师的教研现状的需求。

一线老师经常会提出教育教学过程中存在的许多问题，而找不到有效解决问题的方法，即使是在同伴的帮助下解决了问题，也难于把这些经验提炼成可推广的成果，使得教师的专业水平提升受到限制。而“小课题研究”则是一个很好的切入点，它相当于打开自我研究大门的“钥匙”，既能促进教师进行教学理论的实践性解读，也能促进教师对自己的教学实践进行理论性反思。

3.“小课题研究”的特点贴近教师需要。

“小课题研究”是一种有别于“学术派”的校本教研活动，是研究者采用一般的科学方法或合理手段对细微的教育问题进行观测、了解和分析，从而发现日常生活中常见的教育现象之间的本质联系与规律的认识活动。因为其简便易学，具有“短、平、快”的特点，很容易被一线教师所接受，成为培养专业精神、拓展专业知识、提高专业水平、促进教师专业自主成长的理想途径。

4. 市教育局对小课题研究的高度重视是重要推手。

2014 年春天，涟源市教育局党组在新年的第一个会议上就提出了以“问题即课题的小课题研究”为切入点，推动我市教育教学改革，并初步拟订：全市首批立项 30 个小课题，并给予每个小课题 3000 元研究经费的支持，这对我们的研究工作无疑起了巨大的推动作用。2016 年，涟源市教育局出资 5 万元奖励获奖课题更是对课题研究工作的有力推动。

5. 北师大綦春霞导师的具体指导是重要支持。

北京师范大学“未来教育家”项目高度重视学员的课题研修，我班的几位小学数学教研员分在綦春霞导师组，我们因此有机会和专家对话，从课题的立项到具体的研究，以及研究过程中遇到的困难，都能得到导师的悉心指导，这无疑是我们做小课题研究的最大支持。

二、研究问题的过程与方法

(一) 研究过程

1. 组建团队，建立基地。

开展小课题研究的第一步，就是在全市“小学数学研究会”上发出号召，以自愿为原则，申报小课题研究基地校。很快，就有涟源市实验学校、三一学校、双江学校、伏口中心小学、涟源二小、茅塘中心小学等学校申请小课题研究基地校，其中有 4 所学校成立子课题组，分别承担练习分层设计、教材解读、课堂模式研究、探究式学习的案例研究等子课题的研究任务，并在地市两级立项，我承担的“以小课题研究促进小学数学教师专业成长”的课题也在湖南省教育科学“十二五”规划 2014 年度立项课题申请中成功立项(编号：XJK014CZXX041)。

第二步自然是团队的创建。我组织各基地学校的核心成员成立“小课题研究核心团队”，他们都是各子课题组的主持人，或是教研组长，或教研室主任，或是骨干教师，他们有从事小学数学教育工作的热情，并且都有15年以上的教学经历，在各级教学比赛中都获得过优异的成绩，在各种教育教学刊物上发表过论文。他们的确能起到“领头雁”的作用，用他们的教研激情点燃所在区域的老师们的教研激情。自开展小课题研究以来，核心团队的成员每天晚上都在QQ群内聚集，或者分享一天的收获，或者提出教学实践中遇到的困惑，大家都约定，每天坚持在群内分享工作手记，及时记录所想、所研、所获。一个学期下来，黄晓红、邱娟、谢炤阳老师的工作手记都达到万字左右。

2. 征集问题，组织攻关。

首先，课题主持人组织各基地学校小学数学组老师向子课题组提交教学实践中遇到的问题，由子课题组主持人负责收集与整理，找出“典型问题”或者“亟待解决”的问题进行集体研讨，拿出解决问题的方案，并定期(每个子课题组每期集中两次)上研讨课，每所基地校的每次活动核心组成员都必须参与观课、研课、磨课，并成立专业的“课堂观察”团队，负责记录整理课堂实录，为课堂分析提供真实客观的第一手材料。

其次，总课题组主持人要整理出各基地校中优秀的典型案例，定期(每期一次)组织全市教师参加观课、议课，以便在区域内及时推广教研成果。

再次，组织课题组成员、基地校教师就一个具体的问题展开“在线研讨”，大家通过互相交流，达成对这个问题的认识，并找到解决问题的策略。

最后，就“在线研讨”产生的方案与策略进行教学实践，再次提交教学实践报告，既总结经验，也总结教训。

课题立项三年来，一线教师提出了一个又一个有价值的“小课题”。我们的团队也乐此不疲，就这些小课题展开认真研究，教师的研究水平也因此得以提高。

3. 实践反思，推广成果。

做小课题，如果只研究，不推广，意义是不大的。如何把团队的研究成果及时推广呢?

“以课会友”是我们“圈内”一个很有特色的推广活动。每一个月，总有一位名师主动承担“以课会友”的任务，把自己区域内最近的研究成果进行展示汇报，所有基地学校的老师都来围观，无形中，教学研究成果就得以推而广之。

“写教学研究报告”是我们在更大区域内推广研究成果的又一举措。当我们攻克下一个难关时，我会带领团队的老师们及时整理研究成果，形成教学研究报告，并在教育期刊上发表。

“专题讲座”是使课题研究成果得到及时辐射推广的又一路径。因此，课题组核心成员利用外出学习交流和单位承办省级教师培训活动、如“国培计划”“工作坊研修”等，宣传推广课题研究成果，得到了省市教育科研领导和同行的一致好评。课题主持人多次应湖南省其他县市教研培训部门的邀请，围绕主题“以小课题研究促进小学数学教师专业成长”进行了一系列的专题讲座。比如:《基于理性价值追求的计算教学策略》(邵东)、《分数的意义教学研究报告》(永州)、《如何观课议课》(涟源)、《小学教师专业素养的培育》(涟源)、《以爱育爱,做智慧型班主任》(郴州)、《用火热的思考感受冰冷的美丽》(长沙)、《微创教材——小学数学教材的二次开发的思考与实践》(长沙)、《由学术形态的数学向教育形态的数学转变的教学策略》(常宁)、《也说垂直与平行》(常宁)、《信息技术与小学数学课堂教学深度融合》(娄底)、《我这样做小课题研究》(长沙)、《教育其实很美》(涟源)、《小学一、二年级数学教材解读》(娄底)、《新课程标准学习报告》(娄底)等,得到了广泛的认可。

“空间课堂建设”是课题组存储与推广课题成果的网络平台。课题组及时收集整理老师们的研究成果,上传在“世界大学城”的空间课堂,供大家交流。我主持的空间课堂获“湖南省优质空间课堂”称号。

(二)研究方法

1. 行动研究法:在教与学的过程中,边实践,边探索,边检验,边完善,把研究与实践紧密地结合起来,通过不同主题的课堂教学的具体实践和过程研究,不断地改进教学,总结方法与经验。

2. 观察法:在自然条件下有目的、有计划地观察客观对象,收集分析事物感性资料。本课题研究中,用观察法从教学实践活动中发现并提出研究的小课题。

3. 总结法:在不受控制的自然状态下,依据实践所提供的事实,分析概括现象,使之上升为理论。经验是研究的逻辑起点,重视对其总结,符合认识论观点,有利于提高水平,有助于增强业务素质。

4. 文献资料法:通过查阅书刊、上网等方式获取与本课题有关的大量研究资料,丰富课题组成员的理论素养,为课题研究人员的教育思想的转变、教育观念的更新、教育方法的改进与教学手段的变革提供有力的理论支撑。

5. 技术路线。

(1)教育科研与教师专业成长关系图。

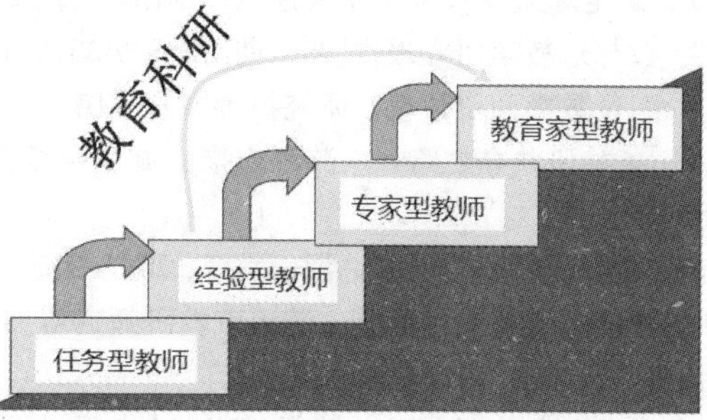

(2)课题主持人、基地学校、区域学校、数学教师之间关系图

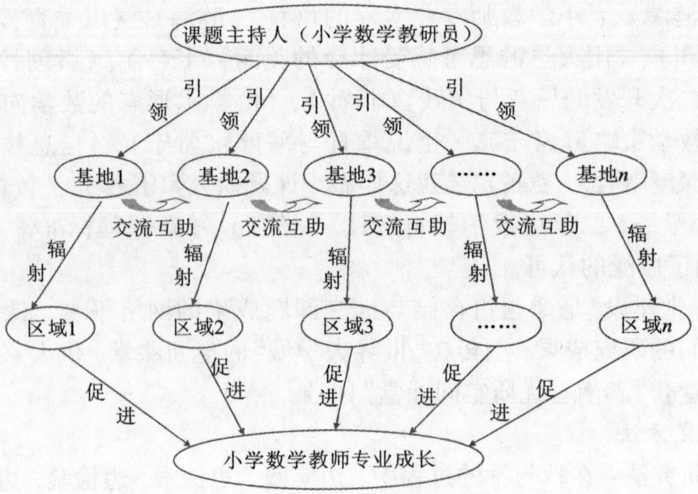

三、成果的主要内容

1. 著作。

[1] 王丽燕. 我这样做小课题研究[M]. 北京：中国轻工业出版社，2016.

[2] 王永春 王丽燕 邱娟. 小学数学思想方法解读及数学案例[M]. 上海：华东师范大学出版社，2016.

2. 论文

[1] 王丽燕，刘硕鹏. 圆的周长教学研究报告[J]. 湖南教育，2014(5).

[2] 王丽燕，谢绍阳. 小数的意义教学研究报告[J]. 湖南教育，2014(8).

[3] 王丽燕. 如何理解与实践数学基本活动经验[J]. 湖南教育，2014(11).

[4] 王丽燕，肖薛斌. 分数除法的计算教学研究报告[J]. 湖南教育，2015(1).

[5] 王丽燕，陈善桂. 分数的认识教学研究报告[J]. 湖南教育. 2015(11).

[6] 王丽燕，谢加文. 确定起跑线教学研究报告[J]. 湖南教育，2016(3).

[7] 王丽燕，谢加文. 数与形教学研究报告[J]. 湖南教育，2016(10).

[8] 邓求平，刘硕鹏. 三位数乘两位数教学研究报告[J]. 湖南教育，2017(4).

[9] 邓求平，刘茜. 一条共研共赢之路——涟源市推进城乡学校研训一体化纪实[J]. 湖南教育. 2017(5).

[10] 黄晓红. 我有一个数学教育梦想[J]. 湖南教育，2017(9).

[11] 邓求平. 研训促转型 融合助发展——涟源市教研师资培训中心专业化建设实践与思考[J]，湖南教育，2018(1).

[12] 肖薛斌. 实践数学分层练习——涟源市双江小学数学组风采[J]. 湖南教育，2017(12).

[13] 黄晓红，一节猜数游戏课[J]. 湖南教育，2018(1).

[14] 邓求平，王丽燕. 圆锥的体积教学研究报告[J]. 湖南教育，2018(3).

(3)研修手记

课题组以“研修手记”的形式全程记录研究过程，形成了《我们一起做研究》(教研员篇、教师篇、工作室篇)3本手稿，达70万字。

3. 报告与讲座。

小课题研究作为重要的教学研究活动，在全市范围内得到了很大范围的推广。课题研究团队在全市范围内进行学术报告10多场，指导、推介课题成果30多项。课题组核心成员利用外出学习交流和单位承办省级教师培训活动、如“国培计划”“工作坊研修”等，宣传推广课题研究成果，得到了省市教育科研领导和同行的一致好评。课题主持人多次应湖南省其他县市教研培训部门的邀请，围绕主题“以小课题研究促进小学数学教师专业成长”在湖南省5个市州进行了52场次的专题讲座，得到同行的广泛认可。

4.“空间课堂建设”。

它是课题组存储与推广课题成果的网络平台。课题组及时收集整理老师们的研究成果，上传在“世界大学城”的空间课堂，供大家交流使用。2016年，我主持的空间课堂获“湖南省优质空间课堂”称号。

四、效果与反思

(一)效果

研究表明，小课题研究确实能提高教师的专业水平。

1. 提升了教师理论水平。

开展课题研究需要我们有一定的理论研究水平，否则，课题研究就会泛泛而谈，缺乏理论深度，因而，开展课题研究有利于促使教师去进行理论学习，用理论来丰富自己，进行教学理论的实践性解读与教学实践的理论性反思。因此，参与课题研究的老师首先要在理论上做足文章，大量阅读教育理论专著，博采众长，不断修炼，不断提升。为了让一线教师切实提高专业素养，课题组开出了系列书目(包括专业知识、背景知识类书目，小学数学教育类杂志的书目等)并组织教师加入全国影响力较大的“鲲鹏数学群”参与“好书共读活动”，并参与编制人教社王永春先生主编的《小学数学思想方法解读及教学案例》，发表了近6万字的教学案例。

2. 提高了教师科研素养。

教师是个特殊的职业，教师的劳动不是简单、枯燥、单调、重复的劳动，而是高尚、创造、探究性的高智商劳动，因此，从事这个职业的人要具有分析教育现象、寻找教育本质的科研素养。而小课题研究则可以促进教师的发展，使教师由经验型教师向科研型教师转变，由“教书匠”向“教育家”转变。在三年的课题研究过程中，课题组的刘硕鹏老师由一线教师转变为师训教师，陈善桂老师由一线教师转变为校长，并参评湖南省小学数学特级教师，李珊龙老师成功地把自己的教学案例搬上了湖南省小学数学教师教学比赛现场，课题组主持人被评为娄底市首届小学数学名师工作室首席名师。

3. 提高了教师反思能力。

做小课题研究，要求每位教师在教育教学过程中做有心人，要留心自己的教学活动，认真思考总结自己的教学活动，正确分析预设与生成，要善于思考，寻求解决问题的方案。特别是作为一线教师做小课题研究，本着解决教学实际问题，发现自己的问题，在自己能力控制的范围内去操作、去研究，这就有利于教师不断思考总结自己在教学中的得与失，不断提升自己的教学水平、教学能力。三年来，课题组成员共写出教学日志20多万字，黄晓红老师的《我有一个教育梦想》发表在《湖南教育》上。

4. 提高了教师写作能力。

通过小课题研究，研究团队的核心成员从写工作手记开始，慢慢地学会写教学小论文，最后到撰写长篇教学研究报告，出版专著，参编人民教育出版社王永春先生的著作，教师们的写作水平的提高真是看得见、摸得着。

5. 提高了教师教书育人能力。

三年的研究，基地校带出了市级骨干教师8名，娄底市级名师23名，12人获涟源市“好老师”称号，在各级教学比赛中28人次获奖，其中双江学校数学组获湖南省集体备课特等奖，教师们辅导学生参加各级各类竞赛，成绩斐然。

（二）反思

教育科学研究与成果推广，都应该重视各方协调，团队合作。既要充分发挥教研培训部门、基地校和研究团队三者的“三位一体”的作用，保证研究与推广工作顺利开展，又要充分调动研究团队内部成员的研究主动性，真正实现“集思广益，博采众长”的研究局面，发挥集团研究的优势。在前面的工作中，这方面尚有需要改善提高的地方，主要有两点：

1. 课题主持人在整个课题研究过程中，过分强调自身的榜样作用，对课题组成员撰写论文和专著的指导力度不够，今后要定期组织学会如何总结、如何撰写、提高总结写作能力的专题研讨会，给年轻人更多练笔与发表文章的机会。

2. 本课题基地校只有四所，所辐射的区域没有覆盖全市教学一线，在今后推广研究成果时，可以更大范围地开展研究活动，给更多的教师提供成长机会。

省级基础教育成果申报

湖南省第四届教育科学研究优秀成果奖申报评审书

成果主要内容、主要观点和创新举措	一、主要内容 本书汇集了作者近几年所完成的十个小课题教学研究报告，这些报告在内容上涵盖了“数与代数”“空间与几何”“统计与概率”“综合实践”等四个板块的内容，每个案例都从“提出问题、分析问题、解决问题、研究反思”等方面对一个小课题进行同课异构的对比研究。在研究过程中，特别关注数学思想与方法的形成，自始至终地体现了“既教知识，又教方法；既关注结果，也关注过程”的研究理念；同时，作者在此书中还用心地收集了小课题研究的过程札记，记录了作者如何引领团队从专业的视角“寻找真问题”“展开真研究”，从而“获得真发展”的过程，按“教有所思”“思有所研”“研有所行”的思路进行叙事性记录。此书是基于现实问题解决获得的成果，是一份有创造性的接地气的研究成果，对小学数学老师具有很好的应用参考价值。 二、主要观点 1. 小课题研究是解决现实问题的一条有效路径。 教学实践中，我们经常会遇到一些具体问题，学生学得艰难，老师教得苦恼。如果问题没有及时得以解决，积累起来就会成为大问题，学生会厌学，老师会厌教。这时，我们组建一个团队经常收集这些问题，帮助教师们厘清问题所在，理性地面对问题，依照“问题解决”的科学程序，一步一步解决问题。这个问题解决了，又转向下一个问题。这样，教学实践中的问题就会越来越少，教学效率就会越来越高。 2. 小课题研究是促进教师专业成长的一条有效路径。 “小课题研究”因其研究切入口小、内容生成于自己教学实践，微观具体，实用性强，所以容易被一线教师所接受。小课题研究自成一体的“教、研、用”模式，具有“问题即课题”和“悟到即用到”的优势，使得教学实践中的问题都可以获得快速有效的解决，对激发教师参与研究的热情大有益处。正是参与者通过阅读、培训、实践、反思等研究性活动，才能使其达成专业知识与教学技能的丰富与娴熟，进而实现专业情感和态度的升华、教学风格和品质的铸就。因此，“小”课题研究是一条促进教师在专业成长之路上迈“大”步的有效路径。另外，小课题和大课题基本的研究方法是一样的，小课题做多了，也就有了做大课题的勇气与自信。 三、创新举措 1. 基于教师专业成长的编写体例。 课题主持人是县级小学数学教研员，自然应该为区域内教师专业发展提供支持，自觉探索如何在团队研修中培育小学数学教师专业素养。因此，本书从编写体例上努力呈现让一线教师可以借鉴的研究方法、步骤、策略，并在研究札记中按“教有所思”、“思有所研”、“研有所行”的思路呈现手记，这既是研究成果的呈现，更是研究方法的呈现，作者努力在文章中传递做研究的态度、情感与价值观，以期找到行之有效的促进教师专业发展的有效途径，实实在在带动、辐射、引领区域内小学数学教师的共同发展。

续表

成果主要内容、主要观点和创新举措	2. 基于现实问题解决的研究行动。 本书中的十个教学研究报告实际上是十个小课题，这些小课题中的"问题提出"都是一线教师提出的"疑难问题"，都是老师不好教、学生很难学的内容。作者带领老师们从"教之困""学之难"入手，深入研究，组织攻关，寻找解决问题的策略，并将研究出的成果运用于一线教学。这种从一线课堂中来，又回一线课堂中去的研究成果很好地将"教学理论的实践性解读与教学实践的理论性反思"结合了起来。 3. 基于研究的课堂教学实践。 课堂是我们教育工作者的主阵地，课堂教学是我们最基本、最重要的工作。而好的课堂是需要我们深入研究的，研究学科本身，研究学科教学，研究学生，等等。此书倡导"在充分研究的基础上，展开有创造性的、符合实际的、有实效的教学实践"的教育教学理念，主张一线教师努力实现从"经验型教师"向"科研型教师"的转变。
主要实践成果及社会影响	一、主要实践成果 本书是湖南省教育科学规划"十二五"课题"以小课题研究促进小学数学教师专业成长"的课题研究成果，此课题于2018年1月结题，获得省级"优秀"等级，并参评全国第二届基础教育成果奖。本课题研究五年来，课题组认真践行课题规划，始终以一线课堂为切入点，面对真问题，展开真行动，扎扎实实地观、议、研、磨近80个课例，完成高质量的教学研究报告12个，完成有较大影响力的讲座8个，出版课题专著(《我这样做小课题研究——一位特级教师的研究案例与手记》)1本，出版著作(《像捕蝉一样做研究》)1本，参编教育类专著1本(《小学数学思想方法解读及教学案例》)，教学研究手记3本，发表课题论文14篇。这些研究帮助一线教师实现由经验型教师向专家型教师转变。
主要实践成果及社会影响	1. 提升了教师理论水平。 开展课题研究需要我们有一定的理论研究水平，否则，课题研究就会泛泛而谈，缺乏理论深度。因而，开展课题研究有利于促使教师去进行理论学习，用理论来丰富自己，进行教学理论的实践性解读与教学实践的理论性反思。因此，参与课题研究的教师首先要在理论上做足文章，大量阅读教育理论专著，博采众长，不断修炼，不断提升。为了让一线教师切实提高专业素养，课题组开出了系列书目(包括专业知识、背景知识类书目，小学数学教育类杂志的书目等)，并组织教师加入全国影响力较大的"鲲鹏数学群"参与"好书共读活动"，并参与编制人教社王永春先生主编的《小学数学思想方法解读及教学案例》，发表了近六万字的教学案例。

续表

主要实践成果及社会影响	2. 提高了教师科研素养。 教师是个特殊的职业，教师的劳动不是简单、枯燥、单调、重复的劳动，而是高尚、创造、探究性的高智商劳动，因此，从事这个职业的人要具有分析教育现象、寻找教育本质的科研素养。而小课题研究则可以促进教师的发展，使教师由经验型教师向科研型教师转变，由“教书匠”向“教育家”转变。在五年的课题研究过程中，课题组的刘硕鹏老师由一线教师转变为师训教师，陈善桂老师由一线教师转变为校长，并参评湖南省小学数学特级教师，谢炤阳、李珊龙老师成功地把自己的教学案例搬上了湖南省小学数学教师教学比赛现场，课题组主持人被评为娄底市首届小学数学名师工作室首席名师。 3. 提高了教师反思能力。 做小课题研究，要求每位教师在教育教学过程中做有心人，要留心自己的教学活动，认真思考总结自己的教学活动，正确分析预设与生成，要善于思考，寻求解决问题的方案。特别是作为一线教师做小课题研究，本着解决教学实际问题，发现自己的问题，在自己能力控制的范围内去操作、去研究，这就有利于教师不断思考总结自己在教学中的得与失，不断提升自己的教学水平、教学能力。五年来，课题组成员共写出教学日志20多万字，黄晓红老师的日志《我有一个教育梦想》发表在《湖南教育》上。 4. 提高了教师写作能力。 通过小课题研究，研究团队的核心成员从写工作手记开始，慢慢地学会写教学小论文，最后到撰写长篇教学研究报告，出版专著，参编人民教育出版社王永春先生的著作，老师们的写作水平获得了看得见、摸得着的提高。 5. 提高了教师教书育人能力 三年的研究，基地校带出了市级骨干教师8名，娄底市级名师23名，12人获涟源市“好老师”称号，在各级教学比赛中28人次获奖，其中双江学校数学组获湖南省集体备课特等奖，谢炤阳老师获得湖南省一等奖第一名，将代表湖南省参加全国小学数学教师教学比赛。老师们辅导学生参加各级各类竞赛，成绩斐然。
主要实践成果及社会影响	二、社会影响 我们将小课题研究中的案例打磨成一节节优课，在全国各地发起“以课会友”活动，作者先后在新疆、广州、湖南等地上展示课，谢炤阳老师将小课题研究案例《圆柱与圆锥的整理与复习》搬上了湖南省小学数学教师教学比赛的大舞台，获全省第一名，并代表湖南参加全国比赛；我们也将做小课题研究的经验写成一个个讲座，在全国各地交流达20多场；再把每一个小课题研究的成果撰写成一个个教学研究报告，有12个教学研究报告先后在《湖南教育》“教学沙龙”板块上发表。同时，我们还把这些研究成果上传到世界大学城“空间课堂”，与全国各地的同行交流共享。这些举措，无疑扩大了我们这个课题研究成果的影响力。2018年1月，本课题参加省级会议结题，被鉴定为省级“优秀”，5月，我们以此课题成果申报了全国第二届基础教育成果奖。主持人也因为从事小课题研究扩大了自己的学术影响力，成为湖南省首批“未来教育家”“未来教育孵化”“省级培训师”高端研修班成员，并顺利通过湖南省首批正高级教师的评聘，成为湖南省小学数学骨干教师工作坊与娄底市小学数学名师工作室主持人。

续表

所提供的辅助材料或所需要说明的问题	“以小课题研究促进小学数学教师专业成长”的课题参加省地市三级课题评比获奖的证书，用以佐证课题的影响力； 出版的著作及发表的论文：著作《像捕蝉一样做研究》，参编著作《小学数学思想方法解读及教学案例》，在《湖南教育》上发表教育教学论文14篇，用以佐证“如何做小课题研究”及研究成果； 研究过程手记：《我们一起做研究》（教研员篇、教师篇、名师工作室篇），用以佐证小课题研究的具体实施过程； 教学研究报告：《数与形教学研究报告》《可能性教学研究报告》《分数的认识教学研究报告》《2、3、5的倍数特征教学研究报告》，用以佐证教学研究报告中涉及的“从问题提出到问题解决”的全过程； 示范课例、专题讲座、空间课堂资料，用以佐证研究成果的推广及运用； 子课题组立项申请书及获奖证书，用以佐证课题研究的辐射与引领作用； 课题组成员获奖证书，用以佐证“小课题研究”的确能“促进教师专业成长”

第四篇 专业研修

教育就是这样一件事：用激情点燃激情，用智慧传递智慧，用责任承担责任，用心灵净化心灵……所有这些，都渗透于我们的工作与生活的每一个细节。“工欲善其事，必先利其器”，我们深知，如果想要让自己送给孩子的每一滴水永远清澈灵动，我们自己的那桶水就要不断更新。因此，坚持不懈地开展个人研修、团队研修、基地校研修是促进教师专业提升的有效路径。在研修的过程中，我们如果遇到困难了，大家会一起研讨对策；如果取得成就了，我们会彼此祝福和激励；如果内心浮躁不安，工作室便是我们宁静的港湾。我们是这样一群人，为了共同的追求，聚力凝神、相互鼓励，我们用文字记录这些点点滴滴，留下我们一起研修的每一个动人的瞬间。这些智慧的结晶，像一粒粒的肥料，撒播在孩子们成长的土壤里，孕育一个枝繁叶茂的明天……

第一部分　名师工作室成员个人研修采风

湖南省中小学“教育家孵化”高端研修班

研修手记(一)

2018年3月24日，“国培计划(2017)”——骨干教师能力提升高端研修项目湖南省中小学“教育家孵化”高端研修班第二次集中培训在华南师范大学正式开班。本轮培训从2018年3月24日开始至3月31日，共计8天。本次课程培训形式分为体验学习、专题讲座、参访、读书分享会等内容。

3月25日上午9点整，全体学员在学术班主任崔世泉博士、班主任助理谢亚萍的带领下正式进入学习之中。

讲座1：张伟春《分析与论证》。

张伟春调研员就分析与论证两方面对孵化班的学员进行了深入浅出的详细解读。首先从照相应该抓住特殊角度、让作品简洁抢眼、拍摄逆光照的窍门事例说起，提出科研中的数据流程为数据(非结构)→信息(结构化)→观点(论证)这一框架，以形象直观的洋葱模型(梦想、价值观、行动)来说明；然后分别就分析与论证两个方面进行说明。在分析中，可采用比较(异同)、分类、差错分析(用结构性知识检查)、概括(从特殊到一般)、具体说明(用实例说明一般原理)分析五法进行分析，要正确使用Excel、问卷星、知识图谱等分析工具，要注重定量数据和定性数据的分析过程，并以爱因斯坦的“发现问题比解决问题更为重要”的话来说明分析的重要性。随后在论证说明中，提出了中国核心素养的框架是文化基础(人文底蕴、科学精神)、自主发展(学会学习、健康生活)、社会参与(责任担当、实践创新)，然后通过实例和直观视频引出论证的模型为数据→(支撑)理据→(反驳)限定→主张，并以北师大版初中物理教材上的一个例题进行解说。最后以“九件事”(注、目、旧、新、指、引、反、评、移)作结。

在整个讲座过程中，张伟春调研员还与学员进行了互动，中间穿插了学员现场展示表演、现场微信扫描答题等活动环节，让学员在接受理论熏陶的基础上积极参与实践，让学员在分析与论证的过程中能更清醒地认识并深刻领悟到分析与论证的巨大效应，为以后教育教学数据的分析论证指明了方向。

讲座2：吴向东《国家级教学成果奖培育案例分享》。

吴向东老师的关于教学成果培育的讲座首先从要明白“是做事情还是解决问

题”开篇，然后分析问题要分解为可以去解决的结构化问题群、分而治之、反省修正，不断迭代、系统化总结提升五个方面来形成，然后以2013年第八届广东省普通教育教学成果奖实地考察汇报《为创作而教——儿童数字文化创作课程研究》为例，分步骤进行说明。第一步骤是问题的提出（从教育外看、从学科外看、从学科内看），第二步骤是研究过程，第三步骤是具体案例，第四步骤是成果（与国家教育政策的对比），第五步骤是成果的主要内容，并特别提醒学员一定要有新的理论支持，第六步骤是理论与实践价值，第七步骤是成果的推广，第八步骤是后续的研究。

在随后的申报表填写中，特别强调了在“成果概要”“解决的主要问题、解决问题的过程与方法”“成果创新点”“成果应用及效果”等部分要注重语句的简洁、凝练、规范。

吴老师的讲座思路清晰明了，用大量翔实的事例、数据进行佐证，为全体学员以后教育成果的申报提供了极大的帮助，具有指导性意义。

2018年3月25日

研修手记（二）

研修进入第二天。上午，华南师范大学扈中平教授从中西文化比较中，提出了一个值得思考的问题：好老师是天生的吗？他从教师的潜质与基本素养之间的关系出发，从美国哈佛大学一篇名为《挑选一个好老师比培训一个好老师更容易》的学术论文开始，用实证和数据颠覆了“老师经验越丰富教学越成功”这一观点，对于我们招聘教师、管理教师队伍提供了积极的思考。

教育行政部门在招聘教师时，要根据教育工作的特殊性，要用发展的眼光挑选具有教师基本素养的人才，要严格考核，提高教师队伍的综合素质，让更多的优秀人才到教师队伍来。

好老师不是靠经验简单的累积而能形成的。教师首先要能客观正确地评价自己，对待已经累积的经验，要学会总结反思，这样才能不断地丰富自己，完善自己；然后要经常找到职业的成就感，保持教育的热情与激情。一所学校，要不断地注入新鲜活力，激发内生动力，不断壮大和发展教师队伍。

扈教授从中小学生调查研究中总结出12个“好老师”的特征：

特征一：备课充分；

特征二：态度积极乐观；

特征三：对学生期望值高；

特征四：富有创造力；

特征五：公平对待每位学生；

特征六：平易近人；

特征七：创造归属感；

特征八：富有同情心，关心学生；

特征九：有幽默感；

特征十：尊重学生；

特征十一：心胸宽广；

特征十二：勇于承认错误。

扈中平教授提出了教师专业发展的6个转向：

(1)从“科学”到“人文”的转向；

(2)从“技术”到“艺术”的转向；

(3)从“单一”到“综合”的转向；

(4)从“外在”到“内在”的转向；

(5)从“致用”到“致思”的转向；

(6)从“训练”到“修炼”的转向。

我们要跳出教育来看教师专业发展，要拓展和深化教师素养的外延和内涵，让丰富的知识和多样的能力积淀为教师的内在综合素养和教育智慧，间接提升教师的教育境界、层次和魅力。

扈中平教授的这堂课引发了我们对教育的思考：什么是教育？教育的方向是什么？教育的目的是什么？教育要为学生的终生幸福奠基，教育的目的是立德树人，我们每天是不是朝着这个目标在前进？我们的责任重大，当我们埋头苦干的时候，一定要抬头看看前面的路，不要忘记自己来时的路。作为教育人，要不忘初心，不断学习，不断成长。

特别兴奋的是，受扈教授演讲的启发，我找到了工作室专著的名称《从训练到修炼——名师工作室建设与小学数学教师专业素养的培育》。

下午，我们在崔博士与谢老师的带领下，参观访问广州市第二中学。广州市第二中学创建于1930年，现有初中部、高中部两个校区。今天下午我们湖南省教育家孵化班全体学员来到了位于科学城的高中部校区，本校区2005年9月正式启用，共有54个教学班，2400名学生，每个年级拥有一栋独立的教学楼。校园占地面积300亩，另有208亩新课程拓展基地。校园环境优雅大气，是一所以“山水学府，生态校园”为理念构建的现代化学校。

张先龙校长从“元”源、体知、笃行三个方面分别向我们介绍了学校的办学理念、教育认知和教学行为。尚真、守正、求真、务实是二中人秉承的思维方式和行为习惯，学校以“品正、习贞、趣雅、身健”为育人目标，坚持以人为本的教育思想，让学生在现实生活中体验感悟成长，构建让师生感觉温暖、积极向上的文化氛围，打造真正有品质的学校。

学校注重学生阅读习惯的培养，通过年级动员、选定书目、活动保障、评价反馈等多种形式，激发学生的阅读兴趣，培养阅读能力。

我特别认同这位智慧校长以下的观点：

育人目标：“品正、习贞、趣雅、身健”；

“我们不承担把学生把学生送进清华北大”；“比关心重本率更重要的是有多大比例的人养成终身阅读的习惯”；“他年回校，你不必知名，不必宝贵，不必荣耀，只要你是一个真诚、善良、快乐的人，你就是二中人的骄傲”；“有人问读过的书会忘记，那阅读的意义是什么？我们的回答是：当我还是个孩子时，我吃过很多的食物，现在已经记不起来吃过什么了。但可以肯定的是，它们中的一部分已经长成我的骨头和肉”；“你现在的气质里，藏着你走过的路、读过的书和爱过的人。”这些观点无不宣扬着这位校长富有个性的教育理解。

最后，华东师范大学万恒教授对张先龙校长的教育理念和办学行为进行了总结评价，建议在座的校长们有逻辑地进行课程改革，规避高考改革陷阱，让学生主动选择，实现学校超越式发展。

这次参观让我们见识了一所有温度的学校，认识了一位有思考的校长。

2018年3月26日

研修手记(三)

又是丰收的一天。

上午，华南师大教育学院课程系冯生尧博士做了题为“学校行动研究”的专题讲座。这对于我们做科研的老师来说，无疑是雪中送炭。

冯教授从八个方面对学校做行动研究的步骤、方法进行阐述和论证。一是研究问题和概念界定，二是研究的理论基础，三是研究的文献综述，四是行动前状态描述，五是行动方案的设计，六是进行行动，七是行动效果评价，八是研究的结论以及对未来的建议。

冯教授认为，研究的问题要具体，概念的界定要清晰，对应的理论要全面，理论的角度要恰切，行动前描述有对象，有了对象还要有现状，方案设计是关键，自主、参考要两轮，行动要按方案做，确保行动是智动，评价方法要正确，评价方式要全面，研究结果要总结，研究结论要推广。

冯教授多次提出我们应该有问题意识，他指出教授不能高高在上，要接地气，老师们也要破土而出，不能只在地里，并提出了三角互证的方法，让我很受启发。

下午，湖南师范大学测评研究中心主任、特聘教授杨志明博士给我们做了《高考改革与选课走班制》的专题讲座。

杨教授在国外有20余年的工作经历，聚集丰富的团队资源，他是美国教育考评局(ERB)原技术总监、美国ETS和Pearson原心理测量学家。他高屋建瓴，运用大量中外的翔实数据和资料，借助自己的智慧和才能，分别论述了选课走班制的兴起、选课走班制的试点效果、搞好选课走班制的教学建议，以及“跨级选课”与“分组选优”两类模式。

杨教授也不规避问题，他认为国内要搞好选课走班制必将面临六大挑战，因考施教、定向过早、重类轻层、兴趣为主、赋分缺陷、科普不利等。

2018年，湖南省将全面实施新高考，那么我们必将迎来选课走班制。杨教授指出了要搞好选课走班制必须做好如下的四项准备，即做好转变观念、设计好课程、弄清要求和指导学生的准备。没有准备，即将到来的选课走班制将无法顺利开展。

2018年3月27日

研修手记(四)

今天上午8:30，我们教育家孵化的所有学员齐聚广东华师大厦三楼花城厅。聆听了祝智庭教授的《智慧教育》专题讲座。

祝智庭教授从“信息化——人类的第二次进化”为切入点，提出了“为何信息技术对教育的促变作用远小于其他领域?”“信息技术促变教育的‘慢性’特征”“教育信息化要‘信’字当先”“信息化促进教学变革态势图”等观点，引出了智慧教育概念。祝智庭教授从智慧教育概念内涵、智慧教育环境建设、智慧教育应用发展、智慧教育融入未来学校这四个方面对智慧教育进行了详细的讲解。

首先，祝智庭教授从 IBM 肇始的智慧教育概念谈起，通过对 3 个方面“智慧”(wisdom)的理解导出了智慧教育的祝氏定义：

智慧教育的真谛就是通过构建技术融合的生态化学习环境，通过培植人机协同的数据智慧、教学智慧与文化智慧，本着“精准、个性、优化、协同、思维、创造”的原则，让教师能够施展高成效的教学方法，让学习者能够获得适宜的个性化学习服务和美好的发展体验，使其由不能变为可能，由小能变为大能，从而培养具有良好的人格品性、较强的行动能力、较好的思维品质、较深的创造潜能的人才。对各位学员来说，都是一种深层次的启发。

其次，祝智庭教授认为智慧学习环境的需求，主要分为系统需求、功能需求、技术需求。系统需求主要是实现物理环境与虚拟环境的融合，提供适应性学习服务，支持无缝学习。功能需求主要是广泛连通、自然感知、精准适配、全程记录。技术需求主要是互操作性、无缝连接、适应性、泛在性、过程记录、自然交互、深度参与。

智慧教育生态系统的设计原则是：学生为中心，数据为中心，服务为中心，体验为中心。

构建智慧学习环境的技术分类：资源类，决策类，演示类，操作类，模拟类，制造类，基架类，感知类。各种独立的学习服务平台形成了“数据生态”，数据整合是创建智慧学习生态系统的核心问题。

再次，祝智庭教授从智慧教育应用发展方面进行了阐述。1993 年 3 月，陶行知先生在上海大学演讲时提出了“创造教育”理念，即由行动发生思想，由思想产生新价值，这就是创造的过程。弘扬陶行知教育思想，让创造成为人类的永恒精神，让创造教育成为教育的永恒主题。祝智庭教授借助杜威、陶行知等国内外知名教育家关于创造教育理论的相关观点，概况创客教育的特征：做中学、做中思、做中创、做中享，并借助图片、视频等演示手段，生动形象地展示了在智慧化教学理念支撑下智慧课堂的案例。

最后，祝智庭教授针对智慧教育融入未来学校这一设想，以大量的案例进行分析，从“STEM 教育在兴起，未来学校真的来了，创新学校模式分析，未来学校再思考”等四个方面对智慧教育融入未来学校的前景进行了描绘。

在祝智庭教授的《智慧教育》专题讲座前，学员对于智慧教育这个概念了解甚少，因而在讲座的过程中带给我们学员的就是一种豁然开朗的感觉，智慧可以理解为不被事物的表象所迷惑，在看透事物本质基础上做出决断。结合上述智慧教育及智慧的论述，在教育信息化的语境中，智慧教育应该理解为利用信息化技术对教育信息进行数字化采集，通过智能信息技术对采集的信息进行信息处理和智能决断，通过信息化终端反馈并服务于教育，从而提高教学与管理效率，最终促进教育改革和发展。从教育教学活动过程来看，智慧教育的核心是信息处理和智能决断，它反映一个学校智慧的程度如何，一个学校信息处理能力强，智能决断能力高，说明这个学校的智慧程度高。智慧教育的关键是对教育信息的数字化采集，它反映学校智慧的广度如何，一个学校如果采集的教师教的信息、学生学的信息以及学校管理的信息等各种信息的种类多，说明这个学校的智慧教育涉及面广。总而言之，祝智庭教授的讲座，带给我们的是一种思路，一个方向，可以引导我们将智慧教育带入学校管理中去。

下午 14:30，在基教院四楼培训室，我们教育家孵化班的全体学员一起聆听了闫德明教授的专题讲座《学校特色建设中的 5 个问题》。

闫德明教授提出了学校创建特色的五个思考点，他分别从“为什么？是什么？怎么做？谁来做？做得如何？”五个思考点，从学校创建特色的政策要求，学校创建特色的多种类型，学校特色的过程模式等几个方面进行了详细的讲解。

闫德明教授指出，按照学校特色的教育要素分类，特色学校可以分为育人目标类特色、育人内容类特色、育人方法类特色和育人管理类特色。从学校特色的过程模式来看可以分成四种形式：首先是传统发扬式：挖掘校名资源、校史资源，在学校文化基因中寻找突破口。其次是资源整合式：挖掘社区资源，将独一无二的社区资源转化为学校特色的文化标示。再次是亮点放大式：在放大亮点、革除弊端、借鉴经验中寻找突破口。最后是理想追寻式：在追寻教育理想中寻找突破口。

听了闫德明教授的讲座，在座的学员都深感收获不小，作为湖南省各城市选拔来参加教育家孵化培训的校长们，在学校特色创建方面，都有着自己的思考，再结合闫德明教授更具有实用性与针对性的建议，学员们对学校特色创建工作中存在的问题有了解决的思路和方向。

补记：今天上午我不能集中注意力持续听讲，因为今天是课题组网上申报的最后一天，昨天晚上由于组织老师们在线研讨之后，我又整理了当天的研修笔记，整理了邓求平主任上次的讲话稿，时间已经不早了。我以为问题不大的，结果今天早上一看导出来的申报表，错误太多太多了，而这些问题胡霞老师一个人是解决不了的。几经周折，把大家都找齐了之后，几个小时已经过去了。后来，和娄底市教科所的领导们通过电话之后才知道，今年申报课题的个人和单位特别多，明天娄底市开始网评，以往是没有这道程序的，可见今年的压力之大。还愿我们的课题申报顺利！

2018 年 3 月 28 日

研修手记(五)

今天上午，成都市教育科学研究院院长罗清红做了题为“深耕课堂，让数据导航”的学术报告。这是一位从重庆七中物理教学、高中副校长岗位直接走上市教科院院长岗位的实干家。他用自己创造的“观课云”“数字学校”“翻转课堂”深入浅出地诠释了“大数据时代”如何科学管理学校、深耕课堂，我们被他的智慧深深折服。马云说：“有能看见别人看不见的智商叫聪明，有能看见别人看不见的情怀叫智慧”，罗清红就是这种具有大智慧的人，他的最大的特点就是常态坚持，只要是自己认定了的，就一定会坚持做到底。他用“观课云”等技术手段获取数据，科学地高效地利用 40 分钟，让学生学会自定义学习进度，创造了平行班100%重本率的神话。他创造的“数字学校”整合了当地优秀教育资源，免费开放云课堂，为贫困地区的孩子打开了一条通往成功之路的绿色通道。所有这些，无不让我们钦佩，要知道，光有情怀没有智慧是做不出这种伟业的。

作为教研员，我最感兴趣的还属“观课云”，罗清红说：“课堂，观察了吗？观察，常态了吗？没有观察，就会缺乏证据，没有证据的评课，犹如云中漫步，不知所踪。观察而不常态，作秀式地功能展示，也就很难积累大量数据，找出教师的‘常模’将是很困难的事情。观课云，希望走草根平民路线，人人可以观察，人人可以被观察，常态化记录，大量数据涌现出教师教学行为的特性，教师自己做出适切的改变，善莫大焉!”

今天下午，华南师大学报编辑部主任总编王建平先生做了《教育科研课题研究的策略与方法》的主旨报告，这于我们，也是雪中送炭的课程。关于如何通过做课题沉淀、提炼自己的教育思想，我们有太多的困惑，王主编从困惑、意义、策略与方法等几个方面展开了他的报告。“为学患无疑，疑则有进，小疑则小进，大疑则大进。”因此，问题意识是课题研究首先要解决的问题。因此，教育发展的时代所需的问题、管理与教学中的突出问题、教育教学中的疑点、教育研究中的薄弱点、空白点等都可以成为课题要研究的问题。从研究方法上，他从理论研究、实验研究、定性与定量相结合的研究等几个方面展开讲述。可惜的是，由于时间有限，王主编本来计划要讲的“论文的写作”这一部分没能展开，期待下次有机会补上这一课。

2018 年 3 月 29 日

研修手记(六)

3 月 30 日，此次研修的最后一天。在华南师大图书馆至善楼，来自南京大学的李承贵教授开讲《儒学的生活智慧》。

讲座从何谓生活、何谓儒学两个问题开始。生活即人们的日常生存活动，儒学呢？由孔子创立，继承尧舜文武周公思想，以六经为经典，以仁义为核心，以教化民众为任务，以提高人民的物质生活与精神生活水平和建构理想的社会秩序为目标的学说。

儒学对物质生活的追求主张是什么呢？正德，利用，厚生；先富后教；制民之产。儒学对精神生活的丰富有什么主张？“生民之道，乐为大焉。”人的精神生活可以分为娱乐、求知、情感、道德四个层次。“发愤忘食”“非敬无为以为孝”“舍生取义”。儒学对公共生活的改善主张？“不知礼，无以立”“民之所由生，礼为大”“别同异，明是非”“非礼勿视，非礼勿言，非礼勿听”。

儒学，精彩生活的智慧？（听大师解读）

1. 自强不息。“天行健，君子以自强不息”。其为智慧有三层含义：第一，积极竞争，占据事业制高点；第二，努力创新，开辟事业新天地；第三，坚持不懈，无惧挫折与失败。

2. 居择善地。其为智慧有三层含义：第一，善于选择优质的环境生活；第二，善于选择适合自己性情的生活；第三，善于选择适合自己能力的工作；第四，善于选择人生努力的方向。

经营生活的智慧？

1. 厚德载物。大德必得其位，必得其禄，必得其名，必得其寿。其为智慧也有三层含义：第一，利他利群，积善成身；第二，胸怀宽广，包容众生；第三，无私奉献，承载万物。（盲人提灯，和气生财，冯谖购仁义）

2.“甘节，吉。”以节为乐，将得吉祥。其为智慧有三层含义：第一，物质生活节俭以渡难关；第二，精力体力节俭以养身；第三，自然资源节俭以护生态。

疏通生活的智慧？

1. 察色出言。

2. 敬人有道。贤者贵而敬之；不肖者畏而敬之；贤者亲而敬之，不肖者疏而敬之。

看来，儒学对生活质量影响可谓深远。

2018 年 3 月 30 日

涟源市教研师资培训中心
王丽燕

湖南省首批“培训师”高端研修班培训手记

我有幸成为湖南省首批“培训师”高端研修班的成员，这是一支集全省各个学科各个学段(从高校到幼儿园)骨干教师近200人的队伍。这次的学习为期一周，听了好几个报告，参与了几次小组研讨，收获颇丰。

“打造‘狼群’一般的培训湘军”

湖南省中小学教师发展中心的黄佑生主任是我们培训师班的总设计师，他用近四年的时间设计并执行了好几个成功的国培项目，在全国极具影响力。在本次的培训师培训课上，黄主任说：“我们要把湖南省的首批培训师打造成狼群一般的培训湘军”，他说这是他的野心，他梦想着带领我们这批培训师走出湖南、冲向全国。

我知道，这是黄主任激励我们的话，毕竟梦想能让人充满斗志。仔细琢磨琢磨，“狼群”与培训团队还真有几分神似——带团队其实就是带野心、带梦想、带欲望、带状态。狼有狼性：野、残、贪、暴。用在团队建设文化中，那就是对事业要有“贪性”，无止境地去拼搏、探索；狼性的“残”用在工作中，便是指对待工作中的困难要一个个地、毫不留情地把它们克服掉、消灭掉；狼性文化的“野”便指这种在事业开拓中不屈不挠的拼搏精神；狼性文化中的“暴”则是指在工作的逆境中，要粗暴地对待一个又一个难关，在困难面前不能心慈手软。这样带出的团队，一定是富有战斗力的团队。我们名师工作室的团队也一定可以打造出一支“狼群”的。

“内心有温度，做事有原则”

谭晓明，津市的小学数学教研员，年近六十，我们数学研修组的组长。他有着丰富的教研工作经验，特别敬业。自从他当上组长以后，事无巨细，他都亲力亲为，从我们小组项目的设计到实施，从我们每个人的研修到小组团队的打造，他可谓是操碎了心。事实上，我们数学组的分组研修是卓有成效的，仅郴州市的教育精准扶贫项目我们就参加了两次，无论是讲座、点评还是示范课，我们都不敢有丝毫的疏忽。从我们在小组内的演练，到集体修正，到最后的呈现，应该说质量还是很高的。但不知道什么原因，在我们这次培训最后的颁奖仪式上，我们组竟然在六个优秀小组之外，这多少让我们有些意外。在回家的途中，我在我们小组群里发了这么一段话：“组长辛苦啦！在我们心中，组长是最优秀的，我们组也是最优秀的！理性、不浮、不躁、崇真、向上是数学教育人的本色。我爱我组！”马上，我们小组的所有成员都开始积极互动，谁也没有抱怨，大家都在传递着正能量，湘南学院数学系的骆洪才教授说：“非常同意王老师对数学教育人本色的概括，有深度有高度有温度，深度在于最，高度在于真，温度在于爱。”益阳的李腊先主任说：“内心有温度，做事有原则，便是最好的普通人。”这些只言片语，都传递着数学教育人特有的理性与温情。

涟源市教研师资培训中心
王丽燕

2018 年新疆“送培到县”项目工作手记

工作手记(一)

今天是个很特别的日子，群里的年轻人在转发各种关爱的信息，空气里弥漫着玫瑰花的香味。的确，人们需要创造一些这样的节日，把平时压在心底的话掏出来，轻轻地告诉身边的朋友，与他(她)共处的快乐、贴心的关怀、温暖的惦记，在此刻，以特别的方式传递出去……

在这个特别的日子里，我们湖南支疆培训师团队一行八人在省教育厅的组织下，从各地赶到机场集结，出发前往新疆支教。大家都打着背包，行囊里大都是电脑、教具、书本之类，大家不约而同，相视一笑，那种责任感与使命感油然而生。是呀，我们只要想到新疆此刻有那么多孩子在等着我们去上课，有那么多老师等着我们去交流，那是一场多么美好的约会！无论如何，我们也应为他们的期待倾我所有。

天公不作美，原本下午六点起飞的航班延误了，凌晨两点出发，到达乌市应该是上午七点多，如果准时的话，会刚好赶上去温泉的航班了。那样，明天，我们就可以见到那群可爱的孩子们了。

2018 年 5 月 20 日于黄花机场

工作手记(二)

注定今天是不同寻常的一天。

不寻常是从昨天航班延误开始的。天气原因导致航班延误之后，航空公司把我们送去宾馆了，来回折腾两趟之后，其实也睡不了多长时间。其间，新疆教育学院的梁玉琦主任不停地把航空公司的信息传递给我们，他们在与航空公司洽谈，担心我们赶不上从乌鲁木齐到博乐的航班。经过精确计算后，新疆教育学院连夜安排司机赶往乌鲁木齐机场，我们一落地，司机迅速把我们从 T3 航站楼转移到 T1 航站楼，让我们踩着点赶上了下一个航班。我惊异于他们的办事能力与敬业精神，为了我们能准时到达，他们的联络人几乎一晚没睡。

到博乐机场迎接我们的就是梁玉琦主任，这是位已退休后返聘的老领导，号称“金牌培训师”，她特别细心周到地安排我们的饮食起居。她说，她要用新疆人的热情好客留住我们，当我们下次再接到邀请函的时候会欣然前往。她的细心热情真的是无可挑剔，为了我们不重复地吃遍新疆的美食，特意托人买了香馕，这种看上去特别夸张的大饼有着面食的天然香味，再加上小茴香和洋葱孜然味混合在一起，吃起来香喷喷的。她甚至连车上的音乐都准备好了，从迎宾曲开始，每首歌都是精挑细选的，让我们稍感意外的是，她竟然在车厢的过道里跳起了新疆舞，还邀请我们每位老师与她共舞，我们都被这位长者感染着，忘了舟车劳顿，欣然共舞。

我们此行先去博乐市接上一个专家组一起去下一站培训基地——温泉县，这可比我们想象的路程远多了，近三小时车程呢。途中我们经过了赛里木湖，开车的师傅也很专业地换上了《赛里木湖》的音乐，我们都纷纷举起相机，贪婪地拍摄着这难得的美景。热情的司机一边开车一边给我们当起了导游：赛里木湖是天山山脉的冰雪融化而成的淡水湖，绕湖一周有130公里。椭圆形的湖面上天鹅在闲庭信步，湖面上海鸥飞翔。蓝天白云环抱着天山，天山环绕着赛里木湖，蓝蓝的湖水波光粼粼，四周的湿地上开满了小黄花。一对对情侣在拍婚纱照……一切都是如此空灵、静好。

当我们到达温泉县的时候，已是晚上九点半。新疆日照时间长，九点多钟天还亮着。当地教育局的负责人送来了课程表，感觉这几天的日程非常丰富，从教学诊断到磨课、讲座、示范课，再到建课展示，非常扎实。

期待明天的精彩。

2018年5月21日于新疆温泉宾馆

工作手记(三)

今天，新疆支教行动正式开启。

按照新疆教育学院之前设计好的项目计划书，第一天是教学诊断。一大早，我们来到了基地校温泉县城镇小学。这所学校环境优美，校园位于哈拉套山脚下，整个校园里种满了各种果树，各种不知名的花儿也豪放地开放着，老师们和孩子们都微笑着迎接我们的到来。校门口的警察有序地指挥着孩子们入校，我们每位老师都自觉地接受着安检。

很快，我们进入工作状态。给我们上展示课的是两位年轻人，来自这个小县城的两位特岗老师刘婕和毛亮亮分别上了展示课《图形的运动(三)》《鸡兔同笼》。应该说，这两位刚入职的老师能有模有样地上好一节数学课，已经很不错了。特别是刘婕老师，能紧紧抓住旋转的三要素设计活动、设计练习，学生在她的引导下很好地掌握了基础知识与基本技能。相比之下，毛亮亮老师就显得有些经验不足，她刚一上课，聪明的孩子就站起来，提前揭示了答案，一口气说了关于鸡兔同笼的假设法、抬腿法，小毛老师马上意识到这个问题，她直率地说："你们都已经知道这么多了，毛老师设计的课太没创意了。"我以为她会调整预设呢，没想到她还是不管不顾地回到了自己预设的轨道上，她打算带领孩子们从列表法开始研究鸡兔同笼，她要学生猜测头为8的所有可能性，孩子们死活不猜，说"1和7是不可能的，我已经算过了"。这下小毛老师成功地被学生带跑了，再也难以与学生互动，玩起了自讲自听的游戏，学生开始游离于课堂之外，老师艰难地结束了四十分钟的教学。

接下来，我和新疆的教育学院的张明贤老师就这两个课例进行了议课。张老师长期从事高等数学教育研究，有着丰富的高等数学教育理论，他从心理学与教育学的角度切入，对这两个课例进行了深入浅出的分析。我呢，因为有着长期的一线教学工作经历，对这两个课例有一些思考，因此，我从实际操作层面对这两个课例提出了我的看法，学员们说我和张老师从理论到实践完美融合，给了他们能学得着的方法。

下午，张老师进行了如何观课议课的讲座，给了老师们一些观课的理论指导；剩下的一个半小时，我和老师们就上午的两个课例进行了集体磨课。首先，我谈了我的设想，对于《旋转》一课，我的主要建议是设计高质量的活动——"给体育老师找助教"，从"向右转"这个常用的口令中，激活学生已有的经验：要准确指挥一个旋转动作，需要明确旋转的"中心点、方向、角度"，让学生在活动中认识旋转的"三要素"，然后通过"给数学老师找助教"的活动，进一步明确旋转"三要素"，最后通过分层练习的设计，把课堂推向高潮。对于《鸡兔同笼》，我们预设了一种有部分学生已接触过这个问题的情况下的教学方案，那就是直接把腿数之和改为"腿数之差"，激活课前游戏经验(同时满足两个条件的数学游戏)，让学生回到"列表法"这个根本方法上来。讲完我的设想之后，我再次组织学员就我的设计方案进行讨论，老师们非常踊跃地参与了互动。其中有一位哈族的男老师买米提艾力对我的设计提出了质疑，他说我把简单的情况变复杂了，我再一次深度解读双轨迹模型，在我看来，研究腿数之和与腿数之差在难度系数上是一样的，只不过腿数之差打破了学生之前在这个问题上的认知平衡，逼学生寻找解决问题的策略，这时，课前游戏的经验很好地引导学生走上研究这个问题最原始最有用的路径上来了。这时，买米提艾力笑了，羞涩地说：“王老师，我明白了。”另外一位蒙古族的男老师则提出“怎么把游戏和数学有机融合”在一起的问题，我以一个游戏为例阐述了“数学游戏”如何“数学化”的方法，看到这位小伙子心领神会地点头，我也舒心地笑了。

课后，我和张老师把两位执教的老师留下来，我们建了一个四人小组群，我们承诺在磨课过程中有任何问题，随时在群内进行交流。

明天我的任务很多，上课、讲座、点评、磨课，一样也不能含糊，但愿能高质量地完成每一个任务。

2018 年 5 月 23 日于新疆温泉宾馆

工作手记(四)

今天是充满挑战的一天。

上午，进入“示范课”环节，我执教了六年级数学广角《数与形》，因为六年级的孩子已经上完了这个内容，我还是忐忑地选用了五年级的学生。因为这节课在设计上比较注重学生的思维训练，我来之前，伙伴们都一再提醒我要关注学情，因为这里毕竟是边疆。因此，我的内心还是有些惶恐的。昨晚睡觉之前，还在脑子里设想如果学生跟不上节奏时的“应急预案”。

一开课，我用了五分钟的时间与学生做了课前交流。很快，学生开始与我积极互动，孩子们脸上洋溢着快乐的笑容，学生的状态非常放松。凭经验，我判断这种气氛下学生的思维是不会有问题的。

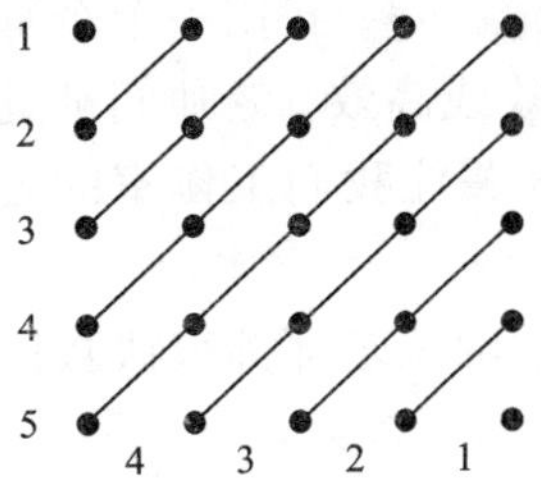

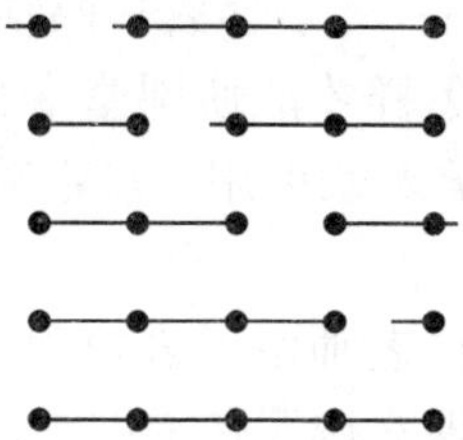

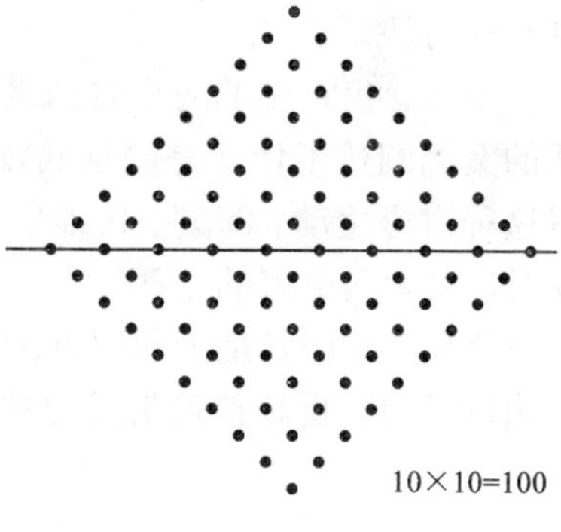

随着课堂的推进，孩子们的思维果然被激活了，特别是当我出示 5 行 5 列点阵图后，让学生观察思考：怎么看就能看出 1 +2 +3 +4 +5 +4 +3 +2 +1 的样子？我在湖南各地试课的时候，孩子们都会说斜着看，可新疆的青格力同学给了我不一样的惊喜，他竟然找到了两个相邻的三角形数！

我灵机一动，在表扬了这个孩子有了不起的发现之后，让别的孩子补充了不同的发现，孩子们立刻补充了斜着看的规律，当课程推进到三角形数的研究之后，我再次请出了那位孩子，隆重地表扬了他的发现就是伟大的数学家毕达哥拉斯的发现，从这位孩子骄傲的眼神里，我看到了未来数学家的荣光！一节课下来，课堂高潮迭起，孩子们精彩的表现远远超过了我的预期，征服了所有听课的老师！

当然，这个课堂里也出现过意想不到的问题。比如当学生发现正方形数的行列规律，说出 1 号点阵图的点子数是 1 的平方，2 号点阵图的点子数是 2 的平方……之后，我提问：按上面的规律排列下去，几号点阵图的点子数是 100 呢？我试过课的班级无一例外地回答 10 号点阵图，但今天这个班一个叫沙提亚的孩子给的答案是 25 号点阵图，我不紧不慢地说："哦？把你的想法说给大家听听？"这个孩子说："5 号点阵图是 25 点，100 点是 4 个这个的点阵图，所以……""噢，你想到了把 4 个 5 号点阵图摆成正方形，真会思考！老师把你脑中的图画出来"（我画了 4 个正方形框），我的草图刚一画完，这个孩子立刻意识到自己的回答有错误，他说："现在我明白了，100 个点子对应的是 10 号点阵图"，全场自发地响起了掌声，我也顺势指出了此处以"形"助"数"的妙处。在后来与学员的互动中，学员们都说在这个环节他们领略了"化错艺术""化腐朽为神奇"是怎么回事。

这个班的数学老师在听完这节课后，动情地走上讲台与我拥抱："王老师，感谢您！您把我们班的孩子带活了。平时，我低估了他们的能量，我太佩服您了！我终于相信了一句话——没有教不好的学生，只有教不好的老师。我今天才知道我们班还有这么多数学天才！我替孩子们谢谢您！因为您的鼓励会影响到一批孩子的！我一定努力向您学习！"我知道，这位老师也是在鼓励我。不过，我还是很享受这份快乐。

下午，我完成了两小时的讲座——《小学数学课堂有效教学》，我用一个个鲜活的案例阐述了什么是课堂低效，怎样才能使课堂变得有效或高效，老师们都觉得这种讲座生动、深刻、接地气，学来就可用，并主动要求关注我们工作室的公众号，以学到更多的东西。

之后，我们又把上研讨课的两位老师留下来单独磨课，两位老师都很认真地一遍遍试讲，我对她俩明天的重构课充满了信心。

2018 年 5 月 24 日于新疆温泉宾馆

工作手记（五）

今天是在新疆送教的最后一天。气温从昨天的十六摄氏度直接降到一摄氏度，阿拉套山上的积雪与天上的白云浑然一体，形成山脚艳阳高照、山顶白雪皑皑的自然奇观。我们送教团队的伙伴们都把从湖南带来的为数不多的几件衣服以尽可能漂亮的排列组合方式全穿在身上前往基地学校。

今天的第一节课是我的示范课《圆柱与圆锥的整理与复习》，因为之前与炤阳有过长时间的磨课，对这堂课的设计与执行我心里是有谱的。课前交流时间，我用上了带去的动画短片儿《鹬》，重点是用小鹬向寄居蟹学找扇贝的技巧为入口，与孩子们聊关于交流的话题，孩子们的眼睛因为这美的意境点燃了！开课很顺利，孩子们的数学思维能力极其活跃，空间想象能力棒棒的，数据分析意识非常强，当我提问圆柱形饮料包装上的 330 mL 是不是靠谱时，第一个孩子说我们计算的结果是大约 349 mL，应该还可以装更多；第二个孩子立即补充说，我从课外书上看到一个知识，液体饮料不能装太满，否则热胀冷缩会引起爆炸；第三个孩子马上说，我们计算的是体积，330 mL 是容积，计算体积数据是从容器外面量的，而计算容积的数据是从里面测量的。我很轻松地享受着孩子们的交流，表扬他们是聪明的小鹬。圆柱容球是这节课预设的高潮，孩子们的知识面很广，关于圆柱容球都是通过他们的相互补充推向高潮的，一切都是我想要的样子。最后，我与孩子们幸福合影。

紧接着，两位老师展示了她们的重构课，经过两天的研磨，她们的课明显地进步了，有高质量的问题与活动设计，特别是刘婕老师的《旋转》一课中设计的“心有灵犀”的数学游戏(一个孩子看钟面上分针的旋转，用三要素描述分针的运动，另一位孩子猜具体的时刻)把课堂推上了高潮。其实，每一位数学老师都有责任让学生有高峰体验，否则学习兴趣就是空谈。

几天的送教已接近尾声，这里有大美的风景，大爱的老师，大智的孩子。这也将成为我的教育生涯中珍贵的记忆。

2018 年 5 月 25 日于博乐机场

咏王先生二零一八年孟夏北疆支教
闻师北疆支教赋

戊戌之年，建巳之月，备行南楚，以赴北疆。驭波音之铁翼，驾宝马之飞轮，披爽风，穿宿雾，千里程期，数时畅达。

至则逢迎款到，招待周详。雪脂香乳，尽属异域之珍；硕果甜瓜，极尽新疆之美。澄海深淼，延于素座；天山高峻，嵌入芸窗。明眸有缤纷之花，洗耳多活泼之水。清兴与闲鸥齐飞，逸怀与蓝天一色。

乃经博乐，至温泉，卸行囊，授真经。释疑于同笼之兔，启智以簇阵之星。瞻高远而务幽微，情深沉而识精粹。于是豁然云开，列座之宾，笑而颔首，同行之众，忖而凝思。谛听谆谆之语，如沐春风，感得循循之教，似悬朗月也。

新疆之行(一)

轻衣薄牍入行囊，夜别长沙赴北疆。
拂晓高窗分曙色，晚归云雁共颉颃。

新疆之行(二)

际遇春风物象殊，千山冰雪作明湖。
含沙细草萌新叶，掠浪轻鸥育乳雏。

新疆之行(三)

风雨无羁千里程，珍肴丰馔见深情。
相知绿浪蓝天下，妙策奇谋一并倾。

新疆之行(四)

研学无关是与非，每从浅显探幽微。
平常一语关情处，触动轻鸥次第飞。

新疆之行(五)

青桃幼李系情怀，不驻春风意不排。
已共蓝天相契约，何辞躍步闯天涯。

新疆之行(六)

磨璞费尽十年功，形貌音声自不同。
解得壅培原细事，苦研精析道无穷。

新疆之行(七)

为有情怀别样痴，行行小字见心思。
而今品得味如酒，笑对清风一展眉。

新疆之行(八)

平常言语自清嘉，心谙数形气自华。
若问芳姿何所似，天山一朵雪莲花。

新疆之行(九)

课堂点滴总倾心，不拒涓流识自深。
一夕天山湖上梦，水如环佩月如襟。

涟源市教研师资培训中心
谢加文

树木·树人

柳宗元的《种树郭橐驼传》中，有位姓郭名“橐驼”的驼背老人，很丑但是很善良，与世无争，一心只做一件事——种树。

因为用心，老郭的树自然种得极好，长得粗壮，结果子很多。自然，路过的人要问老郭种树的经验，老郭不紧不慢地说：“其本欲舒，其培欲平，其土欲故，其筑欲密。”（让它的树根舒展，培土要平均，它根下的土用原来培育树苗的土，筑土要结实。）

老郭说的是种树，原本与教育是不相干的。但是，我是研究教育的，怎么看这段文字都觉得是为教育量身定做的——要是做老师，也采用老郭这些方法，教出来的学生一定很优秀。树木、树人，其理相通。

其本欲舒。

一棵树的树根够伸展，就能汲取更多的养分，枝干就能粗壮。教育亦如此，如果一位老师找到了一所合适自己发展的学校，遇上了一位有教育情怀的校长，这位老师就会有舒适感、幸福感并且充满教育激情。如果一位学生找到了合适自己发展的学校、找到了自己喜欢的老师，就像《窗边的小豆豆》一样，每一个孩子都会在这所学校找回自己的尊严与荣耀。所以，学校就应该创建陶行知先生倡导的“生生农场”，为学生提供舒服的学习与娱乐场所，课堂上全神贯注、课后生龙活虎，动静相宜、张弛有度。

其培欲平。

给树培土应当考虑周边，不要有积水，松紧适宜。若是太松，根基不稳，容易长得歪斜，也经不起风雨；若是太紧，压得透不过气来，就会对生长不利。教育亦如此，一所学校倘若没有规矩，那自然不成方圆，但规矩太多，师生都会缚手缚脚。所以，表扬和批评，奖励和惩罚，拿捏有度，收放自如，挫折教育与快乐教育并存，孩子才会健康如树。

其土欲故。

我们常常发现园丁在移植树苗的时候，树根处会包裹起一大堆原来培育树苗的土，就像游子离开家乡时会带走一包家乡的泥土一样，就不会有水土不服的现象。教育亦如此，我们的学校教育离不开家庭教育这片故土，所以，家风、亲情与学校教育形成合力的时候，孩子的发展才是最健康的。因此，与父母的一餐热饭，一阵唠叨，一次远行都是很好的教育资源。我们常用老鹰把小鹰推下悬崖作为育儿故事，但我们要注意老鹰逼迫小鹰自己飞翔，但是绝对不是老鹰把小鹰推下悬崖撒手不管，而是一直是陪伴在小鹰的身边的，直到它独立飞翔。这是放手的爱，也是全程陪伴的爱。

其筑欲密。

种树的时候，筑土一定要结实，否则一有风吹雨打，树的根基就不稳，就会有被摧毁的可能。教育亦如此，人的根基一定要稳，否则容易误入歧途。什么是人的根基？世界观、价值观、人生观。因此，教师应该以良好的素养给学生垂范，并引领学生广泛阅读健康的书籍，吸收其中的营养，传递正能量，让每一个孩子如一棵茁壮的小树拔节生长。

“其本欲舒，其培欲平，其土欲故，其筑欲密”，这四句话，是对树木的本性的尊重，也是种树的要把握的要领。老郭说：其他人给树根换生土；培土不是过紧就是太松。关爱太深，担忧过多，早晨去看，晚上又去摸，甚至抓破它的树皮来检验它是死是活，摇动它的树根看土是松是紧，表面上看是喜爱它，实际上是害了它。

于教育而言，老郭是在提醒我们给孩子们一片宁静自然的生长环境，给学校一个宁静自然的教育环境，少干扰，少浮躁，少喧嚣。

于教师而言，我们要像老郭一样做个善良的人，工作的时候全身心地投入，顺乎学生天性。

于家长而言，我们要明白，家才是人生最重要的根基。尤其是一个人的童年经历，对一个人的未来发展起着至关重要的作用。

树木如树人，树人如树木。

涟源市教研师资培训中心
王丽燕

成长就是不断突破自己的舒适区

这些天一直在准备着公益演讲，我反复地观看了两段备用的视频，一段是《鹬》，一段是《鹰》，每看一遍，我都会被鹬和鹰的育儿智慧所震撼，他们的最大智慧在于能把握最好的时机把孩子带出舒适区，迎接新的挑战。鹬妈妈在自己的孩子能独立觅食的年龄，果断地中断喂食；鹰妈妈在孩子能学习飞翔的时候，果断地把孩子从悬崖上推下去。孩子们从自己的舒适区走出来之后，面临着新的成长环境，他们不学习新的本领再也无法生存。就这样，孩子开始在适应新的环境时不断成长。

这让我想起查理斯·汉第说的话："大部分人一生的专业成长只有一条曲线，慢慢上升到中年期，然后急剧下降进入退休期。不断成长的秘诀，就是在第一条斯格模德曲线走下坡路之前，开始一条新的曲线。"

我想，一位优秀教师的成长同样如此，仅有第一次成长是不够的，起决定性作用的是第二次成长。问题的关键是：有没有人要求他们继续走向卓越？有没有人提供这样的平台？我想，这个答案是肯定的，名师工程就是要求我们的优秀教师走向卓越，名师工作室就是这样的平台。

我们的成员很优秀，在各自的岗位上起着示范引领的作用，是学校的中坚力量。很多老师如果守着已有的成果，也能很好地开展工作，得到社会、家长、学生的称赞。但是，如果我们仅仅满足于这些，不思进取，不学习，不更新，我们很快就会发现我们现在正走下坡路，有一天你会猛然发现，原本，我们可以更优秀。

现在，一群优秀的人走在一起，有着共同的追求与梦想，有着共同的兴趣爱好，有着共同的研究方向，我们完全可以大胆地走出自己的舒适区。只要我们每个成员都像圆规一样，脚在走，心不动，每天坚持走一小步，几天之后、几个月之后就会迈出一大步，若干大步累积起来就会是一个巨大的进步。

因此，我们要善于走出、勇于走出自己的舒适区，不断走向卓越，像大树一样，向下扎根，向上生长。

涟源市教研师资培训中心
王丽燕

《鹬》(*Piper*)

文是我的好朋友，他有一个非常高雅的业余爱好——追电影。他曾自豪地说：“别的我可能比不过你，但看电影你肯定比不过我，因为我看过自己也数不清的电影，我以看很多电影为代价，看到很多好电影……”最难能可贵的是，文也是从事教育研究的，而且和我一样，是数学专业。于是，我们有了很多共同的话题，包括分享教育视角的好电影。于是，我也就心安理得地享受着文的“二手电影”。

最近，听说我要去新疆交流，文又发给了我几则微电影。我惊叹于他与我的默契。在我看来，这些电影导演比我们都要懂教育，他们用特别的方式生动地演绎了最经典的教育原理。他们拍摄的电影简直是为教育量身定制的电影，特别是《鹬》(*Piper*)！

《鹬》(*Piper*)是皮克斯动画工作室于2016年出品的动画短片，由艾伦·巴利拉罗(Alan Barillaro)执导，该作品获得第44届安妮奖最佳动画短片奖和第89届奥斯卡金像奖最佳动画短片奖。整个影片时长5分半钟，听说导演用了三年的时间去拍摄它，精品大概都是这样磨成的吧。这个动画短片讲的是一只小矶鹬在长辈的激励下，独自面对心中对海水的恐惧、尝试觅食的故事。画面唯美，富有视觉冲击力，彰显了一个稚嫩生命对于未知事物的好奇、试探与征服。

说这部短片是为教育而作，是因为其中蕴含着深刻的教育原理。

好奇是孩子的天性。对鹬来说，捕食扇贝是基本技能，跟着浪潮，浪潮过后注意沙滩的小气泡，有气泡的地方就可能有扇贝，这是鹬代代相传的生存技能，鹬妈妈一开始也是这么教小鹬的。要看着浪，浪来了就往岸边跑，浪走了就抓紧时间根据沙滩的气泡抓扇贝吃。可小鹬因为对泡沫的好奇，在稍微的犹豫之后，她来不及跟着大鹬们一起跑向岸边，直接被冲过来的海浪淹没了。

付出后往往会收获经验。就是这一次在好奇心驱使下被海水吞没的体验，让小鹬收获了难得的经验——被海浪冲击过之后，虽然羽毛湿了又冷又难受，可终归是死不了的，最大的代价也就是全身湿透回头晒干罢了。

交流的确是一种很好的学习方式。小寄居蟹与小鹬之间，是跨种族的交际。她跟着小寄居蟹一起走向海边，当浪冲过来的时候，它学着小寄居蟹的方法，把自己埋进沙子里，并在小寄居蟹的提醒下，学会了新的觅食技能——当海浪冲过来时，沙子里的扇贝会被水冲出来，能看清扇贝的大小，然后根据扇贝的位置，等浪离开后，找到对应的大扇贝，这本来是寄居蟹的生存技能。鹬们只会等浪走后根据气泡找到扇贝。可寄居蟹能把自己埋进沙子里，等浪来的时候看清楚被浪从沙子里冲起来的扇贝大小，然后可以挑到大扇贝。小鹬因为跟小寄居蟹的交际，学会了寄居蟹们才有的技能，小鹬相当于读了一个双学位。当她学会的时候，那份喜悦叫人动容！那是学习的乐趣所在！她带着大家冲进海滩，她帮大家挑大扇贝，找到了最大的一只。她甚至学着妈妈的样子拿嘴巴撞了小寄居蟹一下，大概是表达感激、传递友情吧！只会鹬技能的大鹬们只能找到小扇贝，而读了双学位的小鹬，变成了鹬群里捕食技能最高的一位了，无论怎么看，小鹬都是这个团队中情商与智商俱高的那一位！也因此，她成了第一只学会把身体埋进沙子里寻找扇贝的与众不同的鹬！

放手才是真爱。微电影中的这位鹬妈妈也是育儿高手，她总是用鼓励的目光看着自己的孩子，用甜美的午餐吸引着孩子主动觅食，当孩子遇到打击的时候，她总是温暖而又坚定地鼓励着孩子重新出发……

感谢好友文的分享！这次去新疆，我要把这部微电影作为礼物送给新疆的孩子们。

涟源市教研师资培训中心
王丽燕

格局·情怀

先生常和我说："爸爸的格局，妈妈的情绪，便是一个家庭的风水。"开始，我把他的话当玩笑，认为他是为了在家庭生活琐事上偷点儿懒，以把握家庭大方向自居，而作为孩子妈妈的我，得随时注意把控自己的情绪，给孩子做出榜样。这样，我们的家庭才会和睦幸福。

随着社会阅历的增多，我越来越感觉到先生的话有几分哲理。

首先，我想到了那只蚂蚁——

一只蚂蚁拖着一穗麦芒，它发现无法拽进窝里，就把麦芒拖到一边，为其他蚂蚁让路。

这，就是一个生命的格局。

然后，我想到了金岳霖——

金岳霖一生深爱着林徽因，却宁愿，隔着一生的距离去守望。在他人生的最后，有人要想得到他跟林徽因的种种故事。他说："我所有的话，都应该同她自己说，我不能说我没有机会同她自己说的话，我不愿说，也不愿意有这种话……"

我想，这应该是这个世界爱的大格局了。

现在，我想到的是我工作室的导师们——

邹兆林，娄底市师培中心的书记，作为"娄底名师工作室"的"始作俑者"，他心系我们的名师团队，常在我们工作室的群内为大家鼓劲助威，"加入名师工作室，是我们挖眼寻蛇，自找事做？为了沽名？为了钓誉？有心可操，有苦可吃，有累可受，既不是为了沽名，也不是为了钓誉，更不是为了图利。工作室各项活动如火如荼，让我看到是大家对教育初心不改的情怀，是一份责任，是一种担当。谢谢大家！顺颂金康，并候冬安。"这是书记在群内的留言，是勉励，更是教诲！

邓求平，涟源市教研师资培训中心的主任，他那"要人给人，要钱给钱"的庄严承诺，一直温暖着我们每个人的心窝。一般场合下，邓主任话语不多，不熟悉他的人甚至认为他"不善言辞"，但是，在我们工作群里，他一改往日的风格，用热情似火的语言"煽动"着每位老师的心——"名师引领，骨干示范，众人协力，共创教师专业发展共同体！""如果每日坚持撰写教学日志，坚持几年便有所成。有位教育大家说：有的人教一背子书还只能是'教书匠'，有的人教几年十几年就成名成家了，区别在于坚持写日志，不断反思，不断学习，不断实践，功到自然成""听说凡有成就者皆知道我从哪里来，我是谁，我要到哪里去，可惜我也与大多数人一样漫无目的地生活与工作，现在想干点事，可惜又近黄昏！希望年轻的同仁们只争朝夕！切莫白了少年头，空悲切！”“引领（前行的方向），唤醒（沉睡的情怀），激发（潜在的内力），激励（持续践行的斗志）！这就是名师效应！”细细品读，油然而生的除了敬意，还有向上的力量！

申建春，《湖南教育》杂志社理科室主编，他的繁忙是我们不能想象的。但是，为了我们的工作室，他几次抽出时间与我谈心，从整体思路到操作细节，像父亲一样手把手地教导。

特别让我感动的是，今天，他打了长达20分钟的电话，让我转达工作室的老师们这么几件事：

一是他对工作室老师的创作热情的充分肯定，他说经常有老师主动提交数学故事让他指导，可见大家一直在用心做研究，值得赞扬！

二是他对故事撰写的方向性建议，他鼓励大家多写些有实际背景的数学故事，比如《韩信点兵》《狄青打胜仗》《田忌赛马》《格子乘法》等就是我们工作室创编的好故事。立意高远、数学味浓的故事是最受欢迎的故事。他还详细地讲了张奠宙先生的“年月日”的教学构想（发表在《湖南教育》2018 年第 2 期上），从年历表上找规律这不算是数学味最浓的教学方式，从“精确度量”时间的角度去研究才有文化品位，同样，“元角分”的数学故事也可以从“精确度量”的角度去构想，比如我国如何从“物物交换”发展到“货币”交易等。

就在电话接近尾声的时候，申老师亲切地说：“出太阳了，记得出去锻炼身体啊！”我一时语塞……

我深深地感到，这些导师们，都是些有大格局的人！跟有大格局的人交往，有通透的快感。那感觉，仿佛你走在黑暗里，突然间，整个世界的窗，为你一扇一扇打开，然后，阳光匝地，岁月静好。

涟源市教研师资培训中心
王丽燕

有一种温暖叫陪伴

寒假说长也长，说短也短，眼看就要开学了，如何整理老师们寒假里的研修成果成了我的一个小课题。怎么办呢？我在名师工作室微信群里发了一条消息："今晚去办公室整理老师们的文稿，哪些老师可以当志愿者呢?"消息一发出，谢炤阳老师和黄晓红老师立即响应，我顿时倍感温暖，送出了"拥抱"表情。我想，这两人如果当时在我身旁，我一定会深情拥抱的，我甚至想过，如果我这消息一发出去，谁也不理我的那种窘态。所以，此时，他俩的一声"收到，我来"让我倍感温暖，我在心里默念："有一种温暖叫陪伴。"

七点钟，我们三人如约而至，开灯，打扫，烧水，就绪！我们分工合作，老师们的文档既按名字分类(为年终评比做好准备)，又按年级分类(为故事成书做好准备)。办公室内，只听见键盘与鼠标的声音，但彼此的工作非常默契。

让我们感动的是，其间邓主任竟然来看望我们了，和往常一样，话语不多，只是看一看，转一转，笑一笑。但我们懂的，这一看一转一笑，满满的都是关怀与鼓舞，在这寒冷的夜晚，有人惦记我们，有人关注我们，这便是无穷的力量，我们没有理由不好好工作的。

时光静好，与君语；细水长流，与君同；繁华落尽，与君老。这样的句子是描写相濡以沫的美好爱情的，但用在我们这种纯美的同事友谊上，也是极好的。想来这一生，有那么几个人，牵手，相拥，关怀，倾一世温柔，共待霜染白发，陪看细水长流，这也是世间美景了。

涟源市教研师资培训中心
王丽燕

赛课记

前不久，我有幸代表涟源到娄底市参加“市小学数学教师教学比武”大赛。那些磨课时的艰辛与充实，上课时措手不及的意外及遗憾，比赛后的落寞和感触，现在回想起来都让我久久不能平静。

我的参赛课题是小学六年级空间与图形中的一个内容：图形之间的关系。这节课是一堂整理复习课，是我的指导老师——特级教师王丽燕老师在研究、把握教材的基础上衍生的一个内容。把整理复习课带入教学比武的现场，这是一个史无前例的尝试！为了使这堂课达到一个全新的高度，我们采用了完全开放的教学模式，让学生在老师简明的引导下自主地整理学习过的图形知识，把小学阶段零星的图形知识串联成片，形成一个系统的知识网络，而韦恩图(集合图)这个简洁的数学工具是让我们达到这个教学目的的有效手段；课堂的设计环环相扣，这是一个完美的教案！然而，文字上的完美不等同于一堂优质的课。

这是一堂小学阶段的数学课，要求授课的教师要有很强的操控、驾驭课堂的能力：不仅要体现数学教学的精简、准确、理性，而且要充分调动学生的学习热情及积极性，体现数学的趣味性。为了这个目标，我不断地试课，不断地调整，不断地改进。在王老师的指导及我校各级领导的支持下，我取得了长足的进步。上课时语言精简了，讲话完整了，表达也清楚多了，只是我无论如何也做不到与学生完美有效地沟通，因为我的表情不够丰富，情感表达不够细腻。这与我平时上课时总是高高在上，没有从内心深处喜欢、赞赏学生是有很大关系的。作为一名小学阶段的男教师，我要么整天装酷扮清高，要么吊儿郎当工作想另谋生计，哪有时间和心思去真正关心学生、了解学生！这是我作为一个教师最大的不足。这段时间的确是辛苦的，每天一有空余时间不是熟悉教案就是找机会去试课，不停地往返于各个学校，与各种不同条件、不同基础的学生打交道。我试着去倾听、去理解、去欣赏学生，不断地激发学生及自己的激情，这时我慢慢地发现上课其实也可以是一种乐趣。但是罗马不是一日建成的，教学基本功的积累及教学理念的建立也不是一蹴而就的。虽然我进步明显，但离理想中的状态还是相距甚远。

比赛那天，前来听课的老师有好几百，再加上评委、学生，简直可以用人山人海来形容。我是第一个上场的，要说我一点不紧张那是骗你的，虽说各种形式的小场合的公开课我也上过，但这种场面的教学比赛我的确是第一次亲身经历。不知是我的紧张情绪传染给了学生还是学生本身也没见过这仗势，在我提出“谁能用集合图表示长方形与正方形的关系”时，一个学生噼里啪啦将所有四边形的关系全都讲出来了，当时我提示他只要讲清楚长方形与正方形的关系就行，但不知怎么回事，可能是激动抑或是紧张还是别的什么原因，总之他一鼓脑的回答将我的课堂完全打乱了，偏离了我们原本课堂的设计，我懵了！（后来我才了解到这个学生平时在班级里从不回答问题，上这节课时他正好翻开了课本，发现有一个有关四边形的集合图，急于表现自己的他于是乎照本宣科，才有了上课时他不管不顾的一幕。）当时我一时找不到有效的办法去引导学生回到我的课堂预设中来，毕竟课堂生成是灵动的，无法变更。虽然在随后的立体图形环节我与孩子们表现出色，获得了一些肯定，但已是于事无补，因为课堂中一个精彩的环节已被该生一语带过。结果可想而知，我落寞而归。

对于我的家人、我的指导老师、我的领导、我所教班级的学生，我都有着一种无法表达的愧疚，为了我这次参赛，他们付出了太多太多。我完全可以表现得更好些，但事实却不如人愿，我失败了。我为我的“年轻”付出了代价！吃一堑，长一智。经历了这件事，我深深地明白了“台上十分钟，台下十年功”及“要给学生一滴水，自己要有一桶水”这些道理，但是这远远不够，百言不如一行是永远不变的真理！另外，我想什么时候我达到了“自己只有一桶水，却能教给学生一池水、一河水、一海水”的境界，我才能算得上是一位善于教学的老师。

涟源市蓝田办事处民主学校
石光庆

如此赛课 终生难忘

“我们赢了!”“祝贺谢炤阳老师冲出湖南，走向全国!”2018 年 10 月 10 日，全程陪赛的谢加文老师第一时间在名师工作室的微信群里发布比赛消息，这是由湖南省教育科学研究院组织的小学数学教师教学比赛的复赛，是一师二附小和我们涟源的两个小伙子之间的直接 PK。当这个赢得巅峰对决的消息一传出，立刻轰动了涟源教育界。要知道，我来涟源教研师资培训中心十多年了，在教学比赛中能获全省第一名并代表湖南去全国参加比赛。这可是大姑娘上轿，头一回呀!

回想从初赛到最后复赛这一路上所经历过的思索和激辩、喜悦和辛劳，都如昨日重现，历历在目。

初 赛

本次比赛的课型只有两个:“整理与复习”和“解决问题”。我们选择了前者，课题是六年级的《圆柱与圆锥的整理与复习》，因为工作室的老师对这个案例进行了长时间的深度研究，发现“用‘联系’的方法整理圆柱与圆锥之间、平面图形与立体图形之间、立体图形与立体图形之间的关系，帮助学生构建知识网络”应该作为这节课的设计方向;“用‘想象’带动数学思考，培养学生的空间观念”则作为这节课的最大亮点。有了方向和亮点的指引，我们就有了设计出优课和拿下这次比赛的信心。

县级选拔赛上，谢老师的课以明显的优势拿到了代表涟源参加娄底市选拔赛的资格。记得当时我带谢老师走进市选拔赛现场的时候，兄弟县市的教研员调侃我:“王老师这次带了位老男人参赛”，我信心满满地回答:“姜，还是老的辣!”炤阳果然不负期待，他用幽默的语言、渊博的知识、有趣的活动牢牢地吸引住了学生，同时征服了评委，以绝对优势拿下了第一名。

决 赛

决赛地点在益阳。我们提前一天到达比赛场地。这熟悉的场景让我想起了十年前陪炤阳参加市级赛课的情景，那会儿的他还有些青涩。记得比赛前一晚，我突然想到一个自我感觉非常好的点子，于是，两人在半夜敲门叫醒电脑店的老板，去上网修改课件。可是，第二天正式比赛的时候，前一天预设的精彩没能如愿上演。因为紧张，因为经验不足，他很快被学生带离了预设的轨道，失去了对课堂的驾驭，课堂的生成没能为实现教学目标和优化课堂教学助力……但那次比赛经历给绍阳的专业成长带来的积极影响是意义非凡的，他知道了研究学生和研究利用课堂生成优化课堂教学的重要性。可以说，那次比赛成为了他专业成长路上的一个重要节点。

十年后的今天，我带绍阳再次出征。较之于十年前，他的从容与成熟已让我淡定不少。与学生见面，熟悉比赛场地，安装课件，赛前所有的准备工作我都撒手不管，以至于承办学校的老师误以为他是领队，反复问“你们的选手呢?”所以，对于绍阳的本次比赛，我明显地少了焦虑，多了几分欣赏。

决赛在略带紧张的期盼中拉开了序幕，随着第一位老师展示完他的课例，我们很快就意识到两个亟待解决的问题，一是比赛时长由原定的35分钟变成了40分钟，二是上完课后还有10分钟的说课任务。不知道哪个环节出了差错，比赛之前，我们没能收到这两条比赛规则变更的消息。箭在弦上，不得不发，我俩当机立断，决定给原课加料，研究这5分钟的课加入哪些精彩内容。因为没有试课时间，如何利用好这多出来的5分钟，在整个课堂教学中与之前的设计形成无缝对接，很是考验谢老师的临场应变和课堂掌控能力。至于说课，我们因为之前有比较多的思考，把设计思路与执行情况做一些分析还算轻车熟路。你方唱罢我登场，终于轮到谢老师上场了，他一副胸有成竹、志在必得的模样，不慌不忙地引领着学生猜测、想象、验证、推理，学生很快就进入了状态，思维特别的活跃，课堂的生成异常精彩，谢老师见招拆招，纵横捭阖，带领着学生在课堂上享受着思维冲浪带来的一波又一波快感！听课的老师也情不自禁地为师生们的精彩表现鼓起掌来！

绍阳又一次如愿以偿地拿到了一等奖！

复　赛

10月5日，我们意外地接到了湖南省教育科学院的通知，绍阳作为决赛A组的头名将与B组的头名进行复赛，选拔一名选手代表湖南参加2019年4月的全国总决赛。收到这条消息，我们既高兴又焦虑，高兴的是我们终于有机会站上全省最高级别的舞台与高手一决高下，焦虑的是我们的这节课需要用到六年级下期的学生，而现在的六年级孩子是没有“圆、圆柱、圆锥”这些知识储备的，怎么去上整理和复习课呢？当我们提出要用七年级学生上课的要求时，被省教科院否决了。于是，我们决定提前两天去比赛学校，给学生提前上完这两个单元的知识。两个单元的知识要在这么短的时间内教完，还要学生能灵活运用，这难度是可想而知的。但我们没有退路，我们花一天的时间进行充分备课，提前去了长沙楚怡学校给学生上垫场课。

正式比赛开始了，学生的表现出乎意料的好，每个学生似乎都被卷入到了一场头脑风暴中，时而静思，时而激辩，完全进入了一种忘我的境界。对于内容和流程，谢老师早已驾轻就熟，完全没有了比赛的紧张，只剩下自如的挥洒……

课一上完，我们都有一种胜利在望的感觉。是的，我们又一次赢得了比赛！我们终于冲出了湖南，走向了全国！祝贺焰阳！期待他在全国总决赛中再创佳绩！

涟源市教研师资培训中心

王丽燕

第二部分　名师工作室成员团队研修采风

关注数学课堂教学，引领教师专业成长

2018 年 3 月 21 日至 3 月 22 日，涟源市教师发展中心举办王丽燕小学数学名师工作室“关注数学课堂教学　引领教师专业成长”的主题研讨活动。

本次研讨会为期两天，以提升教师理论素养、专业水平和教学实践应用能力，加强教师之间相互合作、交流，探讨和解决教学中的实际问题，引领教师专业成长，感受教师的职业幸福。活动现场气氛热烈，名师引领环节精彩纷呈，大家畅所欲言，观点相互碰撞，为研习活动增色不少。涟源市小学数学研究会全体成员、小学数学教师代表、王丽燕小学数学名师工作室全体成员共 100 余人参加了此次活动。具体流程如下：

研修第一天

3月21日上午，湖南省教育科学研究院副院长赵雄辉教授进行了以“怎样才能享受到教师的职业幸福”为主题的讲话。赵教授从“爱学生，爱上课，爱交流，爱写作，爱读书”五个方面来讲教师的职业幸福，用一个个故事和例子来劝诫老师们积极向上，享受教师职业幸福。

然后，《湖南教育》理科版主编申建春老师做了《如何创编数学故事》的讲话。他从数学故事的作用、类型和需要注意的问题三个方面进行阐述，在充分肯定工作室的工作的同时，为工作室的未来指明了方向，也为成员们创编故事提供了宝贵意见。

3月21日下午，进行了“整理与复习”“问题解决”课例展示和互动点评。

名师工作室成员双江小学的黄晓红老师执教《因数一线牵》，从复习概念、重构知识、活用概念、开阔视野等维度完整呈现，完美体现了整理与复习的要求——自主性原则、全员性原则、针对性原则、拓展性原则，为大家上整理复习课做了一个好的示范。

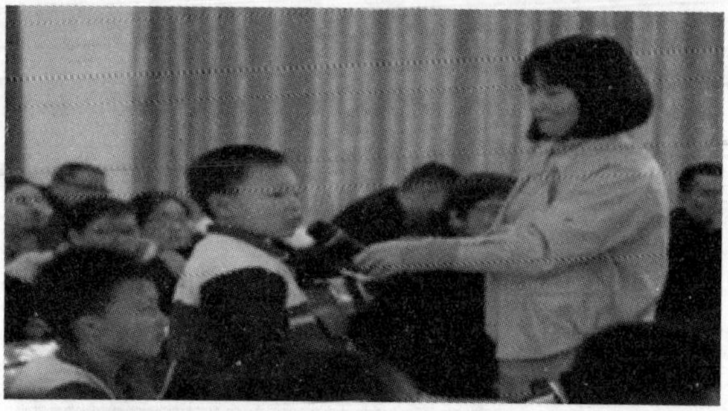

娄底市第三小学的曾李老师执教《解决问题——相遇问题》，将生活中的相遇、詹天佑修铁路及《九章算术》章节恰到好处地融入课堂，让数学课堂变得有趣，既贴近生活，又重温经典，宣扬了爱国思想。

两个课例展示后，老师们以在《整理与复习》中我们最需要关注什么和教学中面临的最大困惑是什么这两个切入点，进行评课议课和讨论。

一天的研修活动以工作室首席名师的课堂点评和答疑解惑结束。走心的点评，独特的见解，现在我还记得这么一些："我们因为'只见树木，不见森林'而开始整理复习，'既见树木，又见森林'才是整理与复习课最好的结果"，整理复习既要深化巩固、查漏补缺，又要拓展提升、开拓视野。

研修第二天

3 月 22 日上午，伏口镇中心小学的吴买花老师执教《鸡兔同笼》，以数学游戏导入，以黄永玉画作揭示课题，用列表法引领整个课堂，用一个个好问题带领孩子们积极思考。第二次听吴老师的课，日益精进，值得我们学习。

涟源市实验小学的谢炤阳老师执教的《圆柱圆锥体积的整理与复习》，既有厚度，又有深度，将生活搬入课堂，引导孩子们怎么用数学去探究生活。运用几何画板进行展示，直观易懂。这又提醒着我们：数学老师得懂电脑技术。

两个课例之后，首席名师王丽燕老师进行了点评，并表示工作室成员将通过微信平台进行四个课例的评课议课。

涟源市教研师资培训中心邓求平主任做了《做有追求的老师》的专题讲座。他将他的教学经历娓娓道来，鼓励老师们要有所追求，不断提升。他希望老师们都能得到成长。培训中心将尽心服务，因为成全老师们，就是成全涟源市教研师资培训中心。希望大家共同努力，多出成果。

娄底市师资培训中心邹兆林书记谈了自己的三个感动：感动于涟源教研师资培训中心的大力支持、感动于首席名师王丽燕老师的尽职尽责尽心、感动于工作室成员及在座老师的积极参与和默契。

邹书记介绍了娄底市师资培训中心、名师工作室的成立情况，也寄予了老师们一些希望。

其后，邹书记为工作室颁发了一系列证书。王丽燕老师布置了下一阶段的工作安排：组内成员互相学习，互相激励，争取圆满完成本期任务。

两天的研讨结束了。工作室的研讨却还未结束，它将延伸到线上研讨、小组研讨。工作室的故事也没有结束，它会在各级领导的关怀和指引下，工作室集体的合作努力下，走得越来越远，越来越好。

研修，是一场幸福的遇见，希望我们在首席名师王丽燕老师的带领下，成就更好的自己。

涟源市七星镇中心学校
胡霞

“关注数学课堂教学，引领教师专业成长”主题研修现场互动实录

黄晓红：老师们下午好！感谢工作室给我这个锻炼的机会。我今天执教的是整理与复习课《因数一线牵》。这个课一改再改，昨晚 12 点钟还在王老师那里改课，所以今天对设计还有点不熟悉，请老师们多多谅解。我的设计思路是通过《因数一线牵》把“质数、合数、奇数、偶数”等概念串起来，串点成线，连线成网。设计活动让学生活用概念，开拓视野。本节课使用的学具是集合圈，目的是让学生在圈一圈的活动中，弄清这几个概念的关系。至于“哥德巴赫猜想”的引入，只是为了拓宽学生的视野。遗憾的是，在课堂当中，因数与倍数的关系的教学还是不够突出，对学生在课堂里的生成资源利用不够。期待大家的帮助！

陈善桂：在座的都是我们娄底热衷于小学数学教育的老师。关于《整理和复习》，郑毓信先生说：“基础知识不求全，不求把所有知识都说全，但一定要把所有的知识串联起来。”黄老师这节课里用到集合，其实集合是很一个很抽象的概念，记得张老师曾经和大家讲过《除非土豆能站起来》的故事吗？我不太赞同用一个更为抽象的概念去教学比较抽象的因数与倍数的概念。

戴震：老师们好，非常高兴在此参与观课议课。听了黄老师的课，《整理和复习》应该是将一个单元的零零散散的知识点串联起来，因数这个单元有很多的数学概念。黄老师的课上用到了集合圈，对于学生来说可能比较陌生。

罗孟秋：听了黄老师的这堂课，我很佩服她。让我来上这节课的话，我是不敢的。对于学生来说，没有太多的生活背景，设计是非常难的，王老师刚才在群里做了引领，复习课要注意由点串线，由线成网，我觉得用集合圈来教学问题不大，学生能懂的。可能是试课次数少了，黄老师还有点不熟练。上公开课真的是需要花费很多精力准备，过程很锻炼人。

戴震：大家好，我最大的疑惑是：班上的学生层次不一样，成绩好的学生，老师不复习他也会的；不会的学生，老师怎么讲都是不会。我们在课堂上怎样去调动他们的学习积极性呢？

肖薛斌：就戴老师的问题，我来说两句：学生层次不一样，通过设计有趣有效的活动，分层设计练习，可以提高整理和复习课的效率。我们学校就是做这个小课题的。

刘硕鹏：对了，戴老师可以与双江小学的肖薛斌校长对接，他们在做一个关于分层练习的课题。我们线上线下的活动在工作室公众号里都有，大家可以关

注下。

刘硕鹏：接下来我们一起来说说曾李老师的《解决问题——相遇问题》。

曾李：大家好，非常感谢王丽燕老师给我提供这么好的学习机会。在人教版教材里是在五年级上册方程里有相遇问题，今天我选择四年级的学生来学习。我上了五年半的课，成长是近两年的事，一直以来我的课堂都有点流于形式，如果课堂有生成，我都不太会利用生成资源，也就不能真正走进孩子的内心。这是因为我的专业修养还不够。近两年有点小进步，但步子太小。今天的课，要不要总结基本的数量关系，是我一直纠结的一个问题。希望听到大家的建议。

陈善桂：曾李老师今天执教了《解决问题——相遇问题》。曾老师这节课只是相遇问题的延伸，行程问题就是要教会学生一类解决问题的方法，争取教一个学生学一类，那就要突出行程问题的基本数量关系。后面的变式练习是非常好的，我认为还可以做得更好，比如让学生自己对题目进行改编，以深化学生对相遇问题的应用和理解。

王丽燕：首先，整理和复习课很重要，一方面，每个单元要做整理与复习、每一册书要做整理和复习，六年级下册更是大篇幅的整理与复习，另一方面，从心理学上来说，从人的遗忘规律（艾宾浩斯遗忘曲线）来说，及时复习是非常必要的。上好整理和复习课要注意以下几个关键词：联系、沟通，竖成串，横成链；由点串线，由线成网；如果说平时教学是栽活一棵树，那么复习过程就是育好一片林。比如黄老师的《因数一线牵》就是用“因数”把质数、合数、奇数与偶数联系起来的。全课以复习概念，重构概念、活用概念、拓宽视野等几个活动串起来，既关注了基础知识与基本技能，又提升了学生的思维能力。另外，复习课还承载着查漏补缺、扬长避短、求同存异的功能。

整理与复习课要遵循以下几个基本原则：

1. 自主性原则。教师要设计高质量的活动，让学生愿意参与其中，比如说晓红老师的课中设计的“在集合圈中寻找自己的位置”这个活动，每个孩子会情不自禁地思考自己的学号所处的位置，自己同桌的学号所处的位置，其实就是在任务驱动下活用概念。

2. 全员性原则。教师要设计高质量的活动，让尽可能多的孩子参与数学思考。例如，晓红老师的复习课中设计的举牌活动，就是想让所有的孩子脑筋转起来，老师也能高效地收取信息，及时反馈。

3. 针对性原则。复习课有查漏补缺的目标，因此，老师在设计活动的时候就要针对平时教学时学生存在的最集中的问题来设计，比如，自然数 2 是唯一的偶质数，这一点学生是很容易弄错的。因此，教师就要花心思设计活动或者问题来巩固这一认识。

4. 讲练结合原则。复习课不做题肯定是不行的，有层次地设计练习题是复习课的主菜单。晓红老师的这节课设计了很多不错的活动环节：把一个大于 2 的偶数写成两个质数相加的和；把质数、合数、奇数、偶数四个集合圈，任意组合其中两个集合圈，研究集合之间的关系……

下面说说解决问题的教学。

说到解决问题，不能不提波利亚，给大家推荐一篇文章《从波利亚问题解决过程看教师的提问》，按照波利亚的分析，解决问题可以分为四个程序：第一弄清问题，第二拟订计划，第三实现计划，第四回顾。我这里重点讲一讲曾李老师的《相遇问题》的教学中"弄清问题"这一环节，如何清楚地"表征"问题是值得我们去研究的，我们可以用列表的方法，把速度、时间、路程之间的数量关系清楚地进行表征。当然，也包括曾老师今天上课用的课件上的线段图表征。

针对曾老师的课，提几个小建议：

1. 我不建议把备课术语，如"导入新知""探究新知"等放到 PPT 里；

2. 素质教育从来不反对数量关系与建模；

3. 要思考什么是真探究？这里包含两层意思：第一，不是所有的问题都需要探究；第二，不是所有的操作活动都可以叫做探究。今天曾老师的相遇问题教学的主干部分基本是老师牵，学生跟，不敢迈大步、提大问题，比如"你想用什么方法解决这个问题？用什么方法让别人听明白你的思路？"之类的问题。

当然，曾老师的课优点也是很明显的。曾老师的基本功很扎实，很干练，数学故事、数学文化的渗透、变式练习的设计都可圈可点，课上到后面越来越精彩。

娄底市王丽燕小学数学名师工作室

“关注数学课堂教学，引领教师专业成长”主题研修在线研讨实录

王丽燕：各位老师：晚上好！欢迎您参加小学数学名师工作室在线研讨活动。此时，正值南国木棉花开、春意盎然的季节，我在华南师大参加为期一周的高端研修，感受最前沿的教育动态。今晚与您相约，研讨主题是“整理与复习”课、“问题解决”课教什么，怎么教。因为前一段时间我们分小组进行了研讨，今天晚上我们的研讨重点是找问题，并寻找解决问题的策略。

王丽燕：老师们提到晓红的课中“集合圈”的六种排列组合结果要不要老师示范的问题，要不要所有的孩子研究这六种情况，大家先就这个问题讨论下看看。

袁晓玲：我觉得可以不要示范吧！在冲突中自己解决集合圈怎么摆挺好的。

罗孟秋：我觉得还是示范一下。可以不要求所有孩子记住这六种情况，但思考的过程不能省。

刘素宏：我认为可以让孩子们重点讨论其中的最容易混淆的几个，并且在黑板上贴好。

袁晓玲：可能在课前玩一个关于集合的课前游戏，会使上课时摆集合圈快些。

王丽燕：对于质数、合数、奇数、偶数4个集合圈两两组合的情况，设计的时候考虑到时间的问题，随机给每个学习小组发了其中的两个集合圈，一是想到通过交流获取更多，二是排列组合、有序思考把所有的情况在短时间内找全还有点困难。

谢炤阳：不管是示范还是孩子自己动手，第一个游戏要做足，做深，做到位。

周书琴：这几种组合是平时学生比较容易混淆的，我觉得有必要总结。

吴买花：我个人觉得还是要示范，让学生有个整体的认识。

王丽燕：如果时间充分，大家的建议不错的，有序列举是学生应该具备的基本方法。

曾李：我觉得是有必要的，这个过程既不是讲授组合也不是复习旧知，而是用已有知识解决集合问题。

唐红霞：我觉得不要示范，不要禁锢学生的思维，其实学生在汇报的时候老师已经在不停地提示：“还有不同的摆法吗？”如果在课堂实施中有些情况没摆完全的，教师适时点拨就好了。个人认为这个不是本节课的重点。

李娟：我认为教师可以不用示范，孩子们通过动手操作、认真思考得出结论

的过程会让他们印象更深刻。

刘湘群：2这个数字特殊，集合圈交集大小的摆法老师要加以指导。

肖敏：我觉得是有必要的，这是对知识的一个梳理，也就是目标所在。

飞儿：如果之前的教学中没有进行过集合圈数字的摆放，复习整理课上在学生分组之前有必要示范。

梁会平：学生以前没有接触过，老师示范很有必要。

王丽燕：大家上面所说有示范是排列组合的示范，我这里要强调的是学生操作前老师要示范，而且要做扎实，这也是那一天上课最大的遗憾，好在晓红及时发现了问题并及时进行了纠正。示范包括两个方面：一是集合圈怎么摆，二是“我”的学号所处的位置。

王丽燕：好！第二个问题，大家对《圆柱和圆锥》一课中提出的问题不多，我提一个，圆柱的侧面展开图一定是长方形吗？

周书琴：还有可能是正方形。

袁晓玲：有可能是正方形的。

罗孟秋：正方形也算是长方形的一种。

陆海燕：正方形不是特殊的长方形吗？

邱娟：平行四边形也可以。

吴买花：还要看怎么剪。

赵岚：不一定，可以是平行四边形，或者还有可能是不规则的。

周书琴：是哦，斜着剪。

罗孟秋：也是哦！我以前还真没考虑过这个问题。

刘湘群：斜着剪是平行四边形，不规则的撕开也行啊。

曾李：沿高剪开，如果可以随意剪那可以是不规则图形。

曾李：这不是主要矛盾，只要老师说沿高剪开。

王丽燕：对，我们自己要清楚，规范表达就行。

赵岚：上两周正好教这个内容，当时有学生提出来了，说平行四边形好像不可以，我随机用平行四边形围成了一个圆柱体，既然能围成，就可以展开得到平行四边形。

谢炤阳：准确地说应该是沿母线剪开。

王丽燕：好的，看来大家达成共识了。下一个问题：曾李老师的解决问题最后一个问题是这样的：“今有凫起南海七日至北海，雁起北海九日至南海，今凫、雁俱起，问何日相逢？”大家讨论一下学生是否够得着。

黄晓红：我觉得让学生跳一跳尝尝摘桃的滋味也是可以的。

周书琴：我觉得有难度，速度是分数。

曾李：对，有单位1的问题。

刘素宏：能让学有余力的学生带着问题去思考研究，哪怕没有人解出，思考了就是赢家。

颜晓丽：四年级有难度，到六年级也许比较合适。

黄晓红：对于四年级的孩子来说，难度确实有些大。

胡霞：我认为有点难，主要是前面内容和这个题目虽都是相遇问题，但还是有不同的。学生很难想到要用单位1。

邱娟：我觉得有难度。

袁晓玲：这也可以用假设法的吧。

曾李：学生是需要通过课外阅读、咨询查阅资料解决，这里涉及了学生的综合实践活动。

梁会平：在没有分数基础的情况下，个人认为不太合适。

周书琴：学生刚接触相遇问题，这样的拓展有点难。

赵岚：我觉得可以让学生思考，让学生学会去分析问题，寻找解决问题的方法。

石光庆：对于四年级的孩子是有点难，但作为思考题还是可以的。

周书琴：学生如果跳一跳还是够不着，会打击积极性哦。

袁晓玲：课外的延伸题不一定每个孩子去做，去做的一般是能力强的孩子。

王丽燕：拓展练习的设计是个大学问，怎么样让绝大多数的孩子觉得自己努点力就够得着也很重要，所以当时我提出建议：把拓展题设计成"方向"不确定的行程问题。

黄晓红：既然曾老师已经呈现了这道题，咱们就一起来解决吧，用四年级孩子最能听懂的语言。

赵岚：我觉得我们在教解决问题时，还得培养学生发现问题和分析问题的能力。

王丽燕：曾李老师说说你的预设，四年级处于顶层的孩子可能的方法是怎样的？

飞儿：是的，让学生学会提出有价值的数学问题很重要。

李玉梅：如果方向不确定，那情况就复杂多了，只怕难度更大。

周书琴：对四年级的孩子，可能用设数法解决比较能接受。

罗孟秋：要是我们班的那些顶层孩子到四年级，估计他们会用设数法，这个方法我讲得比较多。

赵岚：顶层的孩子应该最先发现少了路程解决不了。

刘素宏：思考了的学生会质疑。

曾李：把这道题放到这是很开放的。

王丽燕：@曾李　让学生尝试过没？

谢炤阳：但设数法依然困难，路程和除以总时间又除不完。

王丽燕：凭我的经验，几乎没有解决的可能，所以，我的意见是用在这里不合适。

吴买花：我觉得第一学生可能困惑于路程，设数法解决这个题也不容易。

王丽燕：到了六年级就没问题了。

曾李：王老师，大家的讨论给了我很多启发，我明天在自己班上试试。

王丽燕：试试是最好的办法！

王丽燕：今天晚上我们就大家提出的几个问题进行了集体研讨，感谢各位组长的精心组织，感谢各位老师的热情参与！关于这几个案例的思考，如果您还有好的建议或者问题，欢迎大家在群内交流。

娄底市第六中学

易燚

工作室主题研修活动观课手记

《因数一线牵》：本节课以学生的学号作为学习材料，看似偶得，实属巧设，一个简单的学号将若干数学概念串在一起，构建了本单元最重要的知识体系。第一个环节出示2、6、3让学生联想数学知识，很自然地复习了几个基本概念。之后的探讨环节是由教师带领学生用学号完成概念之间的联系，在数学游戏的形式中整理复习。个人建议老师要充分相信学生，大胆放手，可以在指导学生完成学号4在两个集合圈(合数、偶数)的摆放后，接着让全班学生4至6人小组为单位讨论：质数、合数、偶数、奇数集合圈两两还有哪些组合？摆出自己的学号在不同集合圈的位置并做好记录。最后各小组派代表汇报，其他组的学生也可以适时举牌。这样可以调动全体学生积极参与，效果可能会更好。

《解决问题》：本节课教师从学生已有的生活经验出发，复习了行程问题中的基本数量关系：速度×时间=路程。在探究新知时，教师用师生合作表演的方式直观诠释了："同时、相对、相遇、相距"四个关键词的意思。个人觉得可以这样处理：在出示例题待学生读题之后，指名2组学生(中下生)上台表演，表演过程中教师适时提问，更能让学生着重理解这几个词语。题意弄懂后，同桌之间用画一画、算一算的方式解决问题。本节课的课外延伸内容运用巧妙合理，只是因为准备较仓促，在变式练习时，教师对学生的答问评价不到位，没有及时抓住课堂生成。

《鸡兔同笼》：执教的买花老师初生牛犊不怕虎，敢于承接一节经典老课，精神可嘉，课堂上表现可圈可点。本节课以黄永玉先生的画作引入课题，既有数学味又有文化味。接着教师出示《孙子算经》鸡兔同笼的原文，我建议教师在和学生诵读两遍后指名让学生说一说原文4句话的意思，而不是由教师直接告知题意。在探究用列表法解决问题时，教师提问：符合鸡兔一共有12个头这个条件的有哪些可能？在多名学生回答后，建议让全体学生自己在作业本上尝试按照一定的顺序用表格全部列举出来。然后教师抛出第二个条件：总腿数32会是哪种可能？请同学们算一算吧。计算结束后让学生根据表格上的数据发现规律，师生总结列表法解决问题的利与弊。这样处理可能比课堂上师生一问一答更有效。

《圆柱和圆锥的整理和复习》：我用"惊艳"二字来概括我听课的感受，原来复习课也可以上得如此出彩。本节课教学设计精妙，充分体现了数学来源于生活又服务于生活的理念，把计算、想象、美术设计、数学文化等融为一体，加上谢焰阳老师精湛的教学艺术、扎实的数学功底、风趣且激情满怀，很有大家风范。整节课学生们兴趣盎然，在轻松愉快中度过了美好的一节课，收到了事半功倍的效果。

娄底市第七小学
曾雄飞

工作室主题研修活动手记
——努力培养学生提出问题和解决问题的能力

2018 年 3 月 21 日，王丽燕数学名师工作室第二次线下研讨活动如期在师训中心举行。本次研讨的主题是问题解决以及整理和复习，每个主题提供了两个案例，我就问题解决这个主题谈谈我个人的看法。

吴买花老师提供了《鸡兔同笼》的课例。在这堂课上，大家认为“傻”的方法——列表法，在这堂课演绎得很精彩，列表法是解决鸡兔同笼问题的根，真可谓大道至简。但如果从更高的要求来看这堂课的话，问题的解决是不是就只要解决这个问题就可以了呢？正如爱因斯坦所指出的：“提出一个问题比解决一个问题更为重要，因为解决问题也许是一个数学上或实验上的技能而已，而提出新的问题、新的可能性，是需要创造性的想象力。”而要想让学生提出好的问题，首先我们老师要做出示范，在课堂上提出高质量的问题。当然，在这堂课上老师也提出了好的问题，如：想个办法让人一眼就看明白都找出来了。这是个大问题，为整堂课的教学目标用列表法解决问题埋下了伏笔。但以下两个问题值得思考，当老师要求学生从列举出来的几组数中随便挑一组来计算，有个学生就挑中 8 和 4，也就是标准答案，这时，吴老师问：为什么？学生没有回答。这一问就给问“死”了，后来，我想在下课的时候想去问一下这个孩子，因为接着上课了，就没有去问这个学生。我猜想有几种可能性，第一种是这个学生在课外补习班学过；第二种可能是这个学生很聪明，算出来了；第三种可能是乱蒙的。但不管是哪种情况，都被问“死”了。是不是这样问更合适呢？现在我们把所有符合条件一的都找出来了，那接下来怎么找出符合条件二的呢？这样一问是不是回到老师想要的一组一组的来计算呢？所以，只有我们老师不断地提高自己提出问题的能力，才能帮助学生提高提出问题的能力。

第二个解决问题的课例是由曾李老师提供的《相遇问题》。整堂课下来，感觉曾李老师个人素养高，数学语言精练、简洁，对相遇问题的几个关键词学生都理解了，效果不错。但从更高要求来说，问题解决不只满足于求得问题的答案，还要对所获得结果的正确性作出必要的检验或证明，这就是数学思维一个重要的特点。还有这个简单的相遇问题是由两个简单的行程问题组成的，是不是不要复习，直接出示例题，让学生想一想，回忆一下是否以前见过类似的题呢？我们经常碰到这样的现象，学生没有学过的知识，碰到没有看到过的题目，就会大呼没有学过。这里是不是可以很好地让学生学会数学地思维呢？

以上是我对这两堂课的拙见。

涟源市伏口镇中心学校
陈善桂

做一位有追求的老师
——邓求平主任在娄底市小学数学名师工作室第二次集中研修上的讲话

老师们：

今天的发言是王丽燕老师给我的命题作文。说点什么好呢？大家是名师，应该比我更有追求。

拿到这个命题之后，我很自然地回顾了我自己的成长历程。现在想来，我的每一个阶段还是有目标有追求的。

我是农民的孩子，当年寒窗苦读时的追求很坚定，就是通过读书跳出“农门”。那年高考，我以四分之差落榜。来不及丧气，我已经快速调整了自己的目标——复读。但就是那时，我获得了新化师范学校补录的机会。我再次调整心态，在大家开学已经一个月之后来到了师范课堂，从此与教育结缘。其间，我获得了一个消息，只要拿到师范学校的一等奖学金，就有可能获得保送机会。我又有了新的目标，于是，我不分昼夜地读书。别人已经睡了，我会在昏暗的路灯下读书。虽然苦，但是我如愿地以年均 90 分以上的成绩获得学校一等奖学金。但事情并没有朝我预想的方向发展，我没能顺利地进入保送生行列。在我的同学们工作一个月之后，我被分到了我的家乡水洞底的一所小学任教。我努力学习教书方法，用一个学期的时间把自己所教的班级由倒数第一教成了倒数第二。第二年，我成了一名中学语文教师，我充分发挥自己在音乐方面的特长，在当好语文老师的同时，担任了学校的团支部书记。就这样，我在三十岁那一年走上了管理岗位。再后来，我担任了涟源市第五中学、涟源市第二中学这两所高中的校长。“我在这里干几年能为这所学校留下什么？给这所学校带来什么样的改变？”我总在不断追问自己。当然，努力之后带来的改变也是必然的。比如在涟源市第五中学的显著变化就是这所学校的学生人数从 600 多增加到 1300 多。一所能留得住老师和学生的学校是差不到哪里去的。那一年，我从涟源市第五中学离开的时候，老师们把学校的大门锁了，不让教育局领导接我走，所有这些，现在想来还是很感动的。从涟源二中（那时叫做涟源九中）调到现在的单位（涟源市教研师资培训中心）是对我的又一次挑战，“工资回收中心”“老干活动中心”这些“美誉”是当时社会给我们单位的评价。我用了 12 年的时间，带领大家找到了“研训一体”的新思路。现在，我们成了娄底市唯一一家教研员全学科、全学段覆盖的单位。2016 年被评为湖南省教师培训工作评估 A 类县，2017 年成为湖南省首批教师发展中心转型试点单位，应该说这条路是越走越宽了……

所有这些经历，都让我感受到生活与工作的乐趣。“静下心来”“沉下身去”，认真做好每一件事，会有所收获的。总结这些年来我到过的单位，我发现老师大致可以分为三类，一类是“用力”教书的老师，这样的老师能成为“合格老师”；一类是用心教书的老师，这样的老师能成为“优秀”老师；一类是“用情”教书的老师，这样的老师可以成为卓越教师。而但凡卓越的老师都是有清晰的目标与规划的。这让我想到一个汉字，中国汉字文化真是博大精深，“上”字与“止”字只有一笔之差，它告诉我们人要知不足然后才知“上”进，也要知足，适可而“止”，于这知足与不知足之间，找到自己通向成功的“正”道，所谓“道”与“术”，想明白了就知道自己应该怎么做了。

接下来，我要借这个机会和大家聊几句话：

一是要珍惜现在的机会。小学数学名师工作室建立到现在已经三个多月了，我每天都关注大家在群内的消息，眼看着大家铺开了一条教师专业成长的常态化研修之路，这的确是一条非常接地气的成长路径，也为我们单位即将要开展的工作坊研修提供了范式。

二是要珍惜你们的领路人。赵雄辉院长和申建春老师用“长株潭加涟源”的评价高度赞扬了王老师的工作成效。王老师现在被评为了特级教师、正高级教师。但她没有懈怠。我总感觉她有无穷的精力。因此，老师们要珍惜你们有这么优秀的一位领路人。你们的导师申老师，这么用心地点评你们的数学故事，把数学故事按“明理、激趣、励志、促思”等框架进行指导，大家只要按这个方向往下做就行了，多好的学习平台啊！

三是要珍惜这个时代。十九大报告我读了好几遍了。关于教育的政策真是振奋人心，要让教师这个职业变成“让人尊重、让人羡慕”的职业，要把教师教育恢复成“精英教育”，应该说，我们遇上了大好的时代！

因此，我们没有理由不好好工作的。我希望大家坚持几年的研修后，产生一批成果，写几本好书，做几个好课题；产生一批好人才，出几个特级教师、副高级教师、正高级教师；打造一批有影响力的课程、一批拿得手的好课。

衷心希望大家不断积累、不断修炼，做有情怀、有格局的教师！我愿意继续为大家服务，成全你们，也成就我们单位！

谢谢大家！

涟源市教研师资培训中心

邓求平

一场触动心灵的报告

有些事过去了就过去了，有些话听过了就再也难以想起来了，有些人见过了就淡忘了。但是这个人及他说过的一些话是深深地印在了我的心里了，如今一想起这个人我就忍不住热泪盈眶。

认识这个人还是在去年 12 月 13 日王丽燕小学数学名师工作室开展第一次活动的时候。当时他说了一句让大家印象深刻的话“要钱给钱，要人给人”，正是这种豪言让我们对他肃然起敬。

3 月 21 日名师工作室举办第二次研修活动，对于我们这些外县市的老师，涟源市师训中心对我们的食宿安排周到舒适，让我们倍感安心。开晚餐时，邓主任来了，和蔼地问我们食堂饭菜可合胃口，然后我们邀请他与我们共进晚餐，他没有丝毫的架子，就像邻家的一位长者，随意与我们聊着生活和学习。也许是喝了点小酒的原因，也许他根本就没把我们当作外人，聊着聊着，邓主任就聊到了他的人生经历，从求学说到工作，从一个个工作岗位的异动到他成长过程中经历过的人和事。我们开始还在和他玩笑，渐渐地我们就安静下来，是主任起起落落的经历和对教育的情怀触动了在座的每一位。

3 月 22 日，我们这位亲民的领导给大家做了一次精神大洗礼，他讲座的题目是《做一个有追求的老师》。尽管他的故事昨天已跟我们说过了，但我们仍然怀着敬意听着。他告诉大家尽管他的经历有起落，但他从不放弃自己定下的每一个目标，他做了很多的实事，有着辉煌的业绩，但他时刻不忘反思：我做了什么，我留下了什么，我给单位带来了怎样的变化？他用自己的亲身经历告诉我们“既要低头做事，又要抬头看路”，鼓励我们要有所追求，走适合自己的道路。在教研的道路上要敢于丢弃一些虚浮的东西，鼓励大家实实在在地干，写几篇好文章，上几节好课，做一位真正的名师。他用自己的经历告诉我们，只要有追求，就不会被生活打败。当邓主任用“愿为大家呼吁，愿为大家的成长提供机会”结束他的讲座时，我的眼眶里不由得涌出了感激的泪水。

有些人可能会影响你的某一刻，有些人可能会影响你的某一天，我想：邓主任今天的这语重心长的一席话会影响我一生。

娄底市第六小学

袁运飞

相约伏口 以课会友

2018 年 4 月 16 日，涟源市伏口镇中心小学发起了一次高规格的“以课会友”活动。之所以说高规格，一是上课的老师是从省城来的张新春老师（长沙市教育科学研究院）和丁丽老师（长沙市教师发展中心），二是张老师的《轴对称》教学设计视点高、技术含量高，丁老师上的是数学绘本阅读课《奇妙的种子》（日本安野光雅），是我们农村师生很少用到的教学形式，三是点评专家是《湖南教育》的编辑申建春老师，申老师说他在编辑部工作二十多年，还是第一次去乡镇中心小学参加这类活动。说实在的，一个乡镇中心学校一次请到这么多高规格的专家送教上门，想想都幸福。所以，无论从哪个层面来说，这都是一次非常高规格的教研活动。

参加这次以课会友活动的还有我们工作室的三位老师：伏口镇中心学校的陈善桂老师、市实验学校的谢炤阳老师、双江学校的黄晓红老师，他们上了三节接地气的数学课，得到了专家同行的高度认同。看到他们在讲台上自信地挥洒，我内心的喜悦无以言表！让工作室的每一位老师都能上这么漂亮的数学课始终是我的奋斗目标，看到老师们如此努力，我怎么敢轻言懈怠？

课后，申老师做了专业点评：

1. 数学课堂教学要特别关注学生的数学学习趣味；
2. 小学数学课堂教学要特别重视活动教学；
3. 教师要把课上出一点数学味道；
4. 教师的语言要活泼、生动，娓娓道来，拉家常式的教学更容易接近孩子；
5. 每一节课集中解决一两个问题就行，不要贪多、贪全；
6. 小学数学课堂上少问为什么，少讲道理，把理论性的东西压一压，别把数学搞得太难，太复杂；要让学生学容易懂的数学。

张老师做了题为《关注学生数学思维》的专题讲座，他从教育学与心理学的角度切入，剖析了学生数学思维能力的培育路径与方法，他以很多经典的教学案例为材料，深入浅出地诠释了思维的灵活性、深刻性、创新性、批判性的培育。

一天五节课加两个微讲座，课程扎实、生动、深刻，我们收获的不仅仅是专业成长，还收获了至真至纯的友谊。

涟源市教研师资培训中心
王丽燕

基于研究的有效教学

今天，王丽燕老师到我校开展主题为"有效教学"的专题研修活动。这样的研讨活动，是我们一直在期待的。尽管王老师说得很轻松：我们只是来磨课、磨报告，但对于我们这一群渴望学习的数学老师来说，无疑是一场盛宴，每位老师都在惊叹：王老师对数学的研究居然这么有深度，数学原来这样教才有数学味，才能让学生发现数学的美。

《数与形》是小学六年级数学广角的内容。之前教学这个内容时，尽管根据对课程标准的解读，知道它应该体现数形结合的思想，但是到最后，感觉总是回到了找规律：根据一幅图，找出这幅图中所隐含的数学规律，建立一个数学模型，而没有真正体现数形结合。而在王老师的课堂上，一副点阵图，从不同角度思考，呈现出不同的数列，却是同一个正方形数，课堂上层层深入，不断带给我们疑问，又不断带给我们惊喜：原来名师课堂的精彩就是这样呈现的。面对学生的"出轨"，老师能一次次不露痕迹地把他"引"回来。其教学的艺术，不得不让我折服。王老师课堂上的提问，总是那么恰到好处："怎么看，就能看出这个算式来呢？""再换一个角度，怎么就能看出 1 + 3 + 5 + 7 + 9 呢？""谁听懂这个孩子的发言了？"顺手拈来，恰到好处。

对于《圆柱、圆锥的整理和复习》，说起来还真有点惭愧，王老师把教学设计发到群里时，记得当时我是第一个想尝试的，不过当时我并不是说在工作室的研讨课上尝试，而是在自己班上，可因为种种原因，没有实施，现在想来那些原因，都是自己懒惰的理由。第一次听谢老师的这节课，就被他震住了，这节课居然这么美：图形美、思维美、想象美、数学文化美。今天王老师和谢老师的同课异构，同样的课件，同样的教学设计，只是面对不同的学生，老师的教学艺术不同，使课堂有着不一样的精彩。比如同样是用平面图形得到一个立体图形，学生都知道用直角三角形旋转可以得到两个不同的圆锥，用长方形旋转可以得到两个不同的圆柱，在谢老师的课堂中，老师两次都是问：谁的体积比较大？学生有了第一次的经验，第二次的问题就轻松解决了，他就会有了成功的喜悦，增强了学习的自信心。而王老师却在比较两个圆柱体积大小之后，这样提问：这样的规律可以联系到圆锥吗？成功地实现了知识的迁移，培养学生举一反三的能力。

"有效教学"的专题讲座，让我对上午的课有了更深层次的理解。为什么王老师的课堂真实有效，让学生都能沉于其中，原因在于教学设计之前的充分研究，研究教材、研究学生、研究课堂，因此，王老师能抓住数学的本质，准确把握每一个知识点的起点与落脚点，所有这些，她都了然于心。课堂中总在不断在激发学生思考的热情，让学生经历探究数学问题的过程，体会到数学之美。每一次的陷阱学生都会在不知不觉中跳进去，却能兴趣盎然地爬出来，多爽！原来数学是这样的妙不可言。

娄底市第九小学

赵岚

看山还是山，看水还是水
——“深入解读，深度学习”主题研修活动学习心得

我从事小学数学教育工作十二年，参加过很多教研教改培训，也听过很多大咖的讲座与公开课，大量的教育理念、教学思想、各种不同的教学风格在我的脑海里交融、碰撞，一度让我有了“看山不是山，看水不是水”的茫然与迷惑。可是就在今天，我参加了我们工作室举办的这次“深入解读、深度学习”的主题研修活动后，却让我突然有了一种“看山还是山，看水还是水”的顿悟。

“生吃的才有营养”

曾经，我有过这样的困惑：在教学中，经常碰到这样的问题，有些孩子，你讲例题的时候他都能跟上，能听懂，也能顺着你的思路写出答案，但一碰到独立解题的时候，却似乎无从下手。为此，我请教了我们当地的一位奥数名师，他说：“我发现你们很多数学老师都喜欢给学生设置逻辑前提，做什么应用题都要给他们一个模式!”非数学专业的我对这句话似懂非懂，心里还在反问：“不给他们设置逻辑前提，不告诉他们解题的方式，孩子们该怎么下手嘛?”“生吃的才有营养，什么都不讲，让学生先做，让学生先想，就是深度学习，什么都讲了，再让学生做，就毫无价值。”赵老师的这段话，犹如夏日里的一抹清风，让我豁然开朗。原来，问题出在这里，教学中我很多时候都让学生处在浅层次的学习状态，没给学习提供深度学习的机会，或者说以前我压根就没想过“深度学习”给学生带来的影响。对于一个数学老师来说，这真的是一个非常大的遗憾了。

赵老师并没有仅仅停留于理论，还给了我们具体的实践指导，通俗地说，赵老师就像一个妙手回春的医生，不仅指出了我“病”在哪里，还开出了“处方”，用学习法的相关理论、用具体的教学实例、用具体的研读处理教材的方法，让我真正明白了怎么教才能最大限度帮助学生进行深度学习。

尽管我非常认同培养学生深度学习能力的观点，但是，在有限的教学时间里，每道题、每个知识点都这样去训练，现实吗？教学任务能完成吗？边听讲座，我心里也产生了这个疑问，没想到，讲座最后，赵老师给我最后吃了一颗“定心丸”：我们强调“深度学习”，不是要全盘否认“接受性学习”，也不是所有的知识都适合深度学习，抓住一些核心问题进行深度学习就可以了。听到这句话，我差点就一个人鼓起掌来了，赵老师对我们一线数学老师的教学常态如此细致地关

注，真是叫人感动。

听完讲座回来，我忍不住在学生身上做了小实践，几个从未接触过“和差问题”的孩子，我交给他们一道基础的“和差问题”题目，啥都不说，让他们去独立完成。大约5分钟后，有一个孩子交卷了，我一看，答案错误，我不动声色，说“这道题我也不会，你画个图给教我一下好吗？你也可以和他们几个讨论一下。”不到5分钟，他和另外几个同学回来了，画了线段图，自己的答案也修正了。要是以前，我肯定是先给他们讲一个和差问题的例题，得出一个公式，再让他们去练习。固然，从短期效果看，差别不大，孩子们能解决一些简单的“和差问题”，但从长远来说，孩子们损失的不仅仅是那份成就感，更是进行深度学习的能力。

“乌鸦”助我学“鸽巢”

当知道这次可以听到张新春老师的示范课的时候，那份欣喜与期待是无法言说的。有幸两次听过张新春老师的讲座，整整一个上午的“谈笑风生”，让我们这些培训倦怠感十足的“老油条”们浑然不觉时光的流逝，竟然像个小学生一样守着张老师不愿意离去。讲座如此有趣，他的示范课会是什么样子呢？更让我期待的是一个如此难教的知识点，张老师会用什么手段去引导呢？教学效果能理想吗？怀着这些猜想与期待，张老师从她的女儿如何学习“抽屉原理”的一篇作文开始教学，讲到只要我们找到一只“白乌鸦”就说明“这些全是黑乌鸦”的结论是错的这样的说理方法，“一个结论如何被确认，一个说法如何被推翻”，我多少次都和孩子们绕不清的问题，就被他一只“白乌鸦”轻轻松松解决了，不得不佩服张老师的逻辑功底之深和构思之巧妙。

新课改以来，每次培训，每本专著，都会提到“发现性学习”，似乎一堂课不探究、不发现就不成之为课，一个知识点不是引导学生自己发现的就是失败的教学，这种现象让我有了一种“看山不是山，看水不是水”的迷惑，张老师这堂课却让我真正明白“山还是山，水还是水”，不是所有的结论都要来源于学生的探究，都需要学生去发现的，学习很多时候都是有意义地接受，关键在于我们怎么把“接受”这事变得更有意义，更有趣，这才是我们当老师应该潜心研究的。

“图形”话“东东”，“申哆”论“统计”

六年前有幸听过周慧芳的这堂《会说话的图形》，叹服周老师练习设计的巧妙，整堂课不紧不慢，轻松有趣地话东东，说东东，说着说着，折线统计图就看明白了，话着话着，折线统计图就画出来了。这样的课，有哪个孩子能抗拒？即使是听第二遍的我，依然感觉不到半点无趣，一个老师上课能上到这份上，也真算是一种境界了。唯一让我感觉美中不足的就是，统计为决策服务这一点还不够漂亮，比如东东的身高变化这个学习材料，如果把它放到“农村学生的营养餐”这个大背景下来做些分析的话，学生就会体会什么是统计为决策服务了。

如果说周老师的课是一部有趣的电影，那么申老师的赏课就是一段精彩的影评了，数学与统计原来是两门学科，统计真的不仅仅是统计，统计最大的作用不在于统计，而在于决策，要说与生活联系最紧密的，那就不是数学，而是统计了。看来，下一次自己再上《折线统计图》，我又有新的突破方向了。

路是越走越明白的，在小数教学的这条路上，经历了“看山不是山，看水不是水”的迷茫，但只要好学之心不怠，求学之行不懈，必将收获“柳暗花明又一村”的喜悦，收获“看山还是山，看水还是水“的豁然！

新化县上渡街道铁牛小学
罗孟秋

第三部分　名师工作室基地校研修采风

实施"问题导学"，涵养"理性精神"
——娄底市第六小学数学组风采

左起第一排：李霞 王珊 朱春红 付平 郭婧 黄柳蓓 杨交玲 胡霞
左起第二排：刘强 张志贵 肖宜春 王菊香 李爱容 谢凌云 肖向中 陈立明 袁运飞 刘红艳
左起第三排：邹倩 段文霞 宋源江 廖红玉 吴蜀 刘丰硕 许跃明 肖雄光 陈奇 康星 刘彬彬 张靓林 初鑫

娄底市第六小学地处"美丽星城""绿色钢城"，原名"涟钢一小"，始建于1968年。2012年，沐浴着"娄底市化解大班额四年行动计划"的春风，学校整体拆除重建，是娄底市示范性小学，现有教学班级46个，学生2352名，教职员工125人，其中数学教师31人。学校拥有一支朝气蓬勃、勤勉好学、和谐共进的团队。特别是我们小学数学组的全体老师，个个自带数学老师特有的磁场，吸引着孩子们玩数学、用数学、爱数学；也是因为我们这群数学老师特有的磁场，吸引了娄底市王丽燕小学数学名师工作室基地落户于此，一批年轻的老师成为名师工作室的成员，与一群数学教育研究爱好者共研共进。

随着教学改革的不断推进，我们发现，数学承载着这个学科独有的育人价值。这种价值不仅体现在课堂中的“数学问题解决”上，体现在直接应用于现实生活上，还体现在培养学生理性的、批判的、追求自由的科学精神上，而这种科学精神的涵养，很大程度上依赖“好问题”的提出、分析与解决。我们的祖先们很早就有对“疑与进”的精辟论述，如“学起于思，思源于疑”“读书无疑者，须教有疑，小疑则小进，大疑则大进”，等等，都是“问题教学”的经典之说。因此，我们小学数学组一直致力于“问题导学”研究，取得了显著成效。

一、什么是好问题

对于“好问题”的界定，数学界众说纷纭：“一个好问题是机器将要学会的最后一样东西”“一个好问题处于已知与未知的边缘，既不愚蠢也不显而易见”、“一个好问题值得拥有 100 万种好答案”“一个好问题出现时，你一听见就特别想回答，但在问题提出之前不知道自己对此很关心”。匈牙利大数学家波利亚认为“好问题”应该具有“诱导性、启发性、提示性、序列性”的特征等。我们通过研习，一致认为我国著名的数学教育家张奠宙先生关于“好问题”的论述全面、通俗、精辟——“我认为，一个好的问题，首先要容易懂，不要说了一大篇，还没有把问题说清楚。有些题目离学生的实际太远，专业名词太多，也是不好的；其次，要引人入胜，激起学习者的思考欲望，很快能够入手，却又有向纵深发展的余地。第三，要体现数学本质，具有数学价值，能够启发学生进行深度的数学思考。最后，好的数学问题，还要能够评价，分出数学思维的层次和水平。”

举个例子。

长方形面积计算公式是“长方形的面积 = 长 × 宽”。如果直接让学生记住这个公式，然后用这个公式解决问题，不需要花太多的时间，学生在课堂上很容易就接受了。但是，这个公式从何而来，特别是通过这个公式的研究如何帮助学生积累经验、发展思维？为此，我们设计了下面几个问题——

1. 每个小组都拿出学具包里的一张长方形和一张正方形卡纸，比较：哪一张卡纸更大？

学生基于“认识面积和面积单位”的经验，首先想到的是重叠法比较，但是学生马上发现通过简单的重叠是不能解决问题的，于是，又有学生提出要拿单位面积的小方格密铺长方形和正方形来比较大小。老师给每个小组提供仅有的 9 个单位面积的小方格。学生自然就会提出小方格不能密铺长方形和正方形的问题。于是，老师顺势提出第二个问题。

2. 请利用这 9 个小方格，比较出这两个图形的大小。

这个设置在学生“最近发展区”的问题很快激活了学生的数学思考，学生通过操作带动思维，发现了这样的方法：

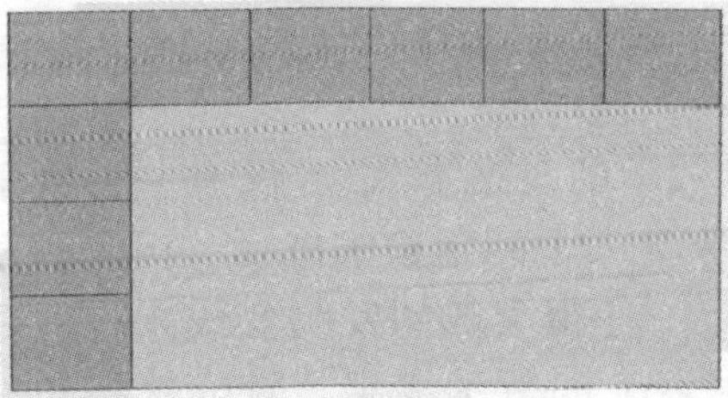

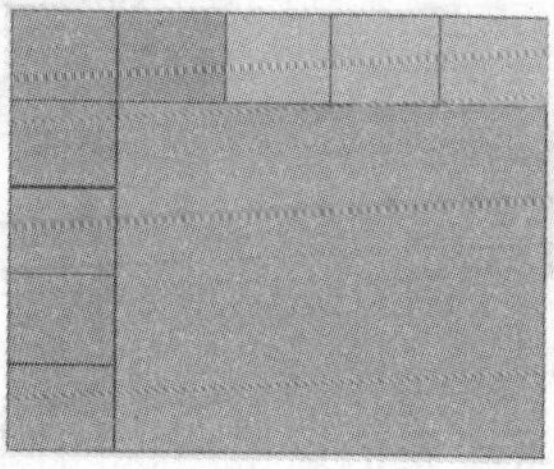

事实上，学生的这种思维已经从“密铺”经验中解放出来，往前迈进了一大步，抽象水平也更高了。

但是老师并没有就此罢休，又提出一个新问题。

3. 明天，老师要去隔壁的三(2)班上这节课，想带更少的小方格去解决同样的问题，你们说，我最少带几个比较好呢？

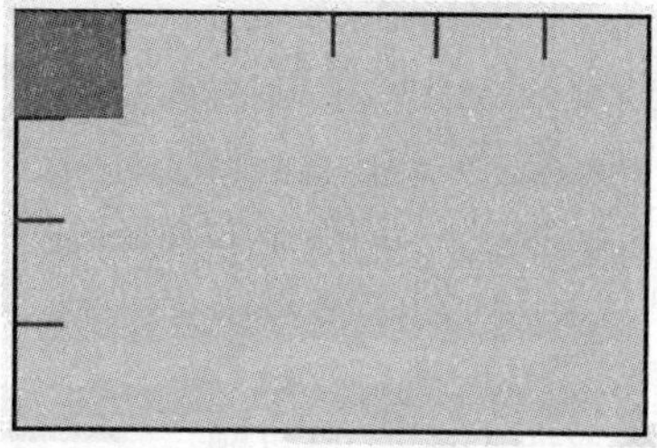

4. 学生在问题的驱动下进一步思考，还能更少吗？最少的个数是几个呢？慢慢地，有孩子提出这样的想法：说不定，拿 1 个小方格就可以解决问题了。老师顺势给了学生一个单位面积的小方格在黑板上开始演示。

此时，学生已经想到用单位面积的小方格去测量长方形和正方形的长与宽，进一步推算出两个图形的大小。这种思考，已经很靠近数学问题的本质认识了。

让人意外的是，学生在此基础上提出了新问题：

5. 我们可不可以一个小方格也不带，直接带条米尺去测量图形的长和宽就行呢？

事实上，学生的抽象水平又进了一大步。他们已经想到，只要知道长和宽，就可以知道长边摆几个小方格，宽边摆几个小方格，进而概括出“长 × 宽”求面积的方法。

反思上面的问题串，既有老师预设的问题，又有课堂生成的问题，问题思考层次明显由浅入深，学生的思维水平也呈现金字塔形状，越往后走，处于思维顶层水平的孩子就容易被激活，其他层次的孩子也会在这种交流中得到提升。

二、好问题从哪里来

1. 因果溯源。

著名数学教育家弗赖登塔尔曾经这样描述数学的表达形式：“没有一种数学的思想，以它被发现时的那个样子公开发表出来。一个问题被解决后，相应的发展为一种形式化技巧，结果把求解过程丢在一边，使得火热的发明变成冰冷的美丽。”我们这里所说的因果溯源，就是将数学教材上的数学成果，通过教师的努力，追寻数学家发现当时的想法，从而提出“是什么？为什么？”之类触及数学本质的问题。

举个例子。

用有序数对表示物体(点)在平面中的位置，其实质是：在直角坐标系中，对于平面上的任意一点，都有唯一的一个有序数对与它对应；反过来，对于任意一个有序数对，都有平面上唯一的一点与它对应。

在教学中，我们常见到这样的设计：

第一步：用生活情境引入，先出示班级学生座位图，然后让学生分别说说自己的座位在教室里的第几行、第几列。

第二步：让学生思考有没有更简单的表示方法，然后逐步引导学生得出表示点的位置的方法，即先看点在第几列，再看在第几行，最后按先横后纵的顺序标出数对。

第三步：完成教材及练习册中配套的习题。

以上的教学易于被老师们所采纳，因为教材就是这样呈现的，但显然学生在学习过程中缺乏数学思考的激情，也难以体会(a, b)这种数对形式表示平面上点的位置的奇妙之处。因此，我们做了下面的设计：

教师(PPT)：这是我们熟悉的数轴射线，观察这个点的位置，它表示几？

学生：4！

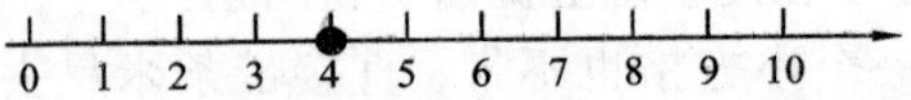

教师移动这个点至7、9的位置，学生都能说出点的位置。

教师演示PPT：还是这个点，它这会儿不在数射线上了，而是在平面上，它的位置应该如何表示呢？

学生1：还是用4吧？

学生2：好像不行，因为它在数射线的上方了，应该和刚才在线上的点不同吧。

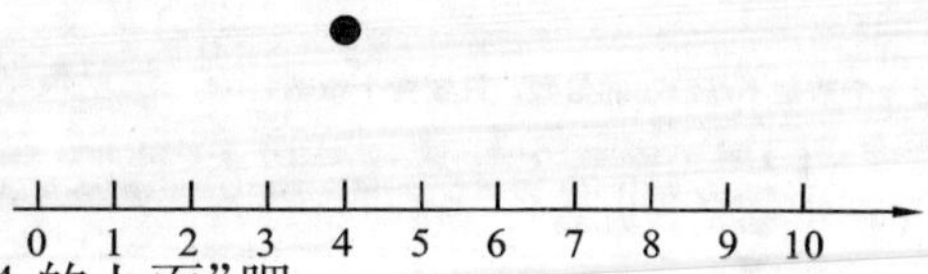

学生3：就写成“4的上面”吧。

学生4：也不对呀，4的上面那么多位置，大家都写成“4的上面”就不太好了。

学生5：是呀，如果这个点再往上移，那不就是“4的上上面”了？

学生6：得看往上移的距离才好确定了。

教师：哦？好像有道理哎！

学生7：是的，如果这个点往上2格，我们就记作“4上面2格”，如果是4上面3格我们就记作“4上面3格”。

教师：看来，要确定一个平面上点的位置得用两个数才行！那，有没有办法让大家一看就明白，这个点到底在4上方几格呢？

在上面的问题设计中，教师的出发点就是退回到数对发明时最初的样子，让学生有机会亲历这个发明的过程，在这个曲折但又生动有趣的过程中，学生享受到了“再创造”的快乐！正如苏霍姆林斯基所说：人的内心里有一种根深蒂固的需要——总想感到自己是发现者、研究者、探寻者。在儿童的精神世界中，这种需求特别强烈。但如果不向这种需求提供养料，即不积极接触事实和现象，缺乏认识的乐趣，这种需求就会逐渐消失，求知兴趣也与之一道熄灭。

2. 因势利导。

数学教育家郑毓信先生说：“设问应合乎情理，力求自然”，也就是说数学教师设计的问题应贴近学生的知识实际、能力实际、生活实际，抓住问题的本质，突出重点，体现知识的发生、发展过程，使学生学到“可以理解的”“可以学到手的”和“可以推广应用的”数学。

举个例子。

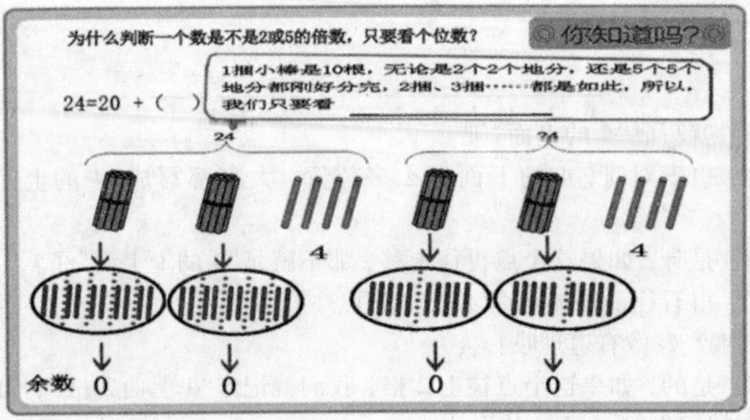

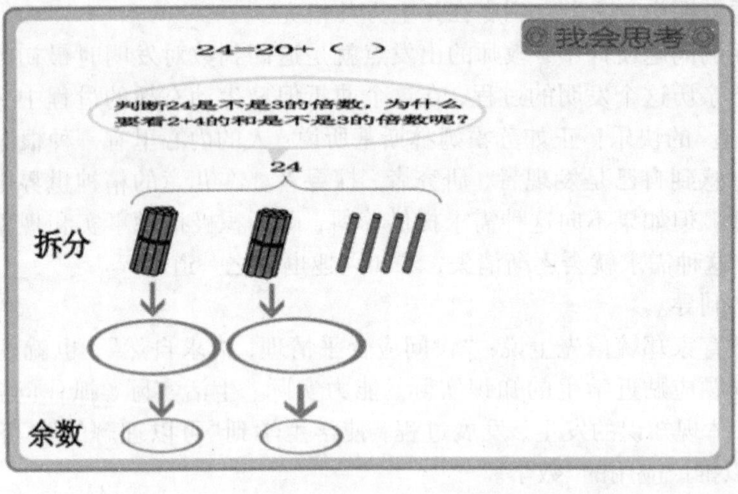

《3 的倍数的特征》是人教版（2011 年修订版）教材五年级下册“数与代数”的内容。由于 3 的倍数要根据各数位上数字的和是否是 3 的倍数字来判断，而先前学习的“2、5 倍数的特征”只要看个位上的数字来判断。看上去，新知与原有经验有些不一致了，于是，学生就会思考提问：“我怎么才能知道什么时候只需要看个位，什么时候需要看各个数位上数字之和呢？”这个问题是基于学生最自然的思考路径提出来的，因此，我们在进行问题设计时，就要因势利导了。

判断一个数是不是 2、5 的倍数，只要看个位上的数字是不是 2、5 的倍数，而判断一个数是不是 3 的倍数，却要看各个数位上的数字之和是不是 3 的倍数。这是为什么呢？带着这个问题，请同学们自己阅读下面的学习材料。

课的最后，学生利用已有的经验，成功地找到了“4 的倍数的特征”。就找到一个数的倍数的特征本身而言，这不是太重要的事情，重要的是学生学会了触类旁通地学习数学的方法，以及凡事都要追问为什么的研究态度与理性精神。

3. 因树为屋。

这里借用“因树为屋”的本义“依树架屋”。依什么树呢？阅读之树！因为好的问题设计还来源于数学教师的专业功底，因此，阅读显得特别重要。于是，我们数学组常常带领大家深度阅读教育经典。读的书多了，视点也就高了，视野也就宽了，设计的好问题自然也就多了。

前段时间，首席名师王丽燕老师发起了一个“阅读经典，思考课堂教学”的活动，给我们推荐了张奠宙先生的30篇文章。我们数学组的老师在认真阅读之后，重新修改了我们之前的一些教学设计。

例如：张奠宙先生的《按“四基”的要求编写数学教材——以抽屉原理为例》一文中指出，“抽屉原理的真正意义应该在于丢开穷举检验，诉诸逻辑论证”。这个观点颠覆了我们之前的认识。我们深度反思，提出了这么几个问题。

导入部分：

唐代诗人贾岛的《寻隐者不遇》：“松下问童子，言师采药去。只在此山中，云深不知处。”诗句告诉我们师父一定存在这座山中，只是云深不知处。在数学上，也有这样一类问题。比如：把4个苹果放在3个篮子里，肯定有一个篮子至少有2个苹果。这句话是什么意思，你懂吗？你信吗？

练习部分：

4个苹果放入3个篮子。辨析：

①“有一个篮子里至少有3个苹果，对吗？”

②“有一个篮子里至少有1个苹果，对吗？”

③“有一个篮子里至少有2个苹果”与“有一个篮子里至少有1个苹果”哪一个更好，为什么？

以上问题的设计来源于对张奠宙先生文章的阅读与理解。

三、好问题滋生好课堂

实施问题导学后，娄底六小的数学课堂焕发着生命活力。

1. 老师们的专业素养得以提升。

实施问题导学以来，老师们的求学热情、研究热情空前高涨。每天晚上，我们都会把当天的教学所得所想写成教学日志发到王丽燕名师工作室的微信群里。王老师带着大家一起研讨我们提出的问题。我们常常有“百思不得其解”之后的“顿悟”，也有“柳暗花明”之后的惊喜。这种喜悦让我们有了不断学习的动力。在不断地学习与交流中，我们的课堂越来越精彩，我们的专业素养得以不断提升。

2. 学生的理性精神得以涵养。

在实施问题导学的数学学习活动中，好奇心是数学学习的重要动力源泉，学生在好奇心的驱动下主动学习。他们发现问题、提出问题、解决问题的能力逐渐加强。特别值得一提的是，学生的那种“穷究到底”的精神、“用事实说话”的品质得到沉淀。所有这些，都是孩子们未来生活中不可或缺的珍贵尚品质。

“为孩子未来的发展而教”，我们娄底六小数学组将继续以此为目标，精心设计每一个问题，精心上好每一堂数学课，让更多的孩子爱上数学，让更多的老师爱上数学教育。

小学数学练习分层设计的思考与实践

——涟源市蓝田办事处双江小学数学组风采

左起第一排：聂寒梅 李玉梅 吴文华 康尚林 张红艳 梁毓莲 刘蓉 袁海青

左起第二排：谢君 肖薛斌 陈立军 彭雪君 刘毅敏 黄晓红 陈夏芳 刘定珍 李翠兰 李晓敏 李文斌 吴明清 唐红霞

左起第三排：谢文华 肖雄明 刘楚文 刘湘群 吴盛祥 谭志宇 肖丽芬 谭志群 梁顺梅 谢永红 谢玉清 周志芳 梁庆芳

涟源市蓝田街道办事处双江小学始建于1950年，是涟源市课程改革的“窗口学校”。十年来，双江小学以“培养全面加特长的学生、培养优秀加专业的老师、创办满意加特色的学校”为目标，走出了一条科研之路、发展之路，教育教学质量享誉湘中。

双江小学数学组的教科研一直领航全校的课程改革，通过几十年的积淀，逐渐形成了“小课题引领专业成长”的科研文化。近五年来，数学组在课堂教学研究中发现，班级授课制下的学生群体学习能力先天差异分层明显，如果忽视学生的个体差异，要求学生在一定的时间内完成同样的练习，期望达到同一目标，势必会造成有的学生“吃不好”，有的学生“吃不饱”，有的学生“吃不了”的现象，就会遏制学生数学能力的发展。在这种现实情况下，想要实现新课程标准中“人人都获得良好的数学教育”的要求，就得动脑筋花工夫了。因此，数学组经过集体研讨，决定展开“练习分层设计”的小课题研究。教师从学生的实际出发，根据学生的个体差异，按知识的难易、深浅程度给予不同层次的学生不同的练习要求，针对不同层次的学生设计不同层次的数学练习（基本练习、综合练习、拓展练习），让学生在数学学习中都能展示自己的聪明才智，都能看到自己身上的闪光点，增强学习数学的信心，最大限度地实现“个个能练习，人人能成功”，达到“不同的人在数学上有不同的发展”的目标。

一、练习分层设计的构想与实践

（一）学生分层

学生分层：在教学中，根据学生的数学基础、学习能力、兴趣爱好、家庭条件等非智力因素，通过课堂教学、课余观察、家访查档及与其他学科教师的会诊交流等途径，在对学生全方位考察的基础上，按课程标准所要达到的基本目标、中层目标、发展目标这三个层次的教学要求，将学生大致按 2∶5∶3 的比例分为 A、B、C 三个层次：A 层是学习有困难的学生，B 层是成绩中等的学生，C 层是拔尖的优等生。对学生进行分层坚持尊重学生，师生磋商，原则上“进则上，退可下”。设计练习时对三个层次的学生的练习布置有所不同，分为基础层、综合层、拓展层，分别对应 A、B、C 三个层次学生。

（二）练习分层

1. 课内练习分层设计。

（1）从不同版本的教材中选取不同层次的练习。

深度解读教材是分层设计练习的重要路径之一。教师在解读教材时，通过不同版本教材的对比分析，找出最优质的“基本层”“综合层”“拓展层”练习。教师可以针对学生的不同层次的练习做出教学效果分析，或者是在同一层次练习中发现不同思维层次学生的不同思维方式并给予恰当评价。

例如，教学六年级下册《图形的放大与缩小》这一内容时，我们通过人教版和北京师范大学版教材的对比，发现人教版教材中设计了“在网格图中按 4∶1 放大下面的直角三角形”的基础练习，而北京师范大学版则设计了下面这样的练习。

练一练

1. 下面哪个图形是图 A 按 2∶1 的比放大后的图形？哪个图形是图 A 按 1∶2 的比缩小后的图形？

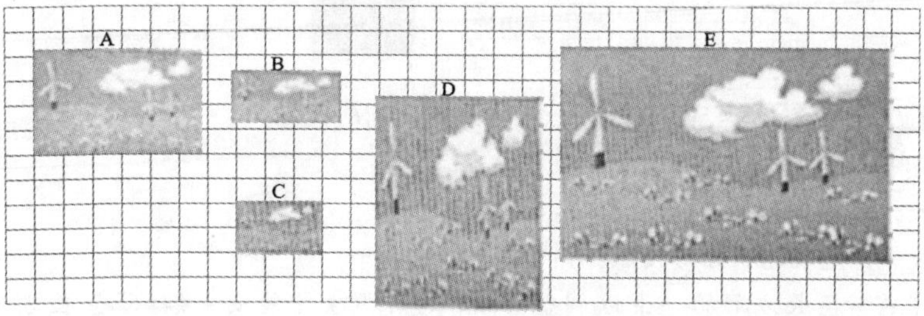

2. 下面的每个方格表示 1 cm^2。先按要求将图形放大或缩小，再回答问题。

① 将下面的正方形缩小，使缩小后的图形与原图形对应线段长的比为1∶3

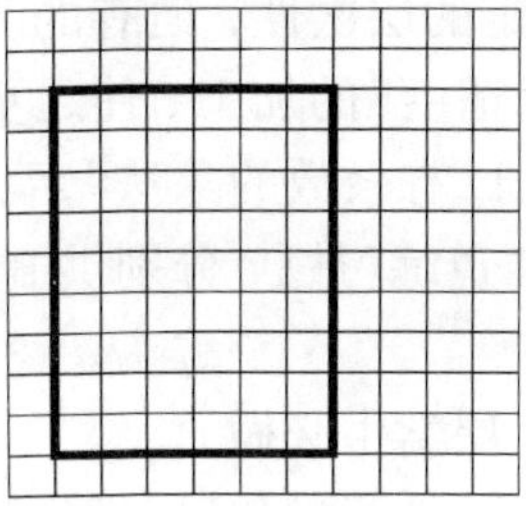

想一想，缩小后的图形与原图形的面积比也是1∶3吗？

② 将下面的长方形放大，使放大后的图形与原图形对应线段长的比为2∶1

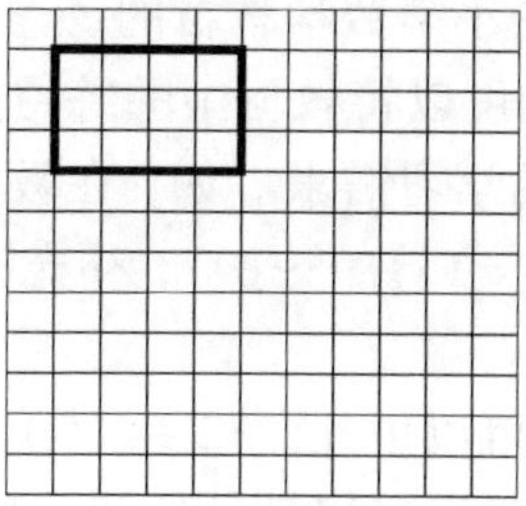

想一想，放大后的图形与原图形的面积比也是2∶1吗？

根据以上两个版本的对比分析，我们设计了下面的一组练习题，在这组题里，不同层次的学生可以有不同的工作量，处于 A 层的学生可以顺利完成第①题，这也是“理解什么是放大与缩小”这一概念必须落实的教学目标；处于 B 层的学生可以完成第②题，这就要求学生不仅要弄懂什么是放大与缩小，还要弄懂放大与缩小的正确表达形式，综合性明显比第①题要强；处于 C 层的学生可以有创意地完成第③题，这是一个开放性很强的问题，思维能力强的学生可以有多种调整方案。这样，不同层次的学生可以在这样开放的数学问题情境中获得不同的发展。

下面的哪些图形是蓝色长方形放大或缩小后的图形？是怎么放大和缩小的？

(1)请在是蓝色长方形放大或缩小后的图形的后面记上"√"。

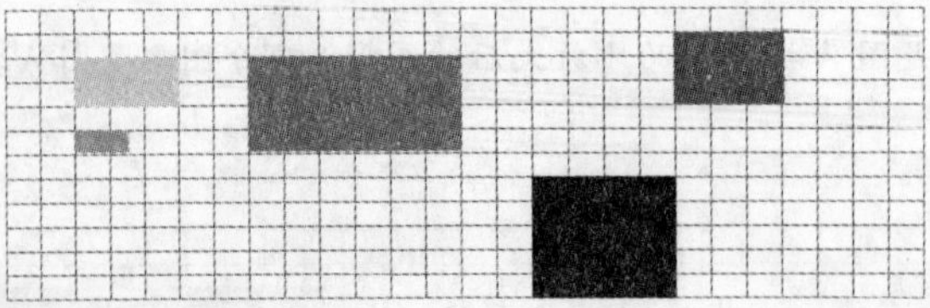

橘色( )　绿色( )　紫色( )　红色( )

(2)将图形放大或缩小的倍数用比表达：

( )色长方形是蓝色长方形按照( )：( )(　)的。

( )色长方形是蓝色长方形按照( )：( )(　)的。

(3)如果将紫色长方形的一条边调整长度，怎样调整才能变成蓝色长方形放大后的图形？

方案①：

方案②：

(2)改进教材中的习题，研制不同层次的练习。

人教版的小学数学教材的练习设计具有一定的层次性，但有的练习层次性不够，因此我们可以将教材中的练习进行"微小而适度"的加工，使之更好地适合不同层次学生的学习需求。如，在教完二年级下册"有余数的除法"后，我们根据教材上的12÷5=( )……( )，补充设计了如下两道练习题，分别供B、C层的学生选择：

①( )里可以填几？32÷(　)=6……2（B层学生必做）。

②( )里最大可以填几？最小呢？( )÷5=7……( )(C层学生必做)。

(3)分析学生作业中的错误，编制不同层次的练习。

学生练习过程中出现的错题是最直接、最现实的教学资源。教师应巧妙地利用"错误"资源，使"错题资源"的利用更加符合学生的特点和要求，为提高教学质量服务。我们通过分析学生作业中的错误，编制不同层次的练习以查漏补缺，提高教学效果。如，有些五年级学生在计算教室的粉刷面积时算了6个面，就是经验缺乏、考虑问题片面的原因。因此，我们设计了如下练习，对不同层次的学生进行训练：

①一个长方体水池的长是18米，宽是12米，深是2.5米，在它的四周和底面抹上水泥，抹水泥的面积是多少平方米？(A)

②一个长方体通风管，长4米，宽和高都是20厘米。做100根这样的通风管，至少需要铁皮多少平方米？(A)

③一种饼干盒长20厘米，宽15厘米，高30厘米，现在要在它的四周贴上商

标纸，这张商标纸的面积是多少平方厘米？做1个这样的饼干盒需要多少平方厘米纸板？（B）

④ 游乐园里新增了一批垃圾箱，它是由两个正方体组成的，其中小正方体的棱长是2分米，大正方体的棱长是5分米。小正方体的顶部敞开，便于人们扔垃圾。制作这样一个垃圾箱，至少需要多少平方分米的铁皮？（B、C）

⑤用27块棱长为1厘米的小正方体拼成一个大正方体，任意拿去一个小正方体，剩下部分的表面积是多少？（C）

2. 课外练习分层设计。

（1）依学生兴趣分层设计。

学生个体有差异，关注点不同，兴趣也不同。课外练习的设计要充分考虑学生兴趣，安排不同层次的课外练习让学生自由选择。如学习完“圆柱的体积”这一内容后，我们设计了如下课外练习让学生自选：①出示一些圆柱，已知底面半径或直径或周长与高，要求求圆柱的体积；②写一篇与圆柱体积有关的数学日记；③趣味问题：一个牙膏厂的效益滑坡，牙膏不好卖。你能利用我们今天所学的数学知识增加销量吗？

（2）依学生能力分层设计。

根据学生的学习能力不同，课外练习的设计可以从作业量和作业难度方面进行分层。每课的基础性练习必不可少，以扎实掌握基础知识和基本技能。至于教师结合教材设计的一些拓展性练习，他们可以选做或不做。适量的作业和适当的练习要求，能有效地帮助学生体会成功的喜悦，培养其自信心，促使他们数学思维能力得到有效发展。

（三）评价分层

为了激发学生的学习信心，我们坚持对学生进行分层评价。对于同样的习题，优等生先做完，老师会“奖励”他们一道“聪明题”；对于基础较弱的学生，他们如果能按时完成，老师会“奖励”他们一枚“小种子”徽章。我们约定5枚徽章可以换取一个学生喜欢的“礼包”。对于程度中等的孩子，如果主动领取了“A类题”，并成功解决问题，老师会奖励他一颗“智慧星”。5颗“智慧星”可以换取自己喜欢的一本书等。老师的鼓励是学生更好学习的动力。这种客观的评价，使不同层次的学生在心理上产生积极的心理暗示，从而增强学生自信，最大程度地激发他们学习数学的兴趣和潜能。

二、练习分层设计研究取得的成效

经过五年的实践，双江小学数学组在“练习分层设计”课题上既有理论的突破，也积累了实践经验。

1. 丰富了“因材施教”的理论体系。

“因材施教”是孔子在长期教育实践中首创的一个经典教育原则。这一原则的核心思想是对不同的受教者施以不同的教育，强调对不同情况的学生采取不同的教学方法。在当前新课改背景下，学校要创造“适合学生的教育”，要走特色竞争发展之路，就必须很好地实施“因材施教”。在“练习分层设计”研究中，我们不仅沿用了这一经典教育原则，还发展了“因材施教”概念的外延，那就是因教材而教。人教版的数学教材按照螺旋式上升的体例进行编排，每一个内容在每一个阶段的每一个层次对学生的要求，我们都有了系列研究。比如，教学两位数乘两位数的乘法时，我们设计练习的重点放在对算理的理解与算法的规范训练上，而教学三位数乘两位数时，我们设计练习的重点放在估算、笔算、口算的多种算法的灵活选择上。

2. 积累了分层教学的经验。

通过五年的分层教学实践，我们通过集体备课、收集练习题、筛选练习题、编制练习册的程序，各年级组在每个学期末会整理出一整套自己研发的练习册，并转交给下一轮同年级教学的老师使用，在使用过程中不断修正与完善，形成校本教辅资料。

3. 学生数学学习进步显著。

练习分层设计的实施的最大受益者应该是学生。分层教学以来，数学老师既做到了“保底”教学，确保了教学目标的落实，又让各层次的学生各有所获：学困生由于能够完成基础课作业，慢慢地恢复了学习信心，掌握了基础知识和基本技能；优等生则由于独立自主的学习功能在学习过程中得到较好的发挥，体验到学习的成功感，学习的动力倍增；中等生有效地掌握了重点、突破了难点。所以，近五年参加的蓝田办事处的抽样考试以来，我们稳拿团体第一。

4. 促进教师专业成长。

练习分层设计的实施，使我校一批年轻教师迅速成长起来。他们在钻研教材、学习研究方法、查找资料、设计练习的过程中提高了专业素养，真正实现了教学相长。年轻教师黄晓红老师在编制分层练习的过程中，经常和涟源市教研师训中心的教研员王丽燕老师切磋。黄老师感慨道：“没想到练习题的设计还有这么多学问，我之前可没这么仔细推敲过，现在我也学会怎么编制练习题了！”

当然，分层不是目的，共同提高才是目标。因此，教学中教师要不断淡化分层的界限，鼓励更多的学生去完成有思维挑战性的选做题和自主题。

一切为了孩子未来的发展，双江小学数学组的老师将以构建“生本位”和“学本位”的课堂为目标，努力前行！

涟源市蓝田办事处双江学校
肖薛斌

从训练到修炼
——涟源市伏口中心小学数学组风采

左起第一排：肖琼露 阙美成 吴买花 罗琳玲 罗志昂 龚霁霞 彭卉 邱爱姣
左起第二排：陈善桂 谭雪飞 彭妍熹 黄英 罗丽霞 阙耀球 曾霞

伏口中心小学位于娄底涟源市西北部边远山区，归水河畔，源于当地名士李清奇先生于1937年创建的鸿颜完小，于1996年更名为伏口中心小学。学校地处“梅山文化”区，古朴、无畏、忠诚、开放的民风影响着当地的教育，当然也影响着这所拥有81名教师(其中数学教师24名)、近2000名学生的山区小学。这里的老师善思、善学、善教，这里的校长善管、善导、善推，一直以课堂教学为重点推行教育教学改革。2016年，这所学校被评为娄底市课程改革示范学校，2018年被评为湖南省语言文字示范学校，而且是全国第一批足球特色学校。近两年来，新任校长陈善桂以“骨干教师成长工作室”为平台，推出了一批优秀的中青年教师，特别是小学数学组，更是通过“骨干教师成长工作室”这个平台，引领老师们在专业成长的道路上由“训练”到“修炼”不断迈进。

所谓“训练”，就是通过操练迅速提升专业水平，是一种强化式的被动学习；所谓“修炼”，指通过自我修养练功使自己逐渐走向卓越，是一种裂变式的主动学习。显然，一名教师如果懂得自我修炼，那么他的专业素养的提升是一件水到渠成的事情。

怎样让教师把基本功修炼成为一种自觉行为呢？学校数学组一直在寻找突破口，两年来的实践告诉我们，长期坚持正确地做好一件事，让老师们的教学研究形成一种惯性，在这种研究中享受修炼的乐趣，并形成后劲，是促进教师专业成长的一种不错的策略。我们学校的数学老师的修炼就是从长期坚持做好课前慎思开始的。

“非慎思无以明辨，非笃行无以致远。”课前慎思往往能帮助老师准确定位教学目标，弄清楚“教什么”的问题，也能帮助老师寻找合适的教学策略，想明白“怎么教”的问题，甚至还能帮助老师深层次思考教学设计的理念，搞清楚“为什么这么教”的问题。因此，我们工作室的老师以年级为单位组织老师们进行“课前慎思”交流会，通过对同一教学内容的不同解读、不同思考的共享，学会做高质量的“课前慎思”。

例如，我们在教学《鸡兔同笼》这一内容时，年级组作了如下的课前慎思：《鸡兔同笼》作为古代名题流传至今，被各种版本各种学段作为教学内容选入（人教版把这一内容安排在小学数学四年级下册）。这个内容之所以被青睐，它所承载的教育价值到底有哪些呢？经过思考，我们达成了共识，教学“鸡兔同笼”不仅仅是为了解决这个问题本身，更重要的是以这个教学内容为载体，让学生受到思想方法的熏陶。但是随着思考走向深入，我们发现，就“受到何种思想方法的熏陶”这个问题，每位老师提出的观点就会各不相同了，有的老师主张“渗透画图方法解决问题”，有的老师则主张突出“猜测与尝试”，有的老师主张渗透“方程思想”，有的老师则主张凸显“模型的力量”……当然，就每一种思想与方法而言，各有各的重点，各有各的价值，都有它存在的合理性。这时，工作室的主持人吴买花老师提出了自己的主张——“模型”是最基本的思想，通过“鸡兔同笼”问题的教学让学生感觉模型的力量是值得研究的。在此基础上，吴老师又查阅了相关的资料，再次组织老师们研讨，在研讨会上，吴老师给老师们推荐了波利亚在《数学的发现——对解题的理解、研究与教学》中提及的“双轨迹模型”。波利亚用“作正三角形”的方法深入浅出地诠释了这种模型：已知线段 AB，求作正三角形 ABC。解决这一问题，就是要找一点 C，使点 C 到 A、B 两点的距离均为 AB 的长，

做法是以点 A 为圆心，AB 为半径作圆，则所求点 C 必定在这个圆上；再以点 B 为圆心，AB 为半径作圆，则所求点 C 必定也在这个圆上，于是两圆的交点即是所求。基于这种模型，解决“鸡兔同笼”问题相当于寻找同时满足两个条件的对象。这时，列表法的价值就凸显出来了，一张简单的表格，几乎每个孩子都可以上手，在满足条件一（如鸡兔共10只）的所有情况里，寻找满足条件二（如脚共有34只）的数据，这个过程恰恰能带领学生从代数的角度来理解“二元一次方程组”模型，而这种理解的价值远远大于解方程或方程组本身。这时，我们基本上完成了这节课的课前慎思。至于在这种课前慎思的基础上如何设计、如何实施，这个难度远远低于课前慎思中对这个内容本身的价值定位。

《三角形的三边关系》是人教版四年级下册的教学内容。在课前慎思的过程中，老师们达成的共识是：这是一节概念课，数学概念是数学知识的“细胞”，是进行逻辑思维的第一要素，是学习其他数学知识的重要基础，一切数学规则的研究、表达与应用都离不开数学概念。显然，正确理解“三角形任意两边之和大于第三边”是这节课的重要目标之一。随着思考走向深入，老师们对于这个问题有了两种不同的认识，一种主张是把教学重点放在对于这个结论的“发现”上，另一种主张则是把教学重点放在对于这个结论的“理解”上。到底哪种主张更具有价值呢？老师们各执己见，此时，我们发现自己的理论水平限制了我们认识问题的高度。于是，我们带着问题向专家请教，长沙市教育科学研究院的小学数学教研员张新春老师给我们上了深刻且生动的一课，我们知道了“理解”比“发现”更具价值。在张老师的指导下，我们完成了下面的教学设计：

教师：“在两千多年前，古希腊有一个数学家叫欧几里德，他写了一本非常有名的书叫《几何原本》，这本书里面，记录着这么一句话：三角形任意两边之和大于第三边。（课件出示）”。

教师：你理解这句话吗？（课件出示问题：“你懂吗”？）如果用 a，b，c 分别表示三角形的三条边的长度，你能用字母表达你对这句话的理解吗？

学生：$a+b>c$；$a+c>b$；$b+c>a$。

教师：这是两千多年前的一个发现，你相信这句话是真的吗？（PPT 出示：“你信吗？”）

学生：……

教师：你们有说相信的，也有说不相信的，你能自己想办法说明自己的想法是正确的吗？或者想个办法说服和你想法不一样的同学？

……

就这样，我们坚持一节课一节课地做课前慎思，然后一节课一节课写教学设计，一节课一节课地实施教学设计，老师们在这个过程中，不断阅读，不断思考，不断交流，不断成长。也就是在这种不断成长中，老师们得到了一种自我满足，感受到了修炼的乐趣；也就是在这种坚持下，我们学校的数学老师们正逐渐从被动接受“训练”向自主“修炼”的境界转变。他们的这种转变带动了全校语文骨干教师成长工作室乃至全校的老师们，老师们的基本功修炼将给我们学校的发展注入新的活力！

涟源市伏口镇中心小学

陈善桂

激活成长内生力
——涟源市伏口镇中心小学教师成长写真

涟源市伏口镇中心小学是一所典型的农村小学。在城市化进程不断加快的今天，不少农村小学生源逐步下滑，而涟源市伏口镇中心小学的生源却年年递增。是什么让这所农村学校有这么大的吸引力？该校校长陈善桂一语道破其中的奥秘："一个人遇到好老师是人生的幸运，一所学校拥有好老师是学校的光荣。优秀的教师团队就是我们学校的秘密武器。"

专业成长，让每一位教师有"真本领"

2018 年 4 月 16 日，在伏口镇中心小学多媒体教室开展了精彩的"关注学生数学思考"以课会友活动。这是伏口镇中心学校与伏口镇中心小学共同组织的一次普通的教研活动，参加此次活动的除了来自伏口镇的 40 多名数学教师外，还有来自长沙市教育科学研究院的小学数学教研员张新春老师、长沙市中小学教师发展中心的数学名师丁丽老师、涟源市教研师资培训中心的小学数学教研员王丽燕老师等省内数学界的名师。

其实，这不是伏口镇中心小学第一次请来这么多教育"大咖"。张新春告诉记者，作为长沙市教育科学研究院的小学数学教研员，这是他第四次来到伏口镇中心小学，这也是他到长沙市外去得最多的一所农村小学。

"伏口镇中心小学校长陈善桂不但是一名优秀的数学老师，还是一位有情怀的校长。"张新春和记者谈起他和陈善桂的第一次见面，"当时陈善桂在我的书房发现了一整面墙的数学类书籍，就提出了一个要求'张老师，我申请在你家书房住一个月，就在这里看书'"。这个玩笑般的要求让张新春对陈善桂一下子有了印象，当即送给他一些数学书籍，并为他列出了一个阅读书目。从此以后，张新春就和陈善桂结下了不解之缘，也成了伏口镇中心小学的常客。"每次到伏口镇中心小学参加数学教研活动，我总是被这里浓浓的教育教研氛围所感染。"

一所农村学校的教研活动为何有如此高规格的配置？伏口镇中心学校校长吴海给出了答案：一个人遇到好老师是人生的幸运，而一个好老师首先要具备的条件是"专业过硬"，把专家请进门，能让眼界不高的农村教师与专家面对面，才能真正找到自身的差距。

"我认为一个好校长，首先要关注的就是教师的专业成长。"在教育一线摸爬滚打了 28 年的吴海深知教师专业成长对于一所学校的意义。作为上级主管领导，他多次与陈善桂交流关于学校教师成长的问题。他对陈善桂说，学校要发展，先要让教师发展。

"伏口镇中心小学 81 位老师中，30 岁以下的就有 36 人，平均年龄 35 岁。"吴海曾与陈善桂详细分析过学校教师队伍的困境，"年轻教师有激情、有上进心、有可塑性，但教育教学经验不足，一定要在专业发展上多做指导。"

在吴海的支持和帮助下，陈善桂为学校的教师发展制订了五年规划，到 2023 年，学校要出 1 至 2 名特级教师，出一批省级、市级骨干教师。近两年的重点则是打造精英教师团队。学校特意成立了语文和数学骨干教师成长工作室。同时，学校还给予每个工作室 6000～8000 元的经费，由工作室自主安排。

不仅如此，学校每学期举办一次"教学比武活动"，给教师们一个展示的平台、一次成长的机会。去年年底，王丽燕也曾应邀来学校参加一次"青年教师比武活动"。她告诉记者，从每位参赛教师的教学设计、多媒体制作、各教学环节的落实、课堂语言的组织及各个教学细节的处理等方面可以看得出，学校对这次比赛是进行了精心准备和设计的。

"他们娴熟的多媒体操作，富有激情的语言，大方得体的教态，给听课教师及学生留下了深刻的印象。"

除了"请进来"，陈善桂还制订了教师发展三年轮训计划，每学期安排一批教师外出学习，跟班一个星期，计划通过 3 年时间，让全校每一位教师都走出校门，近距离学习名校的教育教学经验。2018 年 4 月，陈善桂带着 8 名教师来到长沙市大同小学进行了为期一周的跟班学习。在深入课堂听课、与教师座谈后，吴一鑫老师深有感触地说："真正的阅读为孩子们敞开了世界的大门，课程的改革让孩子们与素质教育接轨。"

人性管理，给教师一个有温度的家园

3 年前，聂雨婷以定向委培生的身份来到伏口镇中心小学任教。3 年过去了，她的工作得到学校领导的一致认可。她向陈善桂提出，她准备报考硕士研究生，希望校长尽量不要安排她当班主任，尽可能少上点课。

“教学任务这么重，谁来承担多出来的任务？况且聂雨婷本身很优秀，如果考上研究生，是不是就会离开我们学校？这样我就要失去一名优秀的教师了！”尽管如此，陈善桂还是做了一个决定：尽量满足聂雨婷的要求，给她充分的时间和空间进行考研复习，并鼓励她：“你有理想，有上进心，希望你能实现理想。”

为什么做出这样的决定？陈善桂说，作为校长，首先要做的就是给教师营造一个有温度的家园，教师真正把学校当成了家，才会把教育教学当成一种责任和使命，这更能激活教师成长的内生力。

“我是伏小的老师，我很重要！”“我的心有多大，伏小的舞台就有多大！”……陈善桂还专门提出了伏口镇中心小学的教师语录。这些教师语录让每位教师都有了存在感。一位教师说，大家把这些话当作行动指南，当自己在工作中遇到困难时，就想想这两句话来激励自己。

教师发展，师德为要。陈善桂最看重的还是师德。“好老师虽然没有统一的模子，但坚定的思想政治信念、高尚的师德是共同的底色。”基于此，学校每个学期都要开展一次师德师风演讲比赛。去年以分享“我的教育故事”为主题，邀请到了学校的第一任校长来校讲课。他是娄底市师德标兵，是一位很有教育情怀的校长。老师们听了他的教育故事之后深受感动。今年的演讲以学校的校训为主题。陈善桂说，校训不仅是学生的，更是老师的，老师是校训的传递者、践行者，让老师们在工作和生活中以此为标准，即使离开学校很久了，还能记得学校的校训。

“权力是一把宝刀，不要轻易出鞘。”陈善桂很认同北京十一学校校长李希贵说过的这句话。他认为，学校管理，只有管没有理，是不能叫做管理的。每一个被管理者都是活生生的个体，你不把被管理者放在应有的位置上尊重、理解，甚至热爱，你的管理就不会有太大的成效。

正因为尊重和理解，陈善桂对自己还有一个要求：不论哪位教师或者其父母病了，他一定要去探望，从他上任至今从没有耽误过一次。

2018 年三八妇女节那天，学校全体男教师一起在每一位女教师签到时送上一支玫瑰花和节日的祝福。下午放学后，全体教师还举行了三八妇女节知识有奖问答和趣味竞赛活动。活动结束后，大家纷纷点赞：“这次活动组织得非常好，幸福感顿时爆棚。”

吴买花对 2018 年元旦节后的第一次例会印象深刻。“学校事先买了很多盆鲜花，然后将每位老师的电话号码输入电脑，随机抽取幸运老师。抽到奖的老师上台说出新年祝福后就可以领到一盆鲜花。”吴买花说，“这些虽然都是一些微不足道的小事，却让我们这些普通教师感受到了家庭的温暖。”

阅读，打开教师成长的一扇窗

“收到学校发的精神粮食——《文心》，我心中充满着喜悦，充满着期待，更多的是庆幸自己的幸运，因为每一个让我成长的地方都承载着阅读的魅力……”教师杨永珍曾经写下这样一段文字，她是伏口镇中心小学鹿鸣读书社的成员之一。

李晶莹是鹿鸣读书社的社长。她说，这是学校教师自发组织的一个读书社，自己也是因为喜欢看书而当上了这个社长。读书社每个月开展一次教师阅读活动，真正让阅读成为老师的乐趣。

“没有书香的学校就不是一所真正意义上的学校。”陈善桂说，为了让学生爱上阅读，首先老师要喜欢阅读。要想老师喜欢阅读，首先校长要爱上阅读。

为此，陈善桂经常和老师们共同阅读一本书，并在周例会上带头分享读书心得。他也是学校鹿鸣读书社的骨干成员之一，每次读书社组织活动一定会参加。

陈善桂给我们打了一个很有趣的比喻。他说，作为一个校长，你会发现，你说‘老师们，跟我冲’比说‘老师们，给我上’的效果要好得多。

为了在全校教师中形成阅读氛围，陈善桂想了很多办法。例如，考虑到老师每天在办公室的时间多，很少去图书馆，就在教师办公室设立了图书角。图书角的书籍内容丰富、品种齐全，既有专业类书籍，也有社科类、文学类等书籍。

说起办公室的图书角，陈善桂有些感触。他告诉记者，去年学校对图书馆进行了重修，并购买了大量图书充实图书馆，让书籍多样化。可是，后来发现图书馆在学校更多地像是一个藏书阁，没有派上多大的用场。

如何让这些书真正成为教师成长的助推器呢？陈善桂在《阅读的力量》这本书中看到这样一句话：当书很容易取得，当环境中充满读物时，阅读就很容易发生。于是，他在每个办公室设立了图书角，让教师与书近距离接触。

假期也是伏口镇中心小学教师们阅读的大好时光。学校经常利用假期进行全校大阅读活动，《给教师的100个建议》《阅读的力量》《朗读手册》《育人三部曲》……这些优秀著作给教师做了心灵的洗礼：只有那些始终不忘记自己也曾是个孩子的人才能成为真正的教师。任何课程，首要任务是教育人、培养人——教育、培养有血有肉，有思想有情感的人，而不是“打造”仅仅具有某种实际应用功能的器具。

为了提高教师的阅读指导水平，伏口镇中心小学不但要求老师上好阅读课，还要带领学生和家长进行家庭阅读。

现在，教师与学生、家长与孩子“共读一本书”活动在学校全面铺开。学校还根据不同年龄段购买不同的共享书，并通过“图书漂流”的形式反复利用，以书为桥梁，走进孩子的世界，拉近教师、家长和孩子的距离。

“一个不断成长和发展的教师，必然是一个读书的教师，他有动力也有能力持续不断地吸收人类思想和知识的精华。他们的读书与‘赶考’‘评职称’无关，更多的是出于自己内在的需要。”对于教师阅读，吴海很认同伏口镇中心小学的做法。他说，只有教师的阅读视野远远超出“教参”时，他们才能通过不断拓展精神的空间，成为有专业素养的教师，成为有人格尊严、独立思想、丰富情感、科学精神、人文关怀的大写的“人”。

附录

王丽燕小学数学名师工作室章程
（暂行）

根据《娄底市名师工作室实施方案（娄教发〔2017〕20 号》、娄教发〔2017〕21 号》文件精神，为充分发挥名师资源的示范引领作用，建设充满教育情怀、教育智慧的名师工作室团队，促进我市优质资源共享、教育均衡发展、教师专业成长、教育质量不断提升，为我市小学数学教师发展做出贡献，特设立王丽燕小学数学名师工作室。为使名师工作室规范、有效地运行，特制订本章程。

第一章　总则

名师工作室是在名师引领下，进行教育教学研究和教师培训研究，探索骨干教师培训和管理模式，更好地发挥骨干教师在教科研方面的积极作用，打造在全市小学数学教育领域有成就、有影响力的名师和名师团队，从而带动教师队伍专业素质的提高。本工作室将围绕娄底市名师工作室的总体目标，遵循优秀教师的成长规律，通过三年为一个周期的工作计划的实施，有效地推动名师工作室成员的专业成长，力争形成具有引领和辐射作用的小学数学骨干教师群体。名师工作室在娄底市教育局名师工作室领导小组领导下工作。

第二章　名师工作室的组成

名师工作室实行任期制，三年为一个工作周期。经骨干教师本人申请，首席名师根据本工作室制订的选聘办法推荐若干成员给娄底市名师工作室领导小组，并报娄底市教育局审定批准。本工作室由首席名师王丽燕，顾问张新春、曾黎，荣誉顾问赵雄辉、申建春、肖四萍、邹兆林、邓求平，核心成员刘硕鹏、李爱容、陈善桂，学员 50 名（已加入 44 名，还有 6 名待补充）组成（名单附后）。

第三章 名师工作室规章制度

为加强对名师工作室的规范管理，更好地发挥名师工作室的研究、示范、引领、指导和辐射作用，特制订本制度。

（一）会议制度

1. 建立每月例会制度，总结前期工作情况，解决实施过程中的难点和疑点问题，商讨布置下期工作。

2. 每个学期的期初召开一次工作室计划会议，讨论本学期工作室计划，确定工作室阶段目标、工作室的教育科研课题及专题讲座内容。

3. 每学期的期终召开一次工作室总结会议，展示学期工作成果，总结经验，探讨存在的问题。

（二）学研制度

1. 制订个人三年发展规划与年度研修计划。

2. 根据个人自我发展目标和研究课题，有选择性地学习教育教学理论，每学期至少阅读一至两本的理论专著，参加工作室组织的集体交流研讨。

3. 工作室成员积极参加各级各类教学研讨活动。

4. 工作室建立“每月一主题”研讨制度。由工作室根据工作方向确定主题，每月集体研究 1 次。

5. 按时学习与按需学习相结合，自主学习和集中学习相结合，提升自己的专业水平。

（三）档案管理与网站建设制度

1. 为每位成员建立研修业务档案，工作室主持人和核心成员做好档案的管理工作。

2. 工作室成员的计划、总结、观课议课记录，公开课、展示课教案定期收集、归档、存档，为个人的成长和工作室的发展提供依据（数据光盘和打印稿）。

3. 工作室建立网页，由专人负责信息采集与发布。

（四）经费管理制度

名师工作室经费按照《娄底市乡村教师支持计划（2016—2020 年）》（娄政办发〔2016〕16 号）文件精神，由同级财政拨付专项经费，工作室每年 5 万元。名师工作室经费由首席名师所在单位实行专项管理，首席名师负责具体开支，专款专用。经费主要用于名师工作室的建设、教科研活动、学员的奖励资金、名师工作津贴和参加高端培训学习交流及工作室成员加班费、劳务费等。

名师工作室所在单位根据具体情况提供不少于 5 万元的配套经费，创造基本条件，支持名师工作室开展教学研究、进修培训等活动。

名师工作室下设基地学校（娄底六小、伏口中心小学等），基地校根据具体情况每年向工作室提供不少于 1 万元的活动经费，支持名师工作室的送教送研活动。

为了进一步规范名师工作室的经费使用管理，特制订以下经费方案。

1. 娄底市教育局每年内向我名师工作室划拨专项经费 5 万元，我中心按照 1∶1另配备专项 5 万元，主要用于“名师工作室”的建设和管理，包括：工作室资料费用、日常活动经费、教科研经费、聘请专家的授课费、与培养工作有关的培训考察费等。

2. 专项经费分年度下拨到专用账户，娄底市教育局名师办公室领导小组每年进行一次经费核查，专款专用。

3. 工作室首席名师每年认真做好经费的预决算，及时上报娄底市师培中心名师办公室领导小组，合理安排使用经费，保障各项活动的顺利开展。

4. 年度经费使用参照下列标准执行：

资料费：10%（1 万元）　　学习考察费：20%（2 万元）

专家授课费：30%（3 万元）　　设备添置费：10%　（1 万元）

日常活动经费：20%（2 万元 ）　　教科研经费及宣传经费：10%（1 万元）

第四章　名师工作室成员的职责

（一）工作室职责

名师工作室的主要任务是培养中青年教师，开展教育教学重点问题研究，加强学科教学教研团队建设，解决学科教学难题，引领学科教学健康发展，不断提高学科教学质量。具体职责如下：

1. 带好一支团队。引领名师工作室的学员提高师德修养、教育教学质量、科研水平和管理水平。以公开教学、组织研讨、现场指导、专题研究、公开课评议、观摩考察等形式对学员进行培养。

2. 抓好一项研究。以首席名师的学术专长为基础，以学员的共同研究方向、共同研究愿望为依托，确定并开展教育教学研究。任期内要完成湖南省规划办“十三五”一般资助课题《小学数学教师核心素养和能力建设研究》的研究任务。

3. 做好一次展示。坚持以教育教学为中心，开展学术研究，引领学科建设，每学期举办一次以上主题展示活动，以研讨会、报告会、名师论坛、公开教学、送教下乡、现场指导等形式向全市辐射、示范。任期末要办好本室任期学术成果汇报展示活动。

4. 出好一批成果。工作室将重点研究小学数学教师核心素养和能力建设研究、如何编写数学故事、如何设计好的数学问题，研究产生的教育、教学、教研、管理等成果将以论文、课题报告、专著等形式向外输出。

5. 建好一个网页。工作室将以“娄底市师资培训网”为依托，建立自己的网页，实现名师工作室教育教学经验成果共享，开展学科课程教学改革在线研讨，在线解答本市教师的学科教学问题。

6. 完成娄底市教育局名师工作室领导小组交办的其他任务。

（二）首席名师的职责与任务

1. 主持“名师工作室”的工作，制订本工作室章程、三年发展规划、年度工作计划，提交工作室总结。建立工作室学员成长档案，督促指导学员制订个人专业发展研修计划，作好个人研修总结并对其进行管理和考评。

2. 要做师德的表率、育人的模范和教学的专家。关注教育改革与发展的动态和趋向，认真学习教育理论专著，提高自身专业水平。

3. 以选定的优秀学员作为重点培训对象。根据工作室要求，完成相应的工作任务，达到相关工作目标；被指导的对象有明显的发展，学员进步明显。

4. 深入课堂听课，积极参加教育教学研讨，提出相应的学科教育教学的改进方案，向相关部门提出关于教学工作的合理化建设性意见，为娄底的基础教育改革与发展献计献策。

5. 坚持教育教学改革实验。全面了解本学科最前沿的信息与发展动态，深入研究教育教学中的重点、难点问题，积极探索新方法，指导本学科的教学研究和科研课题。在工作周期内主持完成至少一项市级以上重点研究课题并取得成果，撰写一批优质的教育科研文章并著书立说。

6. 每学期至少开设2次以上示范课、研讨课，1次市级以上的讲座，1次送教下乡活动；督导学员的教学，每月至少听学员1节课，并予以评课，提出意见、建议，帮助改进课堂教学。并针对学员的特长，实施全程指导，力争2年内使工作室学员有显著的提高。

7. 利用娄底市师资培训网，积极参加娄底名师网建设，建立工作室网页，以网络为平台开展与学员及其他本学科教师的合作与交流，展示工作成效，发挥示范辐射作用。

8. 负责定期召开会议：①学期初召开一次会议，讨论工作室计划，确定培养对象和培训目标；明确本学期工作室的任务，确定教育科研课题及专题讲座内容。②召集核心成员每月一次、学员每期两次集会，进行专题学习研讨，对学员集中指导，及时收集“工作室”的各类材料，做好归档，并安排部署下月工作。③学期末召开工作室总结会议，回顾本学期的活动及研究成果，总结经验教训，为下学期工作做好准备。

9. 要与学员互帮互助，取长补短，做到共同发展。

10. 向名师工作领导小组办公室提交年度经费使用情况。

（三）顾问职责与任务

1. 为名师工作室提供理论支撑与业务指导。

2. 为名师工作室开展各项工作创造有利条件。

3. 参与制订或修改工作室工作计划、管理细则，共同协商工作方式、工作时间。

（四）核心成员的职责任务

1. 遵守名师工作室章程，积极参加各种活动，善于向名师学习，不断改进学科教学，总结教育教学方法，提高教学质量。在名师的引导下与工作室其他学员合作交流，共同成长。

2. 制订个人三年发展规划，每学年初制订个人专业发展研修书面计划、学年末进行书面总结，每月向名师工作室交流汇报一次工作开展情况。做好各种研修活动记录，提交研修总结。

3. 每个学期，观课议课不少于 15 节，上示范课不少于 2 节，市级以上公开课不少于 1 节，至少 1 次送教下乡，提交 1 份以上优秀教学设计或优质课例实录。

4. 不断钻研教育教学理论，每学期至少研读 1 本教育教学专著，撰写 2 篇读书笔记，每学年完成 1 篇教育教学论文并在市级以上报刊上发表或获奖，一年内至少有 1 篇论文在省级以上刊物上发表或获奖。

5. 指导和帮扶青年教师，经常观课、议课，帮助青年教师不断提高教育教学能力。积极参加市、县（区）教育局开展的各项教育科研活动，并完成相应的工作任务。

6. 帮助工作室首席名师维护运行工作室网页，积极开展在线互动式研讨，为名师工作室网页提供动态的教育教学信息或资源，并为学员或其他教师提供网上答疑等服务。

7. 积极完成首席名师交给的临时任务。

（五）学员职责与任务

1. 学员是名师工作室的学习者、研究者，是名师工作室建设与管理的参与者。

2. 树立良好的师德，倡导无私奉献精神。善于向名师学习，积极主动参加工作室的活动，在名师的引导下与工作室其他学员合作交流，共同成长。

3. 制订个人三年发展规划，制订个人学年专业发展研修计划，做好各种研修活动记录并提交研修总结。

4. 努力提高教育教学实践水平，能够按照教育规律和学生的心理规律，科学有效地开展教育工作。每学年在校内开展 2 次以上教学展示活动，坚持撰写观课议课笔记，每学年向工作室网页名师工作室网页各上传教学设计 2 篇，课件 2 个，学习心得 2 篇，论文 2 篇。

5. 刻苦学习，努力提升教育科学素养，不断提高教育科学理论水平。每学期至少研读一本教育教学专著，完成1篇读书笔记；经常撰写教育教学、教研或管理札记；每学年完成1篇教育教学论文，三年内至少有1篇论文在市级或市级以上公开刊物发表或获奖。

6. 帮助维护名师工作室网站，积极参与在线互动式研讨，为名师工作室网站提供教育教学信息、教育教学资源；帮助首席名师及时整理工作室活动记录、成果业绩档案资料。

7. 积极完成工作室交给的临时任务。

第五章　学研考评细则

（一）考核对象

王丽燕小学数学名师工作室全体成员。

（二）考评内容

每年度工作室优秀学员。

（三）评优待遇：

1. 被评为工作室的优秀学员将获得获奖证书；

2. 被评为工作室的优秀学员优先派出参加各种专业学习和培训。

（四）量化考评

1. 读书反思和观课议课记录：

读好必读教育教学专著或期刊，完成共读任务（包括主题式阅读分享），撰写读书笔记；认真写好观课议课记录。在每期末评选一次，得“A”记10分；得“B”记8分；得“C”记6分；笔记量不足或没有主张的酌情记分。

2. 活动参与：

（1）每次集中研讨活动，出勤一次得2分；在规定时间内完成学习任务并上交资料，得“A”记5分；得“B”记4分；得“C”记3分。

（2）承担工作室各项写作类任务，每承担一项记6分，超工作量部分酌情加分。

3. 资料上传：

①每学期每人要在王丽燕小学数学名师工作室网页各上传教学设计2篇，课件2个，学习心得2篇，论文2篇，完成者每期得10分；超额完成者及上传了教学视频、讲座课件的在此基础上再按照数量及质量分成三等，分别加上6分、4分、2分。

②在各级教育类网站发新闻报道，一篇2分。

③在线研讨时发布有一定指导意义的跟帖评议，一条1分。

4. 专业业绩：

(1)上研讨课(或专题讲座、送课下乡)。

①观摩课：省级，8分；市级，7分；县(区)级，6分；工作室研讨课享受市级评分。

②赛课：国家一等奖12分，国家二等奖10分，国家三等奖8分，省一等奖10分，省二等奖8分，市一等奖8分；市二等奖6分，县(区)一等奖5分，县(区)二等奖4分。工作室竞赛享受市级评分，无等级评选的活动均参照一等奖评分。

③辅导学生获奖：国家级优秀辅导老师5分，省级4分，市级3分。

④送教下乡(专指由上级教育部门、其他地州市教育部门或上级师资培训机构派发的送教活动)：

娄底市：每送教或讲座一次记5分。

湖南省内：每送教或讲座一次记10分。

跨省：每送教或讲座一次记13分。

(2)论文、案例：

①获奖类：国家级，一篇8分；省级，一篇5分；市级，一篇3分；县(区)级，一篇2分；

②发表类：核心期刊，一篇13分；省级，一篇11分；市级，一篇9分，县(区)级一篇6分。

③入编类：收入工作室著作的一篇记6分。

(五)考核程序及方法

1. 学年度末由工作室成员上交各项获奖证书复印件、发表文章复印件，填写《工作室成员年度考核表》，在表上附上计分理由，进行自评。无文本材料为证者，取消该项得分。

2. 本工作室组成评审小组评审。

3. 公示评选结果，如无异议，上报市教育局。

4. 工作室成员实施末位淘汰制动态管理，得分为最后3名的老师如果在第二年没有改观，要被淘汰，同时吸纳特别优秀的名师加入到本团队。

第5章　附则

本章程由王丽燕小学数学名师工作室负责解释。

附件：王丽燕小学数学名师工作室成员 2018 年电子档案

<table>
<tr><td>姓名</td><td></td><td>性别</td><td></td><td>出生年份</td><td></td><td rowspan="5">电子照片
（放置处）</td></tr>
<tr><td>工作单位</td><td colspan="3"></td><td>职务</td><td></td></tr>
<tr><td>本学期任教年级</td><td colspan="3"></td><td>每周课时</td><td></td></tr>
<tr><td>手机号码</td><td></td><td>Email 及
QQ 号码</td><td colspan="3"></td></tr>
<tr><td>担任数学
教师年限</td><td></td><td>特长
或爱好</td><td colspan="3"></td></tr>
<tr><td>生日（公历，农历）</td><td></td><td>职称</td><td></td><td>所在学校校长</td><td colspan="2"></td></tr>
<tr><td>全日制毕业学校</td><td></td><td>所学专业</td><td></td><td>最高学历</td><td colspan="2"></td></tr>
<tr><td>近五年所获市级以上荣誉</td><td colspan="6"></td></tr>
<tr><td>可展示的 3 个课例</td><td colspan="6"></td></tr>
<tr><td rowspan="10">近五年课题、论文、案例获市级以上奖励（含市级）</td><td colspan="2">名称</td><td>获奖等第</td><td>获奖或发表时间</td><td colspan="2">颁奖单位或杂志名称</td></tr>
<tr><td colspan="2"></td><td></td><td></td><td colspan="2"></td></tr>
<tr><td colspan="2"></td><td></td><td></td><td colspan="2"></td></tr>
<tr><td colspan="2"></td><td></td><td></td><td colspan="2"></td></tr>
<tr><td colspan="2"></td><td></td><td></td><td colspan="2"></td></tr>
<tr><td colspan="2"></td><td></td><td></td><td colspan="2"></td></tr>
<tr><td colspan="2"></td><td></td><td></td><td colspan="2"></td></tr>
<tr><td colspan="2"></td><td></td><td></td><td colspan="2"></td></tr>
<tr><td colspan="2"></td><td></td><td></td><td colspan="2"></td></tr>
<tr><td colspan="2"></td><td></td><td></td><td colspan="2"></td></tr>
<tr><td>教学中遇到的困惑或最想解决的问题</td><td colspan="6"></td></tr>
<tr><td>在本工作室对自己的三年专业成长规划</td><td colspan="6"></td></tr>
</table>

续上表

近期在读的三本数学教育专著	
对工作室的建议	

说明：1. 本表格作为进入名师工作室工作学习的第一份材料，所填信息如有变更请及时告知；2. 所填内容如格子不够请自行添加；3. 本表格填写完毕发送后，请自行保留，便于今后对比分析。

王丽燕名师工作室三年规划
（2017 年 11 月—2020 年 11 月）

一、工作室背景分析

为加快推进娄底市名师队伍培训培养工作，发挥名师的辐射、引领、示范作用，娄底市教育局做出了关于做好第一批娄底市中小学名师工作室建设工作的通知。在市教育局及专家小组的指导下，王丽燕小学数学名师工作室于 2017 年 12 月挂牌成立。

首席名师王丽燕，涟源市教研师资培训中心小学数学教研员，本科学历，正高级教师，湖南省数学特级教师，湖南省“首批未来教育家”“首批未来教育家孵化”“首批培训师”高端研修班成员，湖南省小学数学示范性工作坊主持人，湖南省优质示范性工作空间课堂首席名师。出版和参编教育类专著 3 部，公开发表论文 70 多篇。研究方向：小学数学教育。

二、工作室指导思想

本工作室将以娄教发〔2017〕20 号、娄教发〔2017〕21 号文件精神为指导，以“专业引领，共同发展”为宗旨，以“潜心教研，幸福成长”为理念，以课堂教学为主阵地，以教育科研为先导，以理论学习、课堂教学、观摩研讨、主题沙龙、教学论坛、专家引领、在线研讨为主要研修方式，聚集小学数学教学精英，聚焦小学数学课堂教学问题，以提高课堂教学效率为根本目的，并通过开展系列行之有效的学习与实践活动，促进中青年教师专业成长以及名师的自我提升，为提升我市小学数学教育教学质量而不懈努力。

三、总体目标

在三年（2017—2020）的时间里，名师工作室实现“五个一”的目标，即“带好一支团队，抓好一项研究，做好一次展示，出好一批成果，建好一个网页”，打造一支在全市乃至全省学校教育领域中有成就、有影响力的高层次教师团队。

四、具体规划

（一）第一阶段（2017 年 11 月—2018 年 11 月）

1. 组建工作室，选拔工作室成员，制订工作室章程、三年规划与 2018 年度工作计划。

2. 完善配备设施，建立相关工作制度，指导工作室成员制订发展规划，建立工作室网页。

3. 组织成员认真研读 1 ~2 本教育教学理论专著，撰写读书笔记并交流学习心得。

4. 适时组织成员到省、市级名师工作室进行参观学习。

5. 完成省规划办一般资助课题“小学数学教师核心素养和能力建设研究”，申报省规划办课题“小学数学故事编演研究”，以课题促进成员研究能力的提升。

6. 组织工作室成员在全市举行两次公开课，并进行研讨。

7. 完成一次高质量的送培任务。

（二）第二阶段（2018 年 11 月—2019 年 11 月）

1. 扎实开展专业研修活动，个人研修与团队研修相结合，努力提升团队成员的专业素养。

2. 建立工作室网页教育教学活动资源库，供大家交流与讨论，增强网站的辐射效应。

3. 开展 4 次专题教研活动，比如校际交流活动、名师论坛、公开教学、专题讲座等。

4. 研讨一到两本教育教学专著，撰写读书笔记与心得。

5. 积极参与科研课题研究，收集整理研究成果。

6. 确保有高质量的研究论文在省级以上刊物发表。

7. 完成各级送培任务。

8. 汇编优秀课例成书《这些年我们一起磨过的课》（课前慎思、课后反思、好问题）。

（三）第三阶段（2019 年 11 月—2020 年 11 月）

1. 检查指导课题研究情况，确保顺利完成课题研究内容。

2. 举行“名师培养对象课例展示活动”，提升个人教学理念、特色。

3. 加强网站建设，实现教学资源共享。

4. 组织工作室成员举行课堂教学汇报现场会、专题讲座、教师诗坛等活动。

5. 完成工作室教育教学科研成果展示。

6. 完成课题结题工作，并出版专著《孩子们喜欢的小学数学故事》。

7. 提交研究的成果材料和工作室总结材料，接受娄底市教育局评估，争取申报下一周期工作室。

王丽燕小学数学名师工作室
2018年度(2017.11—2019.1)工作计划

根据娄教发〔2017〕20号、娄教发〔2017〕21号文件精神，《娄底市小学数学王丽燕名师工作室章程》，以及本名师工作室三年发展规划，结合我们工作室现阶段的教学、教研、科研实际情况，特制订本学年工作计划。

一、指导思想

本工作室将以娄教发〔2017〕20号、娄教发〔2017〕21号文件精神为指导，以“专业引领，共同发展”为宗旨，以“潜心教研，幸福成长”为理念，以课堂教学为主阵地，以教育科研为先导，以理论学习、课堂教学、观摩研讨、主题沙龙、教学论坛、专家引领、在线研讨为主要研修方式，聚集小学数学教学精英，聚焦小学数学课堂教学问题，以提高课堂教学效率为根本目的，并通过开展系列行之有效的学习与实践活动，促进中青年教师专业成长以及名师的自我提升，为提升我市小学数学教育教学质量而不懈努力。

二、工作目标

名师工作室以学习为主导，以研究为主体，以骨干教师为纽带，以培养为主线，以提高教育教学研究能力和促进教师专业发展为目标，打造一支全市、全省内有成就、有影响力的高层次的教师团队。

三、工作安排

1. 学习章程及规划。

(1)首席名师组织全体学员认真学习工作室章程和三年发展规划，明确自己的教研任务，熟悉评价标准。

(2)工作室学员填写工作室统一编制的电子个人档案。根据“名师工作室”的三年发展规划，围绕个人教学的优缺点，制订三年个人发展规划和年度研修计划。

2. 开展读书活动。

为了更好地读懂学生、教材和课堂，本学年度我们将学习两本专业书籍(张奠宙的30篇文献，郑毓信的《问题解决与数学教育》为必读书目)，并通过多种方式交流，结合自己的教学实践写出案例分析和心得体会。

3. 组织外出学习。

工作室适时组织工作室成员到省市级名师工作室参观学习，组织部分优秀学员外出观摩国家级或省级优课。

4. 开展课堂教学剖析活动。

为了更专业地把握课堂教学，工作室将结合个人公开课进行课堂教学剖析，从多方面分析、解读课堂教学，发现个人教学中存在的问题，以便后续的教研工作的开展。

5. 开展在线交流研讨活动。

工作室建立工作室网页，并开展交流活动，解决教学中的热点、难点与疑点问题，共享教研资源。

6. 开展课题研究工作。

首席名师组织工作室学员完成省规划办“十三五”一般资助课题“小学数学教师核心素养和能力建设研究”的阶段研究任务，申报省规划办课题“小学数学故事编演研究”，以课题促进成员研究能力的提升。

7. 开展送教送研活动。

组织工作室学员完成一次高质量的送教送研活动。

8. 年度总结。

年度结束将进行一次工作总结，全面客观评价工作室学员，整理工作室活动成果和相关资料，并讨论下学年度的活动的主要内容。

附：2018 年度工作行事历

2018 年度工作行事历

时间	序号	主要工作安排
2017 年 11 月	1	创建名师工作室团队
	2	参加娄底市师培中心组织的送教下乡活动
	3	制订名师工作室章程、三年发展规划、年度工作计划
2017 年 12 月	4	迎接娄底市名师工作室领导小组的检查
	5	开展“关注课堂教学，思考学科教育价值”主题研讨活动
	6	学习名师工作室章程、三年发展规划
	7	参加娄底市名师工作室授牌仪式

续表

时间	序号	主要工作安排
2018年1月	8	学员制订三年发展规划，个人年度研修计划
	9	创建名师工作室网页
	10	举行“小学数学教师核心素养和能力建设研究”研讨会议
2018年2月	11	开展读书活动
2018年3月	12	举行“小学数学故事编演研究”专题研讨会
2018年4月	13	开展观课议课活动
	14	开展主题沙龙在线研讨活动
2018年5月	15	开展同课异构活动
	16	申报“小学数学故事编演研究”课题
2018年6月	17	收集整理各项资料
	18	学员撰写“小学数学故事”，并展示分享
2018年7月、8月	19	组织学员外出学习观摩
2018年9月	20	开展读书活动
	21	举行“同读一本书”主题分享活动
2018年10月	22	开展送教送研活动
2018年11月	23	学员优课展示及主题研讨活动
	24	收集“小学数学故事编演”资料
2018年12月	25	举行“小学数学教师核心素养和能力建设研究”研讨会
2019年1月	26	年度工作总结、评优评先
	27	收集整理各项资料

王丽燕名师工作室年度大事记

1. 2017 年 11 月 1 日，创建名师工作室核心团队，完成工作室《章程》《三年发展规划》《年度工作计划》；

2. 2017 年 11 月 5 日，工作室娄底市送教下乡任务，王丽燕在新化县奉家教学点做《小学一二年级数学教材解读》专题讲座；

3. 2017 年 11 月 28 日，王丽燕完成在华南师范大学“未来教育家孵化”高端研修班的教育思想凝练报告；

4. 2017 年 12 月 9 日，名师工作团队完成涟源市“送教下乡”任务；名师进行现场授课与交流；

5. 2017 年 12 月 13 日，工作室召开主题为“关注数学课堂教学，思考学科教育价值”的第一次集体研讨活动；

6. 2017 年 12 月 23 日，王丽燕在隆回县小学骨干教师培训班上做主题为“实施问题导学，涵养理性精神”的专题讲座；

7. 2018 年 1 月 18 日，娄底市首批名师工作室启动授牌；

8. 2018 年 2 月 27 日，名师工作室教师团队参加湖南省 2018 年潇湘数学教育工作室第二季教师专业成长读书会；

9. 2018 年 3 月 20 日，名师工作室完成“国家级基础教育成果奖”申报；

10. 2018 年 3 月 20 日，王丽燕在 2018 年娄底市教研工作全会上做主题为“事精致，从而终”的专场讲座；

11. 2018 年 3 月 21 日至 22 日，名师工作室召开主题为“关注数学课堂教学，引领教师专业成长”的第二次集体研讨活动；

12. 2018 年 4 月 3 日，名师工作室在伏口镇中心小学举行“基地校主题研讨会”；

13. 2018 年 4 月 16 日，名师工作室在伏口镇中心小学举行主题为“关注学生数学思考”的第三次集体研讨活动；

14. 2018 年 4 月 17 日，王丽燕完成在涟水小学举办的“以课会友”活动；

15. 2018 年 4 月 28 日，王丽燕在湖南省首届培训师高端研修班上完成主题为“用火热的思考，感受冰冷的魅力”的专题讲座；

16. 2018 年 5 月 15 日，名师工作室在娄底市第九小学完成“有效教学”专题研讨活动；

17. 2018 年 5 月 18 日，名师工作室成员谢炤阳参加湖南省小学数学优质课竞赛，获一等奖；

18. 2018 年 5 月 24 日至 28 日，王丽燕完成新疆支教任务；

19. 2018 年 6 月 15 日至 16 日，王丽燕完成主题为“父母的格局才是孩子真正的起跑线”的教育公益讲座；

20. 2018 年 6 月 29 日，王丽燕和刘硕鹏参与湖南省小学数学教师工作坊项目并完成筹备工作；

21. 2018 年 7 月 15 日，名师工作室课题《小学数学故事创编研究》在省规划办立项；

22. 2018 年 7 月 18 日，王丽燕完成“宁乡—保靖”卓越教师培养对象小学数学教师高研班上的《实施问题导学，涵养理性精神”》的专题讲座；

23. 2018 年 8 月 22 日，王丽燕完成在涟源市九年级班主任培训会上的讲座《像捕蝉一样做研究》；

24. 2018 年 8 月 26 日，王丽燕完成在涟源市新教师培训班上的讲座《从训练到修炼》，分享名师们的成长经历；

25. 2018 年 9 月 14 日，王丽燕参加湖南省“未来教育家孵化”高端研修班，完成教育思想报告《用火热的思考感受冰冷的美丽》；

26. 2018 年 9 月 16 日，王丽燕完成省级教师工作坊研修讲座《教师工作坊研修方案解读》；

27. 2018 年 9 月 20 日，王丽燕完成省规划办课题《小学数学教师专业素养的培育与能力建设研究》的中期评估报告。

后 记

整理完这本书的最后一篇文稿，我又想起了工作室揭牌那天，《湖南教育》杂志社申建春老师语重心长的一句话："希望我们工作室从一开始就要有大格局……"

我常常会想：究竟什么是大格局呢？

首先，我想到了那只蚂蚁。

一只蚂蚁拖着一穗麦芒，它发现无法拽进窝里，就把麦芒拖到一边，为其他蚂蚁让路。

这或许就是一个生命的格局。

然后，我想到了金岳霖。

金岳霖一生深爱着林徽因，却宁愿——隔着一生的距离去守望。在他人生的最后，有人要想得到他跟林徽因的种种故事。他说："我所有的话，都应该同她自己说，我不能说我没有机会同她自己说的话，我不愿说，也不愿意有这种话……"

我想，这应该是这个世界爱的大格局了。

现在，我想到的是我工作室的导师们。

赵雄辉，湖南省教育科学研究院的副院长。他提倡的"五个一"成了我们工作室老师们的成长指南："总有一本书在读，总有一个课题在研，总有一篇文章待发，总有一个讲座在准备，总有一本书在写。"

申建春，《湖南教育》杂志社理科版主编。他的繁忙是我们不能想象的。但是，为了我们的工作室，他几次抽出时间与我谈心，从工作室的整体思路到操作细节，从"小学数学故事创编"的课题研究到如何指导老师们参与深度阅读，谆谆教导，叫人动容。

肖四萍，娄底市师资培训中心的主任；邹兆林，娄底市师资培训中心的书记，是他们扛起了创建娄底市名师工作室的大旗——绘制蓝图，创建团队，组织活动，精准导航。我们工作室的微信群里，常常见到他们为工作室的老师呐喊助威："加入名师工作室，不是为了沽名，不是为了钓誉，更不是为了图利；有心可操，有苦可吃，有累可受！但我们工作室的老师不怕苦，不怕累，工作室各项活动如火如荼，我们看到了大家对教育初心不改的情怀，这是一份责任，也是一种担当！”他们的留言，既是勉励，更是教诲！

邓求平，涟源市教研师资培训中心的主任，他那“要人给人，要钱给钱”的庄严承诺，一直温暖着我们每个人的心窝。一般场合，邓主任话语不多，不熟悉他的人甚至认为他“不善言辞”，但是，在我们工作群里，他一改往日的风格，用热情似火的语言“煽动”着每位老师的心——“名师引领，骨干示范，众人协力，共创教师专业发展共同体！”“如果每日坚持撰写教学日志，坚持几年便有所成。有位教育大家说：有的人教一背子书还只能是‘教书匠’，有的人教几年十几年就成名成家了，区别在于坚持写日志，不断反思，不断学习，不断实践，功到自然成。”“引领（前行的方向），唤醒（沉睡的情怀），激发（潜在的内力），激励（持续践行的斗志）！这就是名师效应！”细细品读邓主任的留言，油然而生的除了敬意，还有向上的力量！

谢加文，中学数学教研员，我的挚友。他以专业的视角、专注的态度全程参与工作室的每一项工作。这本书里的每一个文字都带着他的温度。

我们工作室的全体老师，目标清晰，步伐坚定，坚持自我修炼，用自己的实际行动诠释着名师的内涵。

我深深地感到，他们都是有大格局的人！跟有大格局的人交往，有通透的快感。那感觉，仿佛你走在黑暗里，突然间，整个世界的窗，为你一扇一扇打开，然后，阳光匝地，岁月静好……

2018 年 8 月于华东师范大学

图书在版编目（C I P）数据

像捕蝉一样做研究：王丽燕小学数学名师工作室科研实践探索／邓求平主编. --长沙：中南大学出版社，2018.12

ISBN 978 - 7 - 5487 - 3542 - 7

Ⅰ.①像… Ⅱ.①邓… Ⅲ.①小学数学课—教学研究 Ⅳ.①G623.502

中国版本图书馆 CIP 数据核字(2018)第 302147 号

像捕蝉一样做研究

——王丽燕小学数学名师工作室科研实践探索

XIANG BUCHAN YIYANG ZUO YANJIU

——WANGLIYAN XIAOXUE SHUXUE MINGSHI GONGZUOSHI KEYAN SHIJIAN TANSUO

邓求平　主编

□**责任编辑**　谢贵良
□**责任印制**　易建国
□**出版发行**　中南大学出版社
社址：长沙市麓山南路　　邮编：410083
发行科电话：0731 - 88876770　　传真：0731 - 88710482
□**印　　装**　长沙市宏发印刷有限公司

□**开　　本**　710 × 1000　1/16　□**印张** 19.25　□**字数** 386 千字
□**版　　次**　2018 年 12 月第 1 版　□2018 年 12 月第 1 次印刷
□**书　　号**　ISBN 978 - 7 - 5487 - 3542 - 7
□**定　　价**　45.00 元

图书出现印装问题，请与经销商调换